区域经济与国际贸易研究

张天颖 主编

北京工业大学出版社

图书在版编目（CIP）数据

区域经济与国际贸易研究 / 张天颖主编. — 北京：北京工业大学出版社，2019.10（2021.5 重印）
ISBN 978-7-5639-6998-2

Ⅰ．①区⋯ Ⅱ．①张⋯ Ⅲ．①区域经济—双边贸易—研究②国际贸易—研究 Ⅳ．①F74

中国版本图书馆 CIP 数据核字 (2019) 第 225588 号

区域经济与国际贸易研究

主　　编：张天颖
责任编辑：李　艳
封面设计：点墨轩阁
出版发行：北京工业大学出版社
（北京市朝阳区平乐园 100 号　邮编：100124）
010-67391722（传真）　bgdcbs@sina.com
经销单位：全国各地新华书店
承印单位：三河市明华印务有限公司
开　　本：710 毫米 ×1000 毫米　1/16
印　　张：15.5
字　　数：310 千字
版　　次：2019 年 10 月第 1 版
印　　次：2021 年 5 月第 2 次印刷
标准书号：ISBN 978-7-5639-6998-2
定　　价：65.00 元

版权所有　翻印必究

（如发现印装质量问题，请寄本社发行部调换 010-67391106）

前　言

从 20 世纪 90 年代以来，国际贸易格局发生了巨大变化，由原来的东西方两个平行市场及以意识形态为基础的经济活动，演变为以地缘和文化为基础的区域经济一体化活动。掌握和适应现代国际贸易格局成为世界各国保障自身经济平衡、争夺国际竞争主动权的必然选择。现代国际贸易格局呈现如下特点。

第一，国际贸易自由化趋势明显，经济全球化程度日益加深，贸易自由化是当代世界经济主流。国际贸易增长速度能够超过世界经济增长速度，主要得益于经济全球化与贸易自由化的推动。在关税及贸易总协定与世界贸易组织的共同作用下，贸易障碍日益减少，市场准入限制逐步降低，为第二次世界大战（简称"二战"）后国际贸易发展提供了有利的条件和宽松的发展环境。另外，"二战"后信息技术的发展、电子商务的普及以及不发达国家获得的非互惠待遇等，也推动了国际贸易自由化进程。总之，"二战"后世界贸易政策的主流是贸易自由化。

第二，区域经济一体化程度加深，国际贸易格局呈现以美国、欧盟及日本为中心的三大贸易集团鼎立，众多中小贸易集团并存及中国贸易地位崛起的形态。随着全球多边贸易体制谈判进程屡遇阻碍，区域经济一体化协定以蓬勃势头在全球范围内开展，国家间的区域经济一体化组织及协定也纷纷出现。以欧盟为领头雁，以美洲自由贸易区和亚太经合组织（亚太经济合作组织，以下称作 APEC）为两翼，众多发展中国家贸易集团紧随其后的新型"雁阵模式"贸易格局初现雏形。

第三，开放地区主义思维影响加深，国际贸易格局逐步由封闭型向开放型转变。以 APEC 为例，该组织在成立之初就提出了 APEC 与世贸组织关于非歧视原则的一致性，并在此原则下采取了非互惠的开放地区主义，最大限度推动单边贸易自由化，在区域内逐步减少对非成员的贸易壁垒，明确表示成员的经济体制与贸易政策不应对非成员构成歧视。

第四，以维护区域组织内部利益为主旨，当前贸易格局呈现出多元性与单一性、灵活性与松散性的矛盾与统一。多元性的市场与单一性的市场以及多元性发展阶段的成员构成与单一性发展阶段的成员构成，都反映着当代贸易格局的矛盾与统一。未来的大型经济贸易（经贸）集团将包括不同经济政治制度、不同发展阶段、具有不同经济诉求的国家，通过更为灵活与松散的形式创造更为自由的贸易空间。

第五，发达国家纷纷把贸易与投资的热点转向亚太地区，促使未来国际贸易格局的重心向亚太地区转移。这是因为：①亚太地区有成为世界经济贸易中心的自然地理条件；②亚太地区已具备成为世界经济贸易中心的经济基础。亚太地区具有巨大的发展潜力，已成为欧美等发达国家贸易与投资的焦点区域，国际贸易格局重心正逐步向亚太地区转移。

在现代国际贸易格局下，国际经济竞争形势更加激烈。为了在全球经济发展中占据一席之地，获得对外贸易红利，国际经营者必须掌握当今国际贸易理论与政策，适应现代国际贸易格局，选择适应本国国情的贸易发展战略，采取合理的国际贸易措施。

运用本书的理论与观点，解释国际贸易的现状及存在的问题，找出问题产生的原因、解决问题的办法、适应现状的战略，是本书的意义所在。

目 录

第一章 国际贸易概述 ··· 1
   第一节 国际贸易的含义和特点 ································· 1
   第二节 国际贸易的分类 ··· 4
   第三节 与国际贸易有关的统计指标 ··························· 11
   第四节 国际贸易的产生与发展 ································ 15

第二章 国际贸易政策 ··· 21
   第一节 自由贸易政策 ··· 21
   第二节 保护贸易政策 ··· 23
   第三节 管理贸易政策 ··· 26
   第四节 战略性贸易政策 ·· 31

第三章 国际贸易措施 ··· 33
   第一节 关税措施 ·· 33
   第二节 非关税壁垒措施 ·· 45
   第三节 鼓励出口和出口管制方面的措施 ····················· 50
   第四节 经济特区措施 ··· 55

第四章 国际贸易摩擦 ··· 57
   第一节 国际贸易摩擦概述 ····································· 57
   第二节 国际贸易摩擦的成因与影响 ·························· 62
   第三节 国际贸易摩擦的化解途径 ····························· 68

第五章 世界贸易组织 ··· 79
   第一节 世界贸易组织的成立 ·································· 79
   第二节 世界贸易组织的概况 ·································· 82
   第三节 世界贸易组织的基本原则 ····························· 86

第六章 区域经济概述 ··· 99
 第一节 区域经济学的研究对象、研究内容和学科性质 ··········· 99
 第二节 区域经济增长 ··· 101
 第三节 区域经济环境 ··· 110

第七章 区域经济发展战略 ··· 117
 第一节 区域平衡发展理论 ·· 117
 第二节 区域不平衡发展理论 ······································ 123
 第三节 中国区域发展战略演变 ··································· 128

第八章 区域产业结构与产业布局 ·································· 133
 第一节 区域产业结构 ··· 133
 第二节 区域产业布局 ··· 148

第九章 区域经济一体化 ··· 169
 第一节 区域经济一体化概述 ······································ 169
 第二节 区域经济一体化理论 ······································ 173
 第三节 世界主要经济区域集团概况 ······························ 176
 第四节 "一带一路"倡议的概述、内容、发展与成果 ············ 200

第十章 国际贸易对区域经济的影响 ································ 215
 第一节 国际贸易影响区域经济发展的原因和内容 ··············· 215
 第二节 国际贸易影响区域经济发展的作用机制 ·················· 222
 第三节 发挥国际贸易优势，促进我国区域经济发展 ············· 226

参考文献 ·· 231

第一章　国际贸易概述

第一节　国际贸易的含义和特点

一、国际贸易的含义

国际贸易一般是指国家（或单独关税区）与国家之间商品与服务的交换活动，它是各国劳动分工的表现形式，也是国际经济联系的主要形式和基本内容，反映了世界各国在经济上的相互联系与依赖。

如果从某一个国家或地区的角度看，一国或地区与其他国家或地区的商品与服务的交换活动，被称为对外贸易。有些海岛国家或地区，如英国、日本等，其对外贸易常被称为海外贸易。如果从全球的视角来看，人们往往把各国对外贸易的总和称为世界贸易。

国际贸易概念有狭义与广义之分。狭义的国际贸易是指国家之间的商品进出口，也就是一国从他国进口商品用于国内的生产和消费，或者向他国出口本国的商品。广义的国际贸易除了商品的进出口以外，还包括服务贸易，也就是各国之间在运输、保险、旅游、通信、技术、劳务输出等方面相互提供服务。

我们可以从三个层次来理解国际贸易：第一层次是国际贸易发生的主体地域范围——国与国之间，当然也包括单独关税区之间或国家与单独关税区之间。第二层次是国际贸易涉及的交换内容包括商品和服务。第三层次是国际贸易发生的规则环境。与国内贸易相比，国际贸易不仅涉及不同货币的兑换，且受制于国际通行规则，而非一国的国内贸易规则。

二、国际贸易的特点

国际贸易和国内贸易都是商品和服务的交换，交换过程和货物流向大致相同，经营目的也都是为了取得经济利益和利润。但作为国际商品和服务的交换，国际贸易有以下几个特点：

（一）国际贸易复杂程度比较高

1. 各国的货币与度量衡差别很大

在国际贸易中，应采用何种货币计价？两种货币如何兑换？各国度量衡不一致时如何换算？凡此种种，对外贸易都比国内贸易复杂。

2. 商业习惯复杂

各国市场商业习惯不同，怎样进行沟通？国际贸易中的规约与条例解释是否一致？对外贸易也比国内贸易复杂，稍有不慎，便会影响贸易的进行。

3. 海关制度及其他贸易法规不同

各国都设有海关，对于货物进出口都有许多规定。货物出口，不但要在输出国家输出口岸履行报关手续，而且出口货物的种类、品质、规格、包装和商标也要符合输入国家的各种规定。

4. 国际汇兑复杂

国际贸易货款的清偿多以外汇支付，而汇率依各国采取的汇率制度、外汇管理制度而定，使国际汇兑相当复杂。

5. 货物的运输与保险

国际贸易运输，一要考虑运输工具，二要考虑运输合同的条款、运费、承运人与托运人的责任，还要办理装卸、提货手续。为避免国际货物运输中的损失，还要对运输货物加以保险。

另外，各国针对国际贸易中的规约、条例和惯例的适用范围如何确定，贸易纠纷如何解决等问题，都需要进行协商并签订合同加以约束和规范，这就使得国际贸易复杂化。

（二）国际贸易的难度比较大

1. 语言不同

这是从事国际贸易活动首先遇到的障碍。世界各国的语言文字十分复杂，据统计，目前世界上超过 5 000 万人使用的文字有 13 种之多。其中英语的使用范围最广，有 30 多个国家将其作为官方语言，英语也是当今国际贸易活动中各国最通行的商业语言。如果不能克服语言上的障碍，国际贸易活动将很难开展，即使制订出宏伟的对外贸易规划，也只能是纸上谈兵，得不到较好的贯彻和落实。

2. 风俗习惯不同

各个国家和民族的风俗习惯、宗教信仰及价值观念都有很大差别，这也会对国际贸易活动产生一定程度的影响。比如，各国对于商品外形、商品包装和商标所显示出的颜色、数字及复杂的图形有着非常不同的好恶，这使得在甲国非常畅销的商品，到了乙国就可能由于颜色等原因而滞销。

3. 国际贸易障碍多

由于世界各国的语言、文化传统、风俗习惯、宗教信仰和法律的不同，造成国际贸易的障碍很多，加上各国消费习惯的不同以及各种偏爱和禁忌、法律规范的差异，这些都造成了从事国际贸易的难度较大。同时，人们在开拓国际市场、进行调查研究、选择目标市场和销售渠道、寻找贸易伙伴、了解资信状况等方面的难度也比较大。还有各国在对外贸易方面政策措施的具体规定，也都会构成国际贸易的各种障碍。

（三）国际贸易风险比较大

国际贸易涉及面广、交易量大、程序较复杂、中间环节多，面临着较大的风险。

1. 信用风险

经营对外贸易的进出口商从接洽开始，经过报价、还价，确认后订立合同，再到出口商交货、进口商支付货款，需经过一段较长的时间。在此期间，交易双方可能因经营状况发生变化而不能履约。如可能因经济危机或严重自然灾害导致出口商破产不能按时交货，或因类似原因导致进口商倒闭不能按时付款。

2. 商业风险

在国际贸易中，进口商往往以各种理由拒收货物，对出口商来说就是商业风险。拒收理由多数是货物不符、交货期晚、单证不符等。这些理由在货物遭到拒收前是无法确定的。拒收后，虽可交涉弥补，但损失已发生。

3. 汇兑风险

经营对外贸易的买卖双方必有一方要以外币计价。但外汇汇率不断变化，如掌握不好，有一方就要负担汇兑亏损。如果卖方以汇率看跌的货币计价，而商品价格又没有适当提高，就要吃亏；反之，如果买方以汇率看涨的货币计价，而商品价格又没有适当降低，就要吃亏。

4. 价格风险

出口商与进口商签订合同后，在出口商进货前，如果货物价格上涨，出口商就要承担价格风险。进口商接货后，如果该货物价格下跌，进口商就要承担价格风险。国际市场价格瞬息万变，对外贸易多数是大宗买卖，因此，经营对外贸易的进出口商必须承担比国内贸易更大的价格风险。

5. 运输风险

国际贸易货物运输里程一般比国内贸易长，因此，在运输途中发生的风险必然比国内贸易大。承担风险的有卖方、买方和保险公司。

6. 政治风险

世界各国大都实行贸易管制，这些贸易管制政策和措施主要是依据不同时期国内政治经济状况和国际政治经济形势制定的。由于各国经济状况和国际政治经济形势经常变化，因此，有关贸易国的贸易管制政策和措施也经常改变，这就使进出口商承担了许多国内贸易所不需承担的政治风险。

第二节 国际贸易的分类

国际贸易活动在现实中的表现形式多种多样，依照不同的划分标准，可以有不同的贸易分类。

一、按商品形态划分

（一）货物贸易

货物贸易通常是指有形贸易，即围绕有形商品来开展的国际贸易。为了便于统计，联合国"国际贸易标准分类"把有形商品分为10大类、63章、233组、786个分组和1 924个基本项目。这10大类货物分别是：0类为食品及主要供食用的活动物；1类为饮料及烟草；2类为燃料以外的非食用粗原料；3类为矿物原料、润滑油及有关原料；4类为动植物油脂及蜡；5类为化学品及有关产品；6类为按原料分类的制成品；7类为机械及运输设备；8类为杂项制品；9类为没有分类的其他商品。在国际贸易统计中，一般把0~4类商品称为初级产品，把5~8类商品称为制成品。后来，在各国的进一步协商下，海关合作理事会通过了《商品名称及编码协调制度国际公约》及其附件《商品名称及编码协调制度》（以下简称HS）。现已批准正式使用HS编码的国家和地区约有100个，我国海关实施以HS编码为基础编制的《中华人民共和国进出口税则》。HS将商品分为21类、97章、1 241个税目及5 019个子目，从而使商品分类更加细致和科学。如第一类为"活动物；动物产品"，其中第二章为"肉及食用杂碎"（02），其中第二项税目编号02.02为冻牛肉，再进一步细分——02.02.10冻整头及半头牛肉；02.02.20冻带骨牛肉；02.02.30冻去骨牛肉。

（二）服务贸易

服务贸易是不同国家之间所进行的服务交易的活动。按世界贸易组织《服务贸易总协定》的规定，国际服务贸易有以下4种提供方式。

1. 跨境交付

即从一成员方境内向境外任何成员方提供服务。如通过视、听等为对方提供服务，其特点是服务提供者和消费者分处不同国家。这是典型的跨国界可贸易性服务，是国际服务贸易的基本形式。

2. 境外消费

即在一成员方境内向任何其他成员方的消费者提供服务。如涉外旅游服务、为外国病人提供医疗服务等。

3. 商业存在

即一成员方在其他成员方境内通过商业存在提供服务，即服务提供者在外国建立商业机构为消费者服务。例如，一成员方在其他成员方开设百货公司、银行、保险公司、运输公司、咨询公司、律师或会计师事务所、饭店、宾馆等。这种服务贸易往往与对外直接投资联系在一起。

4. 自然人流动

即一成员方的自然人在其他任何成员方境内提供服务。

《服务贸易总协定》列出服务行业包括以下12个部门：商业、通讯、建筑、销售、教育、环境、金融、卫生、旅游、娱乐、运输、其他，具体分为160多个分部门。

服务贸易提供与消费同时进行，服务贸易额也是一国国际收支的重要构成部分，但由于其无须经过海关办理手续，所以一般不显示在海关的统计表上，只在各国国际收支平衡表上体现。

（三）技术贸易

技术贸易的内容包括专利权、商标权、专有技术权、计算机软件等著作权的所有权有偿转让或使用权的许可使用以及技术咨询、技术服务和技术开发。同服务贸易额一样，国际技术贸易额也不在各国海关统计中，只在各国国际收支平衡表上体现。

在上述按照商品形态划分的三类贸易中，服务贸易和技术贸易也统称无形贸易，指买卖一切不具备物质自然属性商品的活动。有形贸易和无形贸易的主要区别在于前者均需办理海关手续，其贸易额总是列入海关的贸易统计；而无形贸易尽管也是一国国际收支的组成部分，但由于它无须经过海关手续，因而一般不反映在海关统计资料上，但显示在一国国际收支平衡表上。

二、按商品流向划分

（一）出口贸易

出口贸易又称输出贸易，是指一国将自己生产或加工的商品输往国外市场销售。净出口则是指某国（或地区）某一时期同类商品的出口量大于进口量的部分。

（二）进口贸易

进口贸易又称输入贸易，是指一国从国外市场购入用以生产或消费的商品。净进口则是指某国（或地区）某一时期同类商品的进口量大于出口量的部分。

（三）过境贸易

过境贸易指别国出口货物过本国国境，未经加工改制，在保持原来形状下运往另一国的贸易活动。其中又可分为直接过境和间接过境两种。前者是指在海运的过程中，外国货物到达港口后，在海关监管下，从一个港口通过国内航线装运到另一港口，或在同一港口内从一艘船上转装到另一艘船上，然后离开国境。或不经卸货转船，仍由原船运出，这种行为完全是为了转运而通过国境，与该国对外贸易无关。后者则指外国货物到达国境后，先存入海关保税仓库，然后未经加工改制，又从海关保税仓库提出并运出国境。这种贸易对本国来说既不是进口，也不是出口，仅仅是商品过境而已。

（四）复出口

复出口是指将外国商品输入本国后未经加工而再向国外输出的贸易活动。由两部分组成，一是从本国自由贸易区或海关保税仓库再出口；二是经过海关结关手续后的本国化商品再出口。

（五）复进口

复进口指将本国商品输往国外后未经加工而又重新运回国内。复进口一般是由于商品在国外未能售出，由于损坏、或质量不合格等原因造成，因而具有比较偶然的性质。

三、按贸易有无第三国参加划分

（一）直接贸易

直接贸易是生产国与消费国不通过第三国而进行商品交换的行为。在这种方式下，贸易双方直接谈判，直接结算，货物直接运输。商品从生产国直接卖给消费国，对生产国而言，是直接出口；对消费国而言，是直接进口。

（二）间接贸易

间接贸易是指由于本国销售渠道不畅、信息不灵或某些政治原因，而借助第三国或其他中间环节，把商品从生产国运输到消费国的贸易活动。商品通过第三国进行买卖，对生产国是间接出口，对消费国是间接进口。

（三）转口贸易

转口贸易是指货物生产国与消费国之间经由第三国贸易商分别签订进口合同和出口合同所进行的贸易。从第三国的角度来看，就是转口贸易，又称中转贸易。被转口的商品一般不做加工或只做简单加工。从事转口贸易的国家或地区一般都具有地理和港口等方面的优势。

过境贸易与转口贸易的区别在于过境贸易没有商品买卖行为，只是货物运输上的过境，不涉及所有权的变化，而转口贸易指第三方加入买卖关系中的所有权让渡过程。

四、按国境和关境划分

（一）总贸易

总贸易是指以国境为标准划分和统计的进出口贸易。凡进入国境的商品一律列为进口；凡离开国境的商品一律列为出口。在总出口中又包括本国产品的出口和未经加工的进口商品的出口。总进口额加总出口额就是一国的总贸易额。美国、日本、英国、加拿大、澳大利亚、中国、东欧等90个国家和地区采用这种划分标准。

（二）专门贸易

专门贸易是"总贸易"的对称，指以关境为标准划分和统计的进出口贸易。只有从外国进入关境的商品以及从保税仓库中提出进入关境的商品才列为专门进口。当外国商品进入国境后，暂时存放在保税仓库，未进入关境，不列为专门进口。从国内运出关境的本国产品以及进口后经加工又运出关境的商品，则列为专门出口。专门进口额加专门出口额称为专门贸易额。德国、意大利、法国等83个国家和地区采用这种划分标准。

（三）边境贸易

边境贸易是指两个毗邻国家通过协议，在两国的边境接壤地区（一般为边境两边各15公里内）准许当地居民在指定的集市和边境口岸上，按照规定的金额、品种进行生活必需品和生产资料的小额贸易。

五、按经济发展水平划分

（一）水平贸易

水平贸易是指经济发展水平比较接近的国家之间开展的贸易活动。例如，各个发达国家之间以及各个发展中国家之间所进行的贸易。

（二）垂直贸易

垂直贸易是指经济发展水平不同的国家之间开展的贸易活动。发达国家与发展中国家之间所进行的贸易，大多属于这种类型。发达国家从发展中国家进口农产品和原材料，并向其出口工业制成品。这主要是由生产力发展水平上的差距造成的。

六、按清偿工具划分

（一）自由结汇贸易

自由结汇贸易又称现汇贸易，即以货币作为清偿工具的国际贸易。现汇贸易是国际贸易中最普遍的贸易形式，其结算方式以信用证为主，此外还有托收和汇付等方式。

（二）易货贸易

易货贸易指以货物经过计价作为清偿工具的国际贸易。这实际上是一种记账贸易，即根据两国政府达成的贸易协定或贸易支付协定，按照记账结算方法来进行清偿的贸易。其特点是双方有进有出，互换货物，不是用现汇逐笔结算，而是通过指定的银行账户来相互冲销。这种贸易方式的特点是进口与出口相结合，贸易双方均有进有出，这样既可以节省外汇，又可以保持双方的贸易平衡。

七、按货物运送方式划分

（一）陆路贸易

陆路贸易指采用陆路运送货物的贸易，其运输工具通常为火车、汽车等。

（二）海路贸易

海路贸易指通过海上运输货物的贸易，运输工具主要是各种船舶，这是国际贸易最主要的运送方式。

（三）空运贸易

空运贸易指采用航空方式运货的贸易，这种贸易通常适用于贵重或数量小或时间性强的商品贸易。

（四）邮购贸易

邮购贸易指采用邮政包裹方式寄送货物的贸易。对数量不多的商品贸易，可采用邮购贸易。

八、按交易手段划分

（一）单证贸易

单证贸易指以纸面单证为基本手段的贸易，是传统的交易方式，也是目前常用的交易方式。

（二）无纸贸易

无纸贸易指以电子数据交换为内容的贸易，即贸易伙伴之间按协定通过电子计算机通信网络，传递规范化和格式化的商贸数据和信息而进行交易。这是一种现代化的交易手段，代表了国际贸易交易方式和手段的发展趋势。

九、按交易方式的性质划分

（一）商品贸易

商品贸易又称为一般贸易，是指以商品买卖为目的的纯商业方式进行的贸易活动。这种性质的交易方式又包含着一些具体的交易类型，如经销、代理、寄售、拍卖、招标和展卖等。

（二）加工贸易

加工贸易是指一个国家或地区利用自己的人力、物力或技术优势，从境外输入原材料、半成品、样品或图纸，在境内加工制造或装配为成品后再向境外输出，以生产加工性质为主的一种贸易方式。加工贸易又可分为来料加工和来件装配。

（三）补偿贸易

补偿贸易是指参与贸易的各方，一方是以用另一方提供的信贷进口设备或技术进行生产或加工，然后再用该项目下的产品或其他产品和劳务的销售收入分期偿还对方的设备或技术款项的贸易方式。这种方式对于解决买方的外汇不足，帮助卖方推销产品有一定的作用。

（四）租赁贸易

租赁贸易是租赁公司以租赁方式将商品租赁给境外的用户使用，境外租户不交付货款而交付租金的一种贸易方式。这种贸易方式的本质是租赁，出租的商品一般都是价格昂贵的设备或交通工具等。租赁公司拥有商品的所有权，并可按期收回稳定的租金，而租户可避免积压大量资金，并易于及时更新。这种贸易方式在国际贸易活动中发展迅速，并逐渐发展为租购结合，即先租用，等连续租用一定时期后，该商品的所有权归租户所有，由租赁关系变为了买卖关系。

第三节　与国际贸易有关的统计指标

一、有关贸易额与贸易量的指标

（一）国际贸易额

国际贸易额是计算和统计世界各国对外贸易总额的指标，即按同一种货币单位换算后，把各国和地区的出口额相加得出的数字。由于美元是国际贸易中用得最广泛的货币，所以国际贸易额一般用美元计算。注意，不能把世界各国和地区的进出口总额进行简单的加总，因为一个国家（地区）的出口必然是另一方的进口，简单加总会造成重复计算。因此，习惯上我们用世界总出口额来表示国际贸易额。另外，计算世界各国的进口总额会高于出口总额。因为世界上大多数国家计算出口额时是按照离岸价格（FOB价格，即启运港船上交货价，其中不包括保险费和运费）计算，而在计算进口额时则是按照到岸价格（CIF价格，即成本加保险费、运费）计算，CIF价格比FOB价格多了运费和保险费。所以，按照进口额计算的国际贸易量会大于按出口额计算的国际贸易量。

（二）对外贸易额

国家（或地区）的对外贸易额是以货币金额表示这个国家在一定时期内进出口贸易的总量，是衡量一国对外贸易规模和状况的重要指标，它是由该国在一定时期内从境外进口的商品总额加上该国在同一时期内向境外出口的商品总额构成。目前，有的国家用本币表示，有的国家用外币表示，我国的对外贸易总额是用美元表示的。

一国在一定时期内商品出口总额和进口总额之间的差额叫作对外贸易差额。当出口商品总额超过进口商品总额时，差额部分叫作贸易顺差或超出；反之则叫作贸易逆差或入超；如果两者相等则为贸易平衡。

如果一个国家出现了大量的贸易顺差，国内积累了大量外汇，有可能使本币升值。本币升值对于老百姓来讲有一定的好处，进口商品便宜了，出国旅游、出国接受教育等费用能够降低。但是从国际贸易的角度看，本币升值虽然能使进口的设备、原材料的价格相对降低，但也会使本国出口产品的成本上升，造成国际竞争力下降的后果。当然，如果能通过不断优化产业和产品结构，提高产品质量和档次，提高劳动生产率，也可能继续降低出口产品的生产成本，维持本国产品出口的竞争力。

贸易逆差对一个国家不利，会减少本国的外汇储备，减弱抵御经济风险的能力。尤其是当一国出现长期的严重贸易逆差，又无力弥补时，就会出现国际收支危机，进而可能演变为金融危机。但是，贸易逆差也会使本国货币贬值，相应降低了出口产品的成本，增强出口产品的国际竞争力，从而使逆差状况改善。

（三）国际贸易量

国际贸易量是剔除了价格变动因素以后按不变价格计算的贸易量。由于存在价格变动的因素，用货币计算的国际贸易额的变化不能代表国际贸易规模真实的变化程度。因此，在计算国际贸易相对增长时，需要计算国际贸易量。联合国及欧美等发达国家都是用计算国际贸易量的办法来计算对外贸易变动情况的。

（四）对外贸易量

对外贸易量是为了剔除价格变动的影响，并能准确反映一国对外贸易实际数量而制定的一个指标。具体的计算方法是：以固定年份为基期而确定的价格指数去除报告期的进口或出口总额，得到的是相当于按不变价格计算的进口或出口额，这个数据叫作报告期的贸易量。

二、有关贸易商品结构的指标

（一）国际贸易商品结构

国际贸易商品结构是指各种类别的商品在国际贸易额中所占的比重，通常用它们在世界出口总额或进口总额中的比重表示。研究国际贸易商品结构，一般是看初级产品和制成品两大类分别占国际贸易额的比重。第二次世界大战以后的总趋势是，随着科学技术的发展，制成品在国际贸易中的比重不断上升，初级产品的比重不断下降。但随着最近几年石油价格和粮食价格的上升，国际贸易商品结构又有明显变化。

（二）对外贸易商品结构

对外贸易商品结构是指一个国家一定时期内各种类别的进出口商品占整个进出口贸易额中的份额。

一个国家的对外贸易商品结构主要是由该国的经济发展水平、产业结构状况、自然资源状况和贸易政策决定的。通过对外贸易商品结构的横向比较，即在不同的国家（或地区）之间进行比较，可以大致判断一个国家的经济发展水平；通过纵向比较，即比较一个国家在一段时间内对外贸易商品结构的变化趋势，可以判断这个国家的外贸和经济发展水平，从而得到所需要的结论。

一般来讲，过去发达国家的对外贸易商品结构是以进口初级产品、出口制成品为主，而发展中国家的对外贸易商品结构则是以出口初级产品、进口制成品为主。但现在情况有所改变，发达国家之间进出口主要以制成品的贸易为主。

三、有关贸易方向的指标

（一）国际贸易地理方向

国际贸易地理方向，也称国际贸易地区分布，是指一定时期内，世界各洲、各国或各个国家经济集团的对外商品贸易在整个国际贸易中所占的比重。由于国际经济形势不断发生变化，各国的经济实力对比经常出现变动，国际贸易地理方向也不断发生变更。观察和研究各个不同时期国际贸易地理方向的走向，有助于我们正确判断市场行情的变化趋势并加深对世界各国间的经济和贸易关系的认识和理解。

（二）对外贸易地理方向

对外贸易地理方向，也称对外贸易地区分布，是指一定时期内，世界上一些国家或各个国家经济集团的商品在某个国家对外贸易中所占的比重，通常以它们在该国进口总额、出口总额或进出口总额中的比重来表示。对外贸易地理方向表明一国出口商品的去向和进口商品的来源，反映一国与其他国家或国家经济集团之间经济贸易联系的程度。一国的对外贸易地理方向通常受经济互补性、国际分工的形式与贸易政策的影响。

对一国而言，如果商品的进出口集中在某一个国家或几个国家，我们就说该国的对外贸易地理方向比较集中；反之，就说该国的对外贸易地理方向比较分散。对外贸易地理方向集中与分散各有利弊。以出口为例，对外贸易地理方向集中有利于出口厂商的信息交流，交易成本比较低。但出口过于集中往往会带来国内各厂商之间为了争夺客户，竞相压价，进而形成恶性竞争。所以无论是出口还是进口，一国对外贸易地理方向过于集中，都会使得该国容易受制于人，从而在对外贸易中处于不利的境地。对外贸易地理方向的分散则可以降低一国所面临的政治与经济风险，避免进出口厂商之间的恶性竞争，但交易成本较高。

四、有关贸易依存度的指标

对外贸易依存度（以下简称外贸依存度）是指一国（或地区）在一定时期内进出口贸易额与该国同时期国内生产总值的对比关系。进口贸易额与国内生产总值的比例叫作进口依存度；反之，出口贸易额与国内生产总值的比例叫出口依存度。

外贸依存度是衡量一国（或地区）国民经济开放程度的指标。对外贸易依存度受各国经济发展水平、对外贸易政策和国内市场大小等因素的影响。一般来讲，大国的外贸依存度比较低，因为大国的国民经济基本上是自成体系的，相对来讲资源比较丰富，国内相互调剂的部分比较大；小国的外贸依存度比较高，一些转口贸易的港口国家外贸依存度都超过了100%。从横向来看，我国外贸依存度不仅高于世界平均水平，也高于世界一些主要大国水平。但因为有汇率、加工贸易等因素的影响，不能简单地把对外贸易依存度的高低看成是对外开放程度的标志，不能说我国的对外开放程度一定比美国、日本高。外贸依存度高有可能更多地享受比较利益的好处，但是也有比较容易受国际市场风云变化影响的弊端。

五、有关贸易条件的指标

贸易条件又叫作进出口交换比价，是指一国在一定时期内的出口产品价格与进口产品价格之间的比率。由于一个国家的进出口商品种类繁多，较难直接用进出口商品的价格进行比较，因此，人们通常用一国在一定时期（通常是一年）里的出口商品价格指数同进口商品价格指数对比进行计算。

贸易条件系数大于10%，说明贸易状况改善了，小于10%则说明贸易状况恶化了。贸易条件的恶化是指对外贸易中的交换比价下降，即用相同数量的出口商品换回的进口商品数量比以前少了；如果出现相反的情况，则视为贸易条件改善。从国际贸易发展的趋势看，发展中国家的贸易条件在恶化，这是广大发展中国家要求改变不合理的国际经济秩序的重要原因。

第四节 国际贸易的产生与发展

一、国际贸易的产生

国际贸易是在人类社会生产力发展到一定的阶段才产生和发展起来的，它是社会生产发展的必然结果。国际贸易的产生必须具备两个条件：一是有剩余的产品可以作为商品进行交换；二是商品交换要在各自为政的社会实体之间进行。

在原始社会初期，人类的祖先结伙群居，打鱼捕兽，生产力水平极端低下，人们处于自然分工状态，劳动成果仅能维持群体最基本的生存需要，没有剩余产品用以交换，因此谈不上有对外贸易。

人类历史的第一次社会大分工，即畜牧业和农业的分工，促进了原始社会生产力的发展，产品除维持自身需要以外，还有少量的剩余。人们为了获得本群体不生产的产品，便出现了氏族或部落之间用剩余产品进行原始的物物交换。当然，这种交换还是极其原始并偶然发生的物物交换。

在漫长的年代里，随着社会生产力的继续发展，手工业从农业中分离出来成为独立的部门，形成了人类社会第二次大分工。由于手工业的出现，便产生了直接以交换为目的的生产——商品生产。当产品是专门为满足别人的需要而生产时，商品交换就逐渐成为一种经常性的活动。随着商品生产和商品交换的扩大，出现了货币，于是，商品交换就变成了以货币为媒介的商品流通。这样就进一步促进了私有制和阶级的形成。由于商品交换的日益频繁和交换的地域范围不断扩大，又产生了专门从事贸易的商人阶层。第三次社会大分工使商品生产和商品流通范围进一步扩大。商品生产和流通更加频繁和广泛，从而阶级和国家最后相继形成。于是，到原始社会末期，商品流通开始超越国界，这就产生了对外贸易。

人类社会三次大分工，每次都促进了社会生产力的发展和剩余产品的增加，同时也促进了私有制的发展和奴隶制的形成。在原始社会末期和奴隶社会初期，随着阶级和国家的出现，商品交换超出了国界，国家之间的贸易便产生了。可见，在社会生产力和社会分工发展的基础上，商品生产和商品交换范围的扩大，以及国家的形成，是国际贸易产生的必要条件。

二、国际贸易的发展

(一) 奴隶社会的国际贸易

在奴隶社会,自然经济占主导地位,其特点是自给自足,生产的目的主要是为了消费,而不是为了交换。奴隶社会虽然出现了手工业和商品生产,但在一国整个社会生产中显得微不足道,进入流通的商品数量很少。同时,由于社会生产力水平低下和生产技术落后,交通工具简陋,道路条件恶劣,严重阻碍了人与物的交流,对外贸易局限在很小的范围内,其规模和内容都受到很大的限制。

奴隶社会是奴隶主占有生产资料和奴隶的社会,奴隶社会的对外贸易是为了奴隶主阶级服务的。当时,奴隶主拥有财富的重要标志是其占有多少奴隶,因此奴隶社会国际贸易中的主要商品是奴隶。据记载,希腊的雅典就曾经是一个贩卖奴隶的中心。此外,粮食、酒及其他专供奴隶主阶级享用的奢侈品,如宝石、香料和各种织物等也都是当时国际贸易中的重要商品。

奴隶社会时期从事国际贸易的国家主要有希腊、罗马等,这些国家在地中海东部和黑海沿岸地区主要从事贩运贸易。我国在夏商时代进入奴隶社会,贸易集中在黄河流域沿岸。

对外贸易在奴隶社会经济中不占有重要的地位,但是它促进了手工业的发展,奴隶贸易成为奴隶主经常补充奴隶的重要来源。

(二) 封建社会的国际贸易

封建社会时期的国际贸易比奴隶社会时期有了较大的发展。在封建社会早期,封建地租采取劳役和实物的形式,进入流通领域的商品并不多。到了中期,随着商品生产的发展,封建地租转变为货币地租的形式,商品经济得到进一步的发展。在封建社会晚期,随着城市手工业的发展,资本主义因素已孕育产生,商品经济和对外贸易都有较快的发展。

在封建社会,封建地主阶级占统治地位,对外贸易是为封建地主阶级服务的。奴隶贸易在国际贸易中基本消失。参加国际贸易的主要商品,除了奢侈品以外,还有日用手工业品和食品,如棉织品、地毯、瓷器、谷物和酒等。这些商品主要是供国王、君主、教堂、封建地主和部分富裕的城市居民享用的。

在封建社会,国际贸易的范围明显地扩大。亚洲各国之间的贸易由近海逐渐扩展到远洋。早在西汉时期,中国就开辟了从长安经中亚通往西亚和欧洲的陆路商路——丝绸之路,把中国的丝绸、茶叶等商品输往西方各国,换回良马、种子、药材和饰品等。到了唐朝，除了陆路贸易外，还开辟了通往波斯湾以及朝鲜和日本等地的海上贸易。在宋、元时期，由于造船技术的进步，海上贸易进一步发展。在明朝永乐年间，郑和曾率领商船队七次下"西洋"，经东南亚、印度洋到达非洲东岸，先后访问了30多个国家，用中国的丝绸、瓷器、茶叶、铜铁器等同所到的国家进行贸易，换回各国的香料、珠宝、象牙和药材等。

在欧洲封建社会的早期阶段，国际贸易主要集中在地中海东部。在东罗马帝国时期，君士坦丁堡是当时最大的国际贸易中心。公元7—8世纪，阿拉伯人控制了地中海的贸易，通过贩运非洲的象牙、中国的丝绸、远东的香料和宝石，成为欧、亚、非三大洲的贸易中间商。11世纪以后，随着意大利北部和波罗的海沿岸城市的兴起，国际贸易的范围逐步扩大到整个地中海以及北海、波罗的海和黑海的沿岸地区。当时，南欧的贸易中心是意大利的一些城市，如威尼斯、热亚那等，北欧的贸易中心是汉萨同盟的一些城市，如汉堡、卢卑克等。

综上所述，资本主义社会以前的国际贸易是为奴隶主和封建地主阶级利益服务的。随着社会生产力的提高，以及社会分工和商品生产的发展，国际贸易不断扩大。但是，由于受到生产方式和交通条件的限制，商品生产和流通的主要目的是为了满足剥削阶级奢侈生活的需要，贸易主要局限于各洲之内和欧亚大陆之间，国际贸易在奴隶社会和封建社会经济中都不占有重要的地位，贸易的范围和商品品种都有很大的局限性，贸易活动也不经常发生。但15世纪的"地理大发现"及由此产生的欧洲各国的殖民扩张则大大发展了各洲之间的贸易，从而开始了真正意义上的"世界贸易"。而到了资本主义社会，国际贸易才获得了广泛的发展。

（三）资本主义时期的国际贸易

15世纪末期至16世纪初，哥伦布发现新大陆，达·伽马从欧洲经由好望角到达亚洲，麦哲伦完成环球航行，这些地理大发现对西欧经济发展和全球国际贸易产生了十分深远的影响。大批欧洲冒险家前往非洲和美洲进行掠夺性贸易，运回大量金银财富，甚至还开始了买卖黑人的罪恶勾当，同时还将这些地区沦为本国的殖民地，妄图长久地保持其霸权。这样，既加速了资本原始积累，又大大推动了国际贸易的发展。西班牙、荷兰、英国之间长期战火不断，目的就是为了争夺海上霸权，讲到底，就是要争夺殖民地和国际贸易的控制权。可见，国际贸易是资本主义生产方式的基础。同争夺海运和国际贸易的霸权相呼应，这些欧洲国家的外贸活动常常具有一定的垄断性质，甚至还建立了垄断性外贸公司（如英国的东印度公司）。

17世纪中期英国资产阶级革命的胜利,标志着资本主义生产方式的正式确立。随后英国夺得海上霸权,意味着它在世界贸易中占据主导地位,这就为它向外掠夺扩张铺平了道路。18世纪中期的产业革命又为国际贸易的空前发展提供了十分坚实而又广阔的物质基础。一方面,蒸汽机的发明使用开创了机器大工业时代,生产力迅速提高,物质产品大为丰富,从而真正的国际分工开始形成。另一方面,交通运输和通讯联络的技术和工具都有突飞猛进的发展,各国之间的距离似乎骤然变短,这就使得世界市场真正得以建立。正是在这种情况下,国际贸易有了惊人的巨大发展,并且从原先局部的、地区性的交易活动转变为全球性的国际贸易。这个时期的国际贸易,不仅贸易数量和种类有长足增长,而且贸易方式和机构职能也有创新发展。显然,国际贸易的巨大发展是资本主义生产方式发展的必然结果。

19世纪70年代后,资本主义进入垄断阶段,此时的国际贸易不可避免地带有"垄断"的特点。主要资本主义国家的对外贸易被为数不多的垄断组织所控制,由它们决定着一国对外贸易的地理方向和商品构成。垄断组织输出巨额资本,用来扩大商品输出的范围和规模。它们又互相勾结,建立起国际联盟组织,共同瓜分势力范围。如果说自由竞争时期的国际贸易活动还在推动资本主义生产方式发展的话,此时资本主义国际贸易则完全是为了获取高额垄断利润,为了更有效地争夺原料产地、商品市场和投资场所。从全球范围来看,国际贸易的范围和规模在不断扩大,国际贸易越来越成为各国经济发展的重要因素。

两次世界大战之间的时期,资本主义世界爆发了三次经济危机,战争的破坏和空前的经济危机使世界工业生产发展缓慢。在1912—1938年的25年间,世界工业生产量只增长了83%。同时,这一时期贸易保护主义显著加强,奖出限入措施交互推进,螺旋上升,给国际贸易的发展设置了层层的人为障碍。因此,两次世界大战期间,国际贸易的扩大过程几乎处于停滞状态。1913—1938年,世界贸易量只增长了3%,年增长率为0.7%,世界贸易额反而减少了32%,而且这一时期,国际贸易的增长更为明显地落后于世界工业生产的增长,许多国家对对外贸易的依赖性减小了。在这一时期,国际贸易的地理格局发生了变化。第一次世界大战打断了各国间特别是欧洲国家与其他国家间的经济贸易联系,使欧洲在国际贸易中的比重下降,而美国的比重却有了较大的增长。亚洲、非洲和拉丁美洲经济不发达国家在国际贸易中的比重亦有所上升。但欧洲国家仍然处于国际贸易的控制地位,因为两次大战间的经济危机和超保护主义政策措施在限制欧洲各国间贸易的同时,鼓励和扩大了欧洲对其他国家的贸易。

两次世界大战之间的时期，国际贸易商品结构的特点表现为初级产品和制成品所占比重大。在1913—1937年的初级产品贸易中，食品和农业原料所占的比重都下降了，而燃料和其他矿产品所占比重均有所上升。制成品贸易结构的突出变化是重工业品贸易所占比重显著上升和纺织品贸易比重下降。金属和化学品的国际贸易比重也有所上升，但其他轻工产品贸易比重则下降了。制成品贸易日益从消费品贸易转向资本货物贸易，半制成品贸易也稍有增加。

（四）"二战"后的国际贸易

第二次世界大战后，世界经济又一次发生了巨大变化，国际贸易再次出现了飞速增长，其速度和规模都远远超过了19世纪工业革命以后的贸易增长。在1950—2019年的69年中，全世界的商品出口总值从约610亿美元增加到61 328亿美元，增长了将近100倍。即使扣除通货膨胀因素，实际商品出口值也增长了15倍多，远远超过了工业革命后乃至历史上任何一个时期的国际贸易增长速度。而且，世界贸易实际价值的增长速度（年平均增长6%左右）超过了同期世界实际国内生产总值增长的速度（年平均增长3.8%左右）。这意味着国际贸易在各国的国内生产总值中的比重在不断上升，国际贸易在现代经济中的地位越来越重要。

"二战"后国际贸易领域出现了两个不同于以前的特征：服务贸易的快速发展和电子商务的广泛应用。"二战"后，伴随着第三次科学技术革命的发生，各国，尤其是发达国家产业结构不断优化，第三产业迅速发展，加上资本国际化和国际分工的扩大和深化，国际服务贸易得到迅速发展。发达国家服务业占其国内生产总值的比重达2/3，其中美国已达3/4，发展中国家服务业所占比重也达1/2。发达国家服务业就业人数占其总就业人数的比重达2/3，发展中国家的这一比重达1/3。随着服务业的发展，其专业化程度日益提高，经济规模不断扩大，从而效率也不断提高，为国际服务贸易打下了坚实的基础。在国际贸易商品结构不断软化的过程中，国际贸易的交易手段也发生着变化。特别是20世纪90年代，随着信息技术的发展，信息、计算机等高科技手段在国际贸易上的应用，出现了电子商务这种新型的贸易手段。无纸贸易和网上贸易市场的发展方兴未艾，电子数据交换已经引起了全球范围的结构性商业革命。有人声称，没有电子数据交换，就没有订单。据统计，电子数据交换使商务文件传递速度提高81%，文件成本降低44%，文件处理成本降低38%，由于错误资讯造成的商贸损失减少40%，市场竞争能力则提高34%。利用国际互联网络的网上交易量也呈逐年上扬的势头,电子商务的蓬勃发展,为企业生存注入了强大的活力。

随着历史的演进,科学技术的发展,国际贸易无论是其总量、规模,还是结构、形式都将逐步改变。

第二章 国际贸易政策

从世界范围内考察贸易政策，即为国际贸易政策，它是各国在一定时期内对进口和出口贸易所实行的政策，是各国政府为了某种目的而制定的对贸易活动进行管理的方针和原则，是各国贸易政策措施的总和，体现了世界贸易体制和贸易政策系统。从一国或地区的角度看，国际贸易政策就是对外贸易政策。国际贸易政策主要分为自由贸易政策和保护贸易政策，其他类型的贸易政策都是基于这两种形式的变种。

第一节 自由贸易政策

自由贸易形成于资本主义自由竞争时期，开始于当时经济最发达的英国。在资本主义进入垄断阶段后，自由贸易发展一度受阻。第二次世界大战以后，自由贸易又被重新推到前台，成为大多数国家一致推举的贸易政策。

自由贸易政策是自由放任经济政策的一个重要组成部分。自由贸易政策是指国家对贸易行为不加任何干预，既不鼓励出口，也不限制进口，使商品自由进出口，服务贸易自由经营，在国际市场自由竞争。自由贸易政策主要为经济实力强的国家所采用，被其国内资金雄厚的产业集团所推动，它们是主要受益者。而对经济实力薄弱的国家和其国内幼稚产业来说，却意味着国内市场被外国占领，它们是主要受害者，从而自由贸易被认为是"强者"的政策。从历史上看，自由贸易政策盛行主要有两个阶段：第一个阶段是 19 世纪 20—70 年代初的资本主义自由竞争时期，英国带头实行自由贸易政策；第二个阶段为 20 世纪 50—70 年代初期，出现了全球范围的贸易自由化。

一、资本主义自由竞争时期的自由贸易政策

自由贸易政策产生于 18 世纪初，是 18 世纪新生资产阶级"自由放任"思想在对外经济关系上的延伸。英国是最早实行自由贸易政策的国家，它率先完成产业革命，成为 19 世纪全球最强大的工业国，1850 年，英国的工业产量占世界工业产量的 30%。同时，英国又是最大的殖民帝国，版图占地球陆地面积的

1/4，殖民地总面积超过本土面积 10 倍。英国是当时的"世界工厂"，其商品销向全世界，而原料和食品则购自全世界。这就决定英国必须冲破国内保护贸易的限制，积极推行自由贸易政策。经过长期斗争之后，英国在 19 世纪前期逐步取得了自由贸易政策的胜利。当时的自由贸易政策是国家对进出口贸易不设立任何障碍，不进行干预，让商品在国内外市场自由竞争，所以是一种开放性的贸易政策。当时英国采取的主要措施有：

（一）废除《谷物法》和《航海法》

《谷物法》是英国重商主义时期通过的限制谷物进口的政策法规，为使国内粮食价格保持在较高水平，用征收滑准关税的办法，限制谷物进口。1838 年，英国资产阶级成立了全国性的反《谷物法》同盟，展开声势浩大的反《谷物法》自由贸易运动。经过工业资产阶级与地主贵族之间的长期斗争，英国国会终于在 1846 年通过了废除《谷物法》的议案，工业资产阶级从中获得降低粮价、降低工资的利益，被视为英国自由贸易的最大赢家。1849 年，英国废除了已实行近 200 年的《航海法》。宣布废除该法案后，英国的沿海贸易全部对其他国家开放。1854 年，英殖民地的海运与贸易也全部开放，至此，重商主义时代制定的《航海法》被全部废除。

（二）改革关税制度

到 19 世纪初，经过几百年的重商主义实践，英国有关关税的法令达 1 000 种以上。1825 年，英国开始简化税法，废除旧税率，建立新税率。进口纳税的商品项目从 1841 年的 1 163 种减少到 1853 年的 466 种，1859 年减至 419 种，1860 年减至 48 种，1882 年再减至 20 种，所征收的关税全部是财政关税，税率大大降低。同时，英国简化了复杂的关税税则，绝大部分进口商品不予征税，并基本上废除出口税。

（三）签订自由通商条约

1860 年，《英法通商条约》签订，以及后来的《英意通商条约》《英荷通商条约》《英德通商条约》等，各国相互提供最惠国待遇，放弃贸易歧视，意味着英国自由贸易政策在国际上取得胜利。

（四）取消对殖民地的贸易垄断

1849 年，《航海法》被废止后，英国的殖民地已可以对任何国家输出商品，也可以从任何国家输入商品。通过关税法的改革，废止了对殖民地商品的特惠税率，同时准许殖民地与别国签订贸易协定，开放殖民地市场，把殖民地贸易纳入自由贸易体系。

二、20世纪50—70年代初期的贸易自由化

第一次和第二次世界大战后，随着世界各国经济的恢复和发展，20世纪50—70年代初期，在全球范围内掀起了贸易自由化浪潮。这段时期，贸易自由化的表现主要有两个方面：

①关税大幅度降低。关贸总协定缔约方内部关税大幅度降低；欧盟对内取消关税，对外通过谈判达成关税减让协议，使关税大幅度降低。从1971年开始，20多个发达国家对170多个发展中国家实施制成品和半制成品的普惠制待遇。②非关税壁垒逐渐减少。随着日本和西欧国家经济的恢复和发展，它们在不同程度上放宽了对进口数量的限制。到20世纪60年代初，西方主要国家间进口自由化率已达90%以上。

这段时期的贸易自由化在一定程度上是同贸易保护政策相结合的有差别、有选择的贸易自由化，具有如下几个主要特点：

①发达国家之间的贸易自由化程度远高于它们对发展中国家或社会主义国家的贸易自由化程度。②区域性经济集团内部的贸易自由化程度超过集团对外的贸易自由化程度。③工业制成品的贸易自由化程度远高于农产品的贸易自由化程度。在工业制成品中，机器设备的贸易自由化程度超过工业消费品的贸易自由化程度，特别是劳动密集型产品，如纺织品、服装、鞋类、皮革制品和罐头食品等受到较多的进口限制。

国际贸易几百年发展的历史表明，完全意义上的自由贸易政策是不存在的，当今的自由贸易政策表现为国家取消对进出口贸易的限制和障碍，取消对本国进出口商品的各种特权和优惠的自由化过程。

第二节 保护贸易政策

保护贸易政策是指一国采取各种限制进口的措施，以保护本国商品在本国市场上免受国外商品竞争，并对本国出口商品给予优惠和补贴，以鼓励商品出口，即奖出限入的政策。它体现了一个国家对贸易活动进行干预，以限制外国商品、服务和有关要素参与本国市场竞争。

保护贸易政策在不同的历史阶段，由于其所保护的对象、目的和手段不同，可以分为以下不同形式：

一、资本主义前期的重商主义政策

重商主义政策是资本主义生产方式准备时期的代表商业资本利益的经济思想和政策体系，起始于 15 世纪，全盛于 16—17 世纪，18 世纪趋于衰落。为了积累国内财富，它主张国家必须干预对外贸易。重商主义经历了两个发展时期，即早期重商主义和晚期重商主义。早期重商主义流行于 15—16 世纪，晚期重商主义流行于 16 世纪上半叶至 17 世纪中叶。早期重商主义又称为重金主义，主张绝对禁止贵重金属（黄金）外流，注重货币差额，主张扩大出口、减少进口或根本不进口，因为出口可以增加货币收入，而进口必须支出货币。规定本国商人外出进行贸易必须保证将一部分金银或国外货币带回国内，外国商人来本国进行贸易必须把销售所得全部用于购买本国商品，禁止货币和贵金属出口，由国家垄断全部货币贸易。晚期重商主义主张通过奖励出口，限制进口，保证出超，以达到让金银货币流入国内的目的。

二、幼稚产业保护政策

幼稚产业保护是指一国的某种商品可能有潜在的比较优势，但是由于缺乏专有的技术，加上最初过少的投入，该产业难以建立；或者虽已启动，亦难与许多实力雄厚的国外公司进行竞争。对幼稚产业进行暂时保护，提高该产业的竞争能力，直至其发展成为规模经济并形成长期的竞争优势为止。

幼稚产业保护政策是 18—19 世纪资本主义自由竞争时期美国、德国等后起资本主义国家实行的保护贸易政策。当时，这些国家的工业处于刚刚起步的幼稚阶段，缺乏竞争力，其产品没有力量与英国的工业品竞争。这些国家的政府代表工业资产阶级利益，为发展本国工业，采取保护贸易政策。其保护方法主要是建立严格的保护关税制度，通过高关税削弱外国商品的竞争能力，同时也采取一些鼓励出口的措施，提高国内商品的竞争力，以达到保护民族幼稚产业的目的。

三、超保护贸易政策

19 世纪末至第二次世界大战时期，垄断逐渐代替了自由竞争，成为社会经济生活的基础。此时，各国普遍完成了产业革命，工业得到迅速发展，资本主义社会的各种矛盾进一步暴露，世界市场的竞争开始变得激烈。尤其是 1929—1933 年的世界经济危机，使市场矛盾进一步尖锐化。于是，各国垄断资产阶级为了垄断国内市场和争夺国外市场，纷纷要求国家实行保护贸易政策。但是，这一时期的保护贸易政策与自由竞争时期的保护贸易政策有明显的区别，是一种侵略性的保护贸易政策，因此称其为超保护贸易政策。

超保护贸易政策是指，西方发达国家为维护国内市场的垄断价格和夺取国外市场而采取的一种带有侵略性的对外贸易政策，又称侵略性保护贸易政策。这与自由竞争时期的保护贸易政策具有明显区别——它不是防御性地保护国内幼稚工业以增强其自由竞争能力，而是为了保护国内高度发达或出现衰落的垄断工业，以巩固其对国内外市场的垄断。政策保护对象不是一般的工业资产阶级，而是垄断资产阶级。保护的目的不再是培养自由竞争的能力和限制进口，而是巩固和加强对国内外市场的垄断，并在此基础上对国内外市场进行进攻性地扩张。保护的措施与手段也趋于多样化，从关税壁垒扩大到非关税壁垒，同时还采用各种奖出限入的措施，实行"按倾销价格输出"的制度。

德国是实行超保护贸易政策最早的国家，19世纪70年代末开始恢复到60年代前的关税水平，80年代末又大幅度提高。20世纪30年代，德国为备战需要，在普遍提高工业品关税的同时，一再提高农产品关税。法国继德国之后也实行超保护贸易政策，从19世纪80年代开始不断调整税则，工农业产品关税不断提高。

四、新贸易保护政策

20世纪70年代以后，各国对世界市场的争夺更加激烈，保护贸易的理论和政策都出现了新的发展，称为新贸易保护主义。新贸易保护政策是相对于自由竞争时期的贸易保护政策而言的，它形成于20世纪70年代中期。在此期间，资本主义国家经历了两次经济危机，经济出现衰退，陷入滞胀的困境，国内就业压力增大，市场问题日趋严重。因此，以国内市场为主的产业垄断资产阶级和劳工团体纷纷要求政府采取保护贸易措施。此外，由于工业国家发展不平衡，美国的贸易逆差迅速上升，其主要工业产品受到日本、西欧国家的激烈竞争，甚至面临一些新兴工业化国家以及其他出口国的竞争威胁。在这种情况下，美国一方面迫使拥有巨额贸易顺差的国家开放市场，另一方面则加强对进口的限制。因此，美国成为新贸易保护政策的重要策源地。美国率先采取新贸易保护主义措施，随后引起了世界各国贸易政策的连锁反应，各国纷纷效仿，致使新贸易保护政策得以蔓延。

新贸易保护政策以绿色壁垒、技术壁垒、反倾销和知识产权保护等非关税壁垒措施为主要表现形式，目的是规避多边贸易制度的约束，通过贸易保护，达到保护本国就业、维持在国际分工和国际贸易中的支配地位的目的。它在维护民族利益、保护资源与环境的旗帜下，行贸易保护之目的，具有名义上的合理性、形式上的隐蔽性、手段上的欺骗性和战略上的进攻性等特点。

新贸易保护政策之所以"新"，是因其与传统的贸易保护政策相比，在保护手段上具有显著的特点：

第一，保护措施由过去以关税壁垒和直接贸易限制为主逐渐被间接的贸易限制取代。"二战"后贸易自由化倾向使关税水平大幅度降低，关税总协定的"约束性关税"又限制了成员运用关税的范围。为此，主要资本主义国家竞相设置非关税措施限制进口，以抵销关税下降造成的不利影响。

第二，政策重点从过去的限制进口转向鼓励出口，谈判和协调成为扩展贸易的重要手段。由于限制进口容易受到其他国家谴责和贸易伙伴的报复，也由于竞争日益激烈的条件下市场扩张的需要，许多发达国家都把重点转移到鼓励出口方面，提高本国产品的出口竞争力。

第三，保护政策从国家贸易壁垒转向区域贸易壁垒，实行区域内共同开放和区域外共同保护。20世纪90年代以来，经济区域化和集团化的发展，导致区域贸易壁垒强化，通过组成排他性的经济贸易集团，把非成员的产品排斥在外，以集团内或区域内的自由化来对抗集团外或区域外国家的竞争。

第三节　管理贸易政策

管理贸易政策又称"协调贸易政策"，是指国家对内制定一系列贸易政策法规，加强对贸易的管理，实现一国对外贸易的有序健康发展，对外则通过谈判签订双边、多边及区域贸易条约或协定，协调与其他贸易伙伴在经济贸易方面的权利与义务。它是以协调国家经济利益为中心、以政府干预贸易环境为主导、以磋商谈判为主轴的一种贸易政策。该政策是介于自由贸易和保护贸易之间的一种对外贸易政策，是协调和管理兼顾的国际贸易体制，也是各国对外贸易政策发展的方向。不同国家的管理贸易政策有所不同，各有特点。

管理贸易政策出现于20世纪70年代，是在国际经济联系日益加强而新贸易保护主义重新抬头的双重背景下逐步形成的。在这种背景下，为了既保护本国市场，又不伤害国际贸易秩序，保证世界经济的正常发展，各国政府纷纷加强了对外贸易的管理和协调，从而逐步形成了管理贸易政策。

从管理贸易发展历程来看，美国的贸易制度是管理贸易的典型范式。日本为缓和巨额贸易顺差而引起的贸易摩擦，也实施将贸易政策与产业政策相结合，实行旨在保护国内成熟市场的管理贸易。20世纪90年代以来，越来越多的西方发达国家甚至一些发展中国家也纷纷效仿，实行不同程度的管理贸易政策。

一、美国的管理贸易政策

美国是奉行管理贸易政策最为突出的国家，美国的管理贸易具有以下的特点：

（一）管理贸易法律化和制度化

管理贸易法律化和制度化主要体现在美国的两个贸易法中：《1974年贸易法》和《1988年综合贸易与竞争法》。第一个法案的通过标志着美国管理贸易正式开始运转，第二个法案的通过标志着美国管理贸易已趋于成熟，开始了从自由贸易政策向管理贸易政策的转变。另外，美国管理贸易的法律化和制度化也体现在美国的反倾销法中。这些法案一方面强化其贸易立法的作用，另一方面扩大了美国贸易立法的域外管辖范围，充分显示了美国单边协调管理贸易的能力加强。

（二）管理贸易手段采取多种协调管理方式

美国管理贸易的手段具有多样性，除采取单边协调管理的措施外，还积极采取双边及多边的管理形式。

在双边协调管理方面，美国加强具有针对性的双边贸易谈判，强调"对等"及"公平"贸易的互惠条件，并在此条件下，迫使日本、德国甚至"亚洲四小龙"等对美国有大量贸易顺差的贸易伙伴做出让步，如以有限度地开放市场、扩大内需、实行出口多元化以及货币升值等来调整各国与美国的贸易关系。同时，美国还积极活动，与加拿大和墨西哥成立北美自由贸易区，这些都是美国管理贸易的重要组成部分。

在多边协调管理方面，美国积极参加关贸总协定的乌拉圭回合多边贸易谈判并尽可能地发挥其巨大的影响力。美国在北美自由贸易区的基础上，提出"泛美自由贸易区"的设想，甚至还提出"新大西洋主义"，即以北约（北大西洋公约组织）为主，以欧盟（欧洲联盟）和欧安会（欧洲安全与合作会议）为辅的三环结构。这样美国既可协调世界格局变动所引起的美欧矛盾，还可使"新欧洲"发挥重要作用，保障美国在"新欧洲"的利益。除此之外，美国还对环太平洋经济区的设想持积极态度。

（三）管理贸易措施以非关税为主

由于关贸总协定多年的不懈努力，关税在国际贸易中限制进口的作用已明显降低。美国在限制进口方面已经转入隐蔽性较强的非关税壁垒，出现了绕过关贸总协定的"灰色区域"措施。其中，"自动出口限制"是"灰色区域"措施中最重要的方式。

20世纪70年代中期以来，美国对来自日本的汽车，来自亚洲其他国家或地区的纺织品、服装、鞋帽、食品、旅游箱包等实行"自动出口限制"，这极大地降低了这些国家该类商品在世界出口份额中的增长速度。

（四）突出对服务贸易及知识产权的管理

美国管理贸易的重点主要是劳动密集型的制造业产品、农产品及劳务产品等。美国是世界上最大的服务贸易国，以智力服务为主的服务出口使美国的服务贸易存在大量顺差，而其他国家也竭力发展其服务出口，因此服务贸易领域的摩擦与争端激增。另外，随着国际技术贸易的迅猛发展，知识产权成为当今国际贸易的重要内容。作为世界上最大的知识产权贸易国，美国更注重其对知识产权的保护和管理。因此，美国的贸易政策对服务贸易与知识产权的管理更为突出。

（五）美国政府对贸易的强有力干预

美国的国际经济地位下降及其竞争力的削弱促使美国改变其贸易政策，并更多地运用政府干预的手段来实现。美国政府制定产业政策与对外贸易相结合的贸易政策，即在公平贸易的思想指导下，积极保护与主动出击并举，在政府强有力的干预下增强经济竞争力，开拓国外市场。其具体做法主要是：选择一些高科技产业予以保护和资助，不靠多边贸易谈判，而是靠采取单方面的行动来惩罚损害美国产业的外国竞争者。

二、日本的管理贸易政策

日本的管理贸易政策是选择性的。

日本经济在"二战"后处于崩溃的边缘，为迅速恢复经济，日本政府确立了"贸易立国"的思想，通过政府政策的培育和扶持来发展其出口产业，参与国际分工与国际贸易。因此，日本的贸易政策从"二战"结束初期即体现出政府干预特色，其最显著的特点是将外贸政策与整个国家的产业政策结合起来，通过扶持本国产业，提高产品的国际竞争力促进出口，以对外贸易的扩大来促进本国经济的发展和产业结构的优化。

"二战"后，日本在很长时期内广泛采取进口限制政策，同时也积极鼓励出口。这主要体现在日本1949年12月制定的《外汇与外贸管理法》《进口贸易管理令》，以及 1959 年 12 月制定的《出口贸易管理令》中。

20 世纪 60 年代以后，日本经济迅速恢复并高速发展，因受外部力量的压迫，日本政府着手推进贸易自由化。这一自由化过程具有鲜明的特点：根据产业和国际竞争力的状况，精心地、有步骤地制订各种计划和选择实行自由化的商品，即施行所谓的有选择、有节制、渐进式的贸易自由化。通过这一方式，促进了日本产业合理化和劳动生产率的提高。

20 世纪 70 年代以后，日本为缓和因大量贸易顺差而引发的贸易摩擦，又采取了进一步政策，主要包括进一步开放日本市场、自动限制出口、扩大内需、增加制成品进口、同其他发达国家进行合作、扩大对外直接投资并加强与发展中国家的经济合作等措施。

日本管理贸易的特点主要有以下几个方面：

第一，政府干预色彩极为浓厚，程度较强且周密。

第二，管理贸易超法律化和制度化，但其性质是防御性的。

第三，贸易自由化具有选择性，以实行贸易自由化的产业作为掩护保护需扶持的产业。

第四，更多地采取单边、双边协调管理的方式。

三、发展中国家的管理贸易政策

发展中国家的管理贸易政策是防御性的。

对于发展中国家来说，管理贸易是一个较为新鲜的名词。但实际上，大多数国家都已自觉或不自觉地实行着一种单边的管理贸易政策。

"二战"后，世界贸易政策均有利于工业发达国家，发展中国家经过长期的奋斗，在整个世界贸易自由化进程中获得了部分有利于自身的贸易优惠待遇，包括关税保护、数量限制、一定的紧急保障、享受普惠制、单方面获得优惠等一系列待遇。发展中国家在这些优惠待遇的庇护下，长期采取一种较高关税、管制严格的外贸与外汇政策。正是在这种政策下，长期以来，发展中国家的"管理贸易"是一种偏向于保护贸易的政策。

20 世纪 80 年代中期以来，越来越多的发展中国家单方面放宽了对其贸易体制的限制，对贸易政策进行改革。到 20 世纪 90 年代初期，贸易自由化在发展中国家的进程更为加快，包括拉美、南亚及东亚的一些发展中国家都在走上贸易自由化的道路，其范围之广引人瞩目。

在发展中国家中，拉美的发展最为"激进"。拉美国家（主要是墨西哥、智利、巴西等国）在大幅度取消数量限制的同时，也大举削弱贸易壁垒，降低出口关税税额，间接扶持扩大出口。因此，拉美国家的贸易政策改革属于降低政府干预程度以增加自由度的一种激进的贸易自由化改革。

南亚国家（主要是印度、巴基斯坦、斯里兰卡等国）则采取了一种中立的贸易自由化改革方式：一方面保留进口贸易壁垒，如高关税、数量限制等；另一方面又进一步促进出口，如减轻对生产出口产品所需的中间商品进口的直接限制，实行税收减免等。

东亚国家或地区（主要指中国、韩国、马来西亚、印尼、泰国、越南等）实行的是一种温和的贸易自由化改革方式：改革的第一阶段是消除出口障碍，主要做法是统一汇率，取消进口中间商品及资本商品的数量限制，实行关税退税等政策直接鼓励出口；第二阶段是在国际收支平衡得以巩固之后，进一步取消数量限制，并逐步降低关税。中国台湾地区、韩国、马来西亚、印尼、泰国已先后于20世纪70—80年代进入了第二阶段的改革。而部分国家和地区尚未进入第二阶段，但在扩大出口方面的改革已取得很大成效。可见，发展中国家的管理贸易已向自由化方向发展。

发展中国家的管理贸易政策有以下特点：

第一，以防御性为主，目的是保护本国的幼稚工业及脆弱的国民经济体系。

第二，具有单边性和持续性，发展中国家更侧重于单边协调管理贸易，且单边协调持续时间较长。

第三，总体具保护主义色彩，发展中国家由于受本身的历史发展影响，其管理贸易总体上是保护性质的。

第四，具有不平衡性，发展中国家由于经济发展状况各不相同，所经历的社会发展历史也不尽相同，因此在管理贸易方面也具有不平衡性。

第五，是以降低贸易障碍为主要方向，发展中国家几乎都在致力于降低数量限制及进行关税合理化改革。这标志着其管理贸易具有了自由化的特点与趋势。

四、美国、日本及发展中国家的管理贸易比较

从美国、日本及发展中国家所实行的管理贸易来看，都是既有保护又有自由的成分。但一般管理贸易都偏保护主义色彩，都是通过单边、双边或多边的协调方式来管理各国贸易关系及影响世界贸易体系的，其本质都是有组织的自由和有协调的保护。各国的管理贸易又有差别：

第一，美国、日本的管理贸易都已经法律化和制度化，而发展中国家的管理贸易只是一种国家干预措施。管理贸易在美国、日本显得更为成熟，而在发展中国家还只是刚刚起步不久。

第二，美国的管理贸易具有侵略性和强加性；日本的管理贸易侧重于防御，目的是保护本国国内成熟的市场；发展中国家的管理贸易具有防御性，目的是保护本国的幼稚工业及脆弱的国民经济体系和市场体系。

第三，美国更注意双边和多边协调，日本注重双边管理，而发展中国家主要是单边管制。尽管美国利用其"301条款"进行单边协调，但总的来说美国更注意双边与多边的协调，其对世界贸易组织、区域经济一体化及具有针对性的双边贸易协定更为关注。日本则对双边协调情有独钟，因为这种协调具有针对性和灵活性，易于操作。发展中国家则主要是政府单边的贸易管理和干预，而同时又积极参与双边和多边协调。

第四，美国的管理贸易范围更广。美国管理贸易已突破商品贸易的范围，扩大到了服务贸易、知识产权贸易以及与贸易有关的投资措施甚至环境保护领域。日本的管理贸易主要是商品贸易，有时也涉及服务贸易与知识产权贸易。发展中国家的管理贸易还只局限在商品贸易范围内。

第五，美国的管理贸易更具隐蔽性。美国利用其"301条款"对各有关国家进行调查与制裁，具有很强的隐蔽性。日本及发展中国家的管理贸易较之更为明晰，便于判别。

第六，美国的管理贸易最具典型性；日本的管理贸易具选择性，较为温和；发展中国家的管理贸易较为原始。管理贸易创立于美国，美国的管理贸易措施也最为缜密、严厉，实施的范围最广，手段最全面，对世界经济的影响最大。日本的管理贸易则较为平和，手段上也不像美国那样具攻击性。发展中国家的管理贸易还处于起步阶段，更多的只是政府的强制性干预而已，对国际经济的影响很小。

第四节 战略性贸易政策

一、战略性贸易政策理论

20世纪80年代以来，以詹姆斯·布朗德、巴巴拉·斯潘塞、保罗·克鲁格曼等人为代表的西方经济学家提出了战略性贸易政策理论。战略性贸易政策是指在不完全竞争市场中，政府积极运用补贴或出口鼓励等措施对那些被认为存在着规模经济、外部经济或大量"租"（某种要素在某种用途上所得到的利润高于该要素用于其他用途所获得的收益）的产业予以扶持，扩大本国产业在国际市场上所占的市场份额，把超额利润从国外厂商转移到本国厂商，以增加本国经济福利和加强在有国外竞争对手的国际市场上的战略地位。

战略性贸易政策理论的观点包括两个部分：

第一，如果一国政府能保证本国企业而不是外国企业获得先发优势，它对本国企业的扶植就可能提高本国的收入。因此，根据战略性贸易政策理论的观点，政府应采取补贴的方法对具有发展前途的本国新兴产业给予支持。

第二，如果政府对本国某一产业的干预能帮助本国企业克服已获得先发优势的外国企业设置的市场进入障碍，政府则应进行干预。

二、战略性贸易政策的实例说明

这里用美国波音公司和欧洲空中客车公司的例子来说明战略性贸易政策。假定这两家公司生产技术和能力相近，都有能力生产一种新产品，即一种有500个座位的大飞机。由于生产这种飞机具有规模经济效应，生产越多成本越低，生产量越小成本越大，甚至会出现亏损。进一步假定两家公司只能做出两种选择——生产或不生产。

现在假定欧洲政府希望通过积极地干预，帮助空中客车公司击败波音公司，占领全球市场。假设欧洲政府承诺，如果空中客车公司进入市场，欧洲政府将给予25个单位的补贴。这种补贴使两家的利润或亏损情况发生了变化。如果只是空中客车公司生产，总利润达到125个单位。即使两家都生产，空中客车公司在减去亏损后，仍有20个单位的利润。而波音公司没有补贴，其利润与亏损没有变化。

在政府补贴的情况下，空中客车公司只要生产就能获利，而不管波音公司生产与否。波音公司只剩下两种可能：要么不生产，让空中客车公司生产；要么生产，而自己承担5个单位的亏损。事实上，政府补贴使我们假设的波音公司先行动可能获得的优势不复存在，而空中客车公司却获得了进入市场的优势。

从假设的例子可以看出，政府的保护政策可以使本国企业在国际竞争中获得占领市场的战略性优势并使整个国家受益。战略性贸易政策理论常常以此来说明保护政策在国际竞争中的重要性。

战略性贸易政策也受到了不少批评。批评者认为这种政策的实际运用所需要的信息要比可能得到的信息更多，信息不充分可能会导致政府决策的失误。这种政策可能引起别国的报复。假如波音公司在技术上比空中客车公司略高一筹，如果两家都生产，空中客车公司亏损20个单位，而波音公司则获得5个单位利润。在没有补贴的情况下，波音公司面对空中客车公司的竞争，仍然会进行生产，而空中客车公司的最好选择则是不生产。

第三章　国际贸易措施

第一节　关税措施

一、关税概述

（一）关税

关税是由政府所设置的海关在进出口商品经过一国关境时，对进出口商所征收的税收。

（二）海关

海关是设在关境上的国家行政管理机构，关税征收是通过海关来执行的。它由国家授权，对外代表国家行使主权，对内代表中央政府行使对地方的权利。其任务是根据本国有关进出口政策、法令和规章，对进出口货物、货币、金银、邮件和运输工具等实施监管管理、征收关税、查禁走私、临时监管货物和统计进出口货物。此外，海关还有权对不符合国家规定的进出口货物不予放行、罚款直至没收或销毁等。

（三）关境与国境

关境是海关征收关税的领域，即适用同一海关法或实行同一关税制度的领域，包括领水、领陆和领空；国境是国家的领土边境。一般情况下，二者是一致的，但有些国家之间缔结关税同盟，同盟成员适用同一关税制度，此时关境大于国境；而有些国家在本国境内设立经济特区，这些地区不属于关境范围，这时候关境小于国境。

二、关税的特点

关税作为国家财政收入的一个重要组成部分，既有与其他税收相同的特点，也具有自身独特特征。

（一）与其他税收相同的特点

1. 强制性

关税由国家凭借政治权力和法律强制征收，纳税人必须依法纳税，否则就会受到法律制裁。

2. 无偿性

国家征收关税后即交入国库，成为国家的财政收入，不再直接归还纳税人，也无须付给纳税人任何补偿。

3. 固定性

关税的征收按国家规定的税法税则计征，税率相对固定，不能随意改动。

（二）关税自身的特点

关税除具有一般税收的共性之外，作为一个单独的税种，又具有不同于其他税收的特点。

1. 关税属于间接税

关税的征收对象是进出口商品，其税负由进出口商先行垫付，而后把它作为成本的一部分计入价格，最终转嫁给消费者。

2. 关税的纳税主体和客体是进出口商和进出口商品

纳税主体是指在法律上负担纳税义务的自然人和法人，也称纳税人。关税的纳税主体是本国的进出口商。纳税的客体也称课税客体或课税对象，关税的纳税客体是进出口商品。

3. 关税是一国涉外经济政策的一部分

长期以来，世界各国根据本国经济实力在世界经济中的地位，一直把关税作为实施对外经济政策的重要手段，通过调整关税税率，调节与有关国家的贸易摩擦与冲突等。

三、关税的作用

（一）关税可以调节一国进出口贸易

一国可以通过调整关税税率调节进出口贸易，如在出口方面可通过低税率、免税和退税来鼓励商品出口，在进口方面可通过提高税率、降低税率或减免来调节进口。此外关税还可以调节贸易差额等。

（二）关税是一国实施对外贸易政策的重要手段

在一国对外贸易关系发展中，会针对不同国家采取不同的贸易政策，而不同的贸易政策会在该国的关税政策上有所体现。例如：采取自由贸易政策时，对多数商品进口采用较低关税税率甚至免征关税；采取保护贸易政策时，则对进口商品采用较高关税税率。

（三）关税可以推进一国产业结构的调整

一国是否鼓励进口竞争性产业的发展会体现在关税政策的采用上。如果一国鼓励进口竞争性产业的发展，会对该产业产品的进口采取高关税政策；反之，如果一国计划淘汰进口竞争性产业的发展，则对该产业产品的进口较少限制甚至不予限制。

（四）可增加一国的财政收入

关税是一国财政收入的重要组成部分。尤其是在经济不发达的国家，关税甚至成为最重要的收入来源。

四、关税的种类

（一）按照商品流向分类

1. 进口税

进口税是进口商品经过一国关境时或者从自由港、出口加工区、保税仓库进入该国国内市场时，由该国海关根据海关税则对该国进口商所征收的一种关税。这是一种主要税，被称为正税或正常进口关税。

一般来说，进口关税税率随着进口商品加工程度的提高而提高。大多数国家的关税结构体现为：对工业制成品的进口征收较高税率的关税，对半制成品的进口税率次之，对原料的进口税率最低甚至免税。进口税主要是保护性关税。

进口税主要分为普通税率、最惠国税率、普惠税率、特惠税率几个大类，税率高低由普通税率到特惠税率依次降低。

（1）普通税率

又称一般关税，是指对与本国没有签署贸易或经济互惠等友好协定的国家原产的商品征收的非优惠性关税。其税率最高，大多数国家一般只将其作为其他优惠税率减税的基础，并不是普遍实施的税率。

（2）最惠国税率

指缔约国各方实行互惠，凡缔约国一方现在和将来给予任何第三方的一切特权、优惠和豁免，也同样给予对方。最惠国税率是世界贸易组织成员之间在正常贸易下必须给予的关税待遇。其税率高于特惠税率，低于普通税率，但并非最低税率。

（3）普惠税

普惠税是普遍优惠制下适用的进口关税。普遍优惠制简称普惠制，是发达国家给予发展中国家制成品和半制成品（包括某些初级产品）的一种普遍的、非歧视的、非互惠的关税优惠制度。这一制度是在发展中国家的强烈呼吁下，于第一届联合国贸易和发展会议上提出，1968年通过，并于1971年正式生效的。

普惠制的基本原则是普遍的、非歧视的和非互惠的。所谓普遍的，是指发达国家应对发展中国家或地区出口的制成品和半制成品给予普遍的关税优惠待遇。所谓非歧视的，是指应使所有发展中国家或地区都不受歧视，无例外地享受普惠制的关税优惠待遇。所谓非互惠的，是指发达国家应单方面给予发展中国家或地区关税优惠，而不要求发展中国家或地区提供反向优惠。普惠制的实施目的是扩大发展中国家的出口，增强其产品竞争力，增加发展中国家的外汇收入，改善其国际收支；促进发展中国家的工业化，加速发展中国家的经济增长。

目前，世界上已有30多个给惠国和国家集团，它们是欧盟、瑞士、挪威、日本、加拿大、澳大利亚、新西兰、俄罗斯、乌克兰、白俄罗斯、哈萨克斯坦、土耳其、列支敦士登公国等。享受普惠制待遇的有170多个发展中国家和地区。各给惠国分别制订了各自的普惠制实施方案，而欧盟作为一个国家集团给出共同的普惠制方案。目前，全世界共有17个普惠制方案。从具体内容看，各普惠制方案不尽一致，但大多包括了给惠商品范围、受惠国家或地区、关税削减幅度、保护措施、原产地规则、给惠方案有效期六个方面。

第一，给惠商品范围。各给惠方案都列有自己的给惠产品清单和排除产品清单。一般农产品的给惠商品较少，工业制成品或半制成品较多。一些敏感性商品，如纺织品、服装、鞋类以及某些皮制品、石油制品等常被排除在给惠商品之外或受到一定的限制。

第二，受惠国家或地区。按照普惠制的原则，给惠国应该对所有发展中国家或地区都无条件、无例外地提供优惠待遇（非歧视性）。但实际上，发展中国家或地区能否成为普惠制方案的受惠国或地区是由给惠国单方面确定的。

第三，关税削减幅度。给惠商品的关税削减幅度取决于最惠国税率和普惠税率之间的差额，即普惠税减税幅度＝最惠国税率－普惠税率。假设某一商品最惠国税率为10%，普惠税率为免税，则该商品的普惠减税幅度为10%。通常工业品的减税幅度较大，农产品的减税幅度较小。

第四，保护措施。各给惠国为了保护本国生产和其国内市场，均在各自的普惠制方案中制定了程度不同的保护措施。保护措施主要表现在例外条款、预订限额及毕业条款三个方面。

①例外条款。例外条款又称免责条款，是指当给惠国认为从受惠国优惠进口的某种产品的数量增加到对其本国同类产品或有竞争关系的商品生产者造成或将造成严重损害时，给惠国保留对该产品完全取消或部分取消关税优惠待遇的权力。

②预订限额。预订限额是指给惠国根据本国和受惠国的经济发展水平及贸易状况，预先规定一定时期内（通常为一年）某项产品的关税优惠进口配额。达到这个额度后，就停止或取消给予的关税优惠待遇，而按最惠国税率征税。给惠国通常引用预订限额对工业产品的进口进行控制。

③毕业条款。毕业条款是指给惠国以某些发展中国家或地区由于经济发展，其产品已能适应国际竞争而不再需要给予优惠待遇和帮助为由，单方面取消这些国家或产品的普惠制待遇。毕业标准可分为国家（地区）毕业和产品毕业两种。

第五，原产地规则。为了确保普惠制待遇只给予发展中国家和地区生产和制造的产品，各给惠国制定了详细和严格的原产地规则。原产地规则是衡量受惠国出口产品能否享受给惠国给予减免关税待遇的标准。原产地规则一般包括三个部分：原产地标准、直接运输规则和原产地证书。

①原产地标准。货物的原产地是货物的"国籍"。原产地标准是一个国家或地区为确定货物的"国籍"（原产地）而实施的普遍适用标准。普惠制的原产地标准分为两大类：一类是完全的原产品，是指完全由受惠国或地区生产或制造的产品；另一类是含有进口成分的原产品，是指全部或部分使用进口原料或零部件生产的产品，但产品的性质和特征达到了"实质性变化"的程度，变成了另外一种完全不同的产品。

②直接运输规则。直接运输规则是指受惠国或地区的原产品必须从出口受惠国或地区直接运至进口给惠国。制订这项规则的主要目的是避免产品在运输途中可能进行的再加工或换包。但由于地理位置或运输条件等原因确实不可能直接运输时，允许产品经过他国领土转运，条件是货物必须始终处于过境国海

关的监管下，未投入当地市场销售或再加工。

③原产地证书。原产地证书是指受惠国或地区必须向给惠国提供由出口受惠国政府授权的签证机构签发的普惠制原产地证书，作为享受普惠制减免关税优惠待遇的有效凭证。

第六，给惠方案有效期。根据联合国贸易和发展会议的决定，普惠制的实施期限以 10 年为一个阶段，并且第一个阶段从 1971 年 7 月开始。每个阶段结束时，联合国贸易和发展会议都要对普惠制进行全面审议。自欧共体（欧盟前身）于 1971 年 7 月首先实施普惠制方案后，其他给惠国先后公布并实施各自的方案或按普惠制的原则修改原来的优惠方案。各个给惠方案有效期的计算，从该方案实施之日起往后顺延 10 年为一期。

（4）特惠税

特惠税又称优惠税，指对来自特定国家或地区的进口商品给予特别优惠的排他性的低关税或免税待遇，其他国家不得以最惠国待遇原则要求享受这种优惠待遇，其税率一般低于最惠国税率。特惠税有的是互惠的，有的是非互惠的。

①非互惠的特惠税。目前仍在起作用的且最有影响的是欧盟向参加协定的非洲、加勒比地区和太平洋地区的发展中国家单方面提供的特惠税。因这一协定是在西非多哥首都洛美签订，所以被称作《洛美协定》。

《洛美协定》签订后，一些拉美国家对欧盟给予非加太国家的特殊"照顾"表示不满，并诉诸世界贸易组织。欧盟开始与非加太国家就《经济伙伴协议》进行谈判。但欧盟在新一轮贸易谈判中提出的条件令不少非加太国家难以接受，因此谈判久拖不决。目前欧盟准备逐步取消对非加太国家提供单向贸易优惠政策，向自由贸易过渡，双方最终建立自由贸易区，与世贸规则接轨，从而结束现行的单方面贸易优惠待遇。

②互惠的特惠税。互惠的特惠税不一定是对等的相同税率，主要是区域贸易协定或双边自由贸易协定成员间根据协定实行的特惠税，如欧盟成员之间、北美自由贸易协定成员之间、中国与东盟国家之间实行的特惠税。

2. 出口税

出口税是一国的海关在该国产品输往国外时对出口商所征收的关税。征收出口税的目的有：增加财政收入，增加国外生产成本，保障本国市场供应，防止跨国公司利用"转移定价"逃税。

3. 过境税

过境税又称通过税，是一国对通过其关境的国外货物所征的税收。其征收目的是增加该国的财政收入，但所征税额较低，因此财政意义不大。

（二）按照征税的目的分类

1. 财政关税

财政关税又称收入关税，是指以增加国家的财政收入为主要目的而征收的关税。

2. 保护关税

保护关税又称经济关税，是指以保护本国工业和农业发展为主要目的而征收的关税。保护关税的税率越高，保护程度越强。保护关税分为工业保护关税和农业保护关税。发展中国家注重对幼稚产业的保护，而发达国家注重对夕阳产业的保护。

（三）按照特别待遇和特定的实施情况分类

按照特别待遇和特定实施情况，关税可分为进口附加税、差价税、特惠税和普惠税。在前面已经对特惠税和普惠税做了阐述，因此本部分只对进口附加税和差价税进行介绍。

1. 进口附加税

进口附加税又称为特别关税，是进口国家在对进口商品征收正常进口税后，出于某种目的再加征的进口税部分。进口附加税不同于进口税，不体现在海关税则中，并且是为特殊目的而设置的，其税率的高低往往视征收的具体目的而定，一般是临时性的或一次性的。其目的为：应付国际收支危机，维持进出口平衡；防止国外商品低价倾销，对某一国家实行歧视或报复。进口附加税主要有以下几种：

（1）反补贴税。

反补贴税又称抵消税或补偿税，是对直接或间接地接受奖金或补贴的国外进口商品所征收的一种进口附加税。其征收目的是增加进口商品成本，抵消出口国对该商品所做补贴的鼓励作用。

1）补贴的含义

根据乌拉圭回合谈判所达成的新的《补贴与反补贴协议》的规定，补贴是政府或其他公共机构对企业提供的捐助,以及政府对企业收入或价格的支持。

2)反补贴税征收的条件

进口商品在生产、制造、加工、买卖、输出的过程中接受了直接或间接的奖金或补贴;对进口国国内某项已建成的工业造成重大损害或产生重大威胁,或对进口国国内某一工业的新建造成严重障碍。上述两个条件之间存在因果关系。

3)反补贴税征收的程序

①申诉和调查。

②举证。

③当事双方磋商解决问题。

④如果磋商后补贴方愿意修改价格,同意取消或限制补贴,或采取其他措施消除补贴的影响,补贴诉讼可暂停或终止。

⑤如果承诺没有伴随行动,可继续调查,算出补贴数额,征收反补贴税。

⑥日落条款。即规定征收反补贴税的期限不得超过5年。

4)关贸总协定对补贴与反补贴的规定

①反补贴税的理解。为了抵消商品在制造、生产或输出时所直接或间接接受任何奖金或补贴而征收的一种特别关税。

②补贴的后果是对进口国国内某项已建的工业造成重大损害或产生重大威胁,或对进口国国内某一产业的新建造成严重阻碍。

③反补贴税的征收额不得超过补贴的数额。

④对于受到补贴的倾销商品,进口国不能同时征收反倾销税和反补贴税。

⑤在紧急情况下,进口国可以在未经缔约国全体事前批准的情况下,征收反补贴税,但应立即向缔约国全体报告,如未获批准,这种反补贴税应立刻予以撤销。

⑥对产品在原产国或输出国所征的捐税,在出口时退还或因出口而免税,进口国对这种退税或免税不得征收反补贴税。

⑦对初级产品给予补贴以维持或稳定其价格而建立的制度,如符合该项条件,不应作为造成重大损害来处理。

(2)反倾销税。

反倾销税是对于实行倾销的进口商品所征收的一种进口附加税。进口商品以低于正常价值的价格进行倾销,并对进口国的同类产品造成重大损害是构成征收反倾销税的重要条件。税额一般以倾销差价征收,目的在于抵制商品倾销,保护本国工业和市场。

1）倾销的含义

倾销是商品出口国以低于该商品国内市场销售的正常价格，甚至低于该商品生产成本的价格在国外市场上销售商品，并对进口国造成了影响。

2）反倾销税征收的条件

①倾销存在。

②损害存在。

③倾销与损害之间存在因果关系。

3）反倾销税征收的程序

①起诉。由申诉人以申诉书的形式向反倾销机构提出起诉。

②立案。反倾销机构接到申诉书后一定时期内（比如欧盟30日内，美国20日内）必须做出是否受理的决定。

③调查。反倾销机构一旦立案，马上开始调查，如美国商务部要求出口商提供申诉书提交前150天到该日后30天的价格资料。

④裁决。反倾销调查时限一般不应超过1年，特殊情况下不超过15个月。美国规定为6个月，但实际上从投诉到结案至少需要287天，最长达397天。

⑤复查。

4）关贸总协定对反倾销的规定

①用倾销手段将一国产品以低于正常价格的价格挤入另一国市场销售时，对某一缔约国领土内已建立的某一项产业造成重大损害或产生重大威胁，或对其新建产业产生阻碍，缔约国可以对倾销产品征收数量不超过这一产品的倾销差价的反倾销税。

②正常价格。它指相同产品在出口国用于国内消费时在正常情况下的可比价格，如果没有这个价格，则可参考相同产品在正常贸易下向第三国出口的最高可比价格，或产品在原产国的结构价格。

③对于同一种产品，进口国不能同时征收反倾销税和反补贴税。

④为了稳定初级产品价格而建立的制度排除在外。

另外，在乌拉圭回合谈判中又进行了修改和补充：

①在倾销的确定上，新协议进一步限制了使用出口国国内销售价格作为正常价格的场合，必要时，更多地使用向第三国出口价格或结构价格来计算正常价格。

②在工业损害问题上，新协议采取了累积进口的措施。累积进口是指进口国在确定产业损害时可以同时考虑来自多个国家或地区的倾销产品对其产业所造成的综合损害影响。

③在反倾销立案调查的程序上,新协议规定:反倾销申诉中必须有实质性的证据,否则申诉不能成立;对于损害或威胁,要求有实际的证据表明损害或威胁事实存在。

④在对发展中国家待遇上,重申对发展中国家予以特殊照顾。

2. 差价税

差价税又称差额税,当一国生产的某种商品国内价格高于同类的进口商品价格时,为了削弱进口商品的竞争能力,保护国内生产和国内市场,按国内价格与进口价格之间的差价征收的关税,叫作差价税。它是一种滑准税。

五、关税的征收

(一)按照征收的方法或征收标准分类

1. 从量税

从量税是以商品的重量、数量、容量、长度和面积等计量单位为标准计征的关税。征税时只要查明计量单位数,用计量单位乘以税率就可以计算出应纳的税额。其计量税额的计算公式是:

从量税额 = 商品数量 × 每单位从量税

各国征收从量税时,大部分以商品的重量为单位征收。按重量计算的方法有毛重、半毛重和净重三种。

从量税的征收有其优点:

第一,计税手续较为简便。不需审定货物的规格、品质、价格,便于计算。

第二,对廉价进口商品抑制作用较大。由于单位税款固定,对质次价低的低档商品进口与高档商品征收同样的关税,所以对低档商品进口不利。

第三,当商品价格下降时,其保护作用加强。当商品价格下降时,按从量税征收,因税额固定,税负相对增大,不利于进口,所以其保护作用得到加强,而财政收入不受影响。

但与此同时,从量税的征收也有其缺点:

第一,税负不合理。同一税目的货物,不管质量好坏、价格高低,均按同一税率征税,税负相同。

第二,质优价高商品因与质次价低的同类商品征收同样的关税,故这一方面保护作用相对减弱。

第三,当商品价格上涨时,税额不能随之变动,使税收相对减少,保护作用下降。

2. 从价税

从价税是以商品的价格作为征税标准的关税，其税率表现为商品价格的百分比。完税价格与税则中规定的税率相乘，则可得出应纳的从价税额。从价税额的计算公式如下：

从价税额 = 商品总值 × 从价税率

从价税的征收有其优点：

第一，税负合理。同类商品质高价高，税额也高；质次价低，税额也低。加工程度高的商品和奢侈品价高，税额较高，相应的保护作用较大。

第二，物价上涨时，税款相应增加，既增加财政收入，又可起到保护关税的作用。

第三，税率明确，便于比较各国税率。

第四，征收方式简单。对于同种商品，可以不必因其品质的不同再详细分类。同样，从价税的征收也有其缺点，即完税价格不易掌握，征税手续复杂。

3. 复合税

复合税又称混合税。在税则的同一税目中定有从价税和从量税两种税率，同时使用两种税率计税称为复合税，因此计税手续比较复杂。复合税额的计算公式如下：

复合税额 = 从量税额 + 从价税额

复合税可分为两种：一种是以从量税为主，加征从价税；另一种是以从价税为主，加征从量税。

4. 选择税

选择税是对一种进口商品同时定有从价税和从量税两种税率，但征税时由海关选择其中一种征税的计税方式。海关一般是选择税额较高的一种税率征税，在物价上涨时，使用从价税，在物价下落时，使用从量税。但为鼓励某种商品进口时，就选择较低的一种税率征税。

5. 滑准税

滑准税是一种与进出口商品价格反向运动的关税征收办法：随着进口商品价格水平的提高，适用的税率水平降低；随着价格水平的不断下降，而适用的税率反而提高。其目的是保证征税商品国内市场价格的相对稳定，减少国际市场价格波动对国内市场的影响。

（二）海关税则与国际贸易商品分类体系

1. 海关税则

海关税则又称关税税则，是一国对进出口商品计征关税的规章和对进出口的应税与免税商品加以系统分类的一览表。

2. 国际贸易商品分类体系

第一，《海关合作理事会税则目录》以商品的自然属性为主，结合加工程度，将商品分为21大类、99章、1 015项税目号。

第二，《联合国国际贸易标准分类》把商品分为10大类、67章、261组、1 632个分组、3 188个基本项目。

第三，《商品名称及编码协调制度》是一个新型的、系统的、多用途的国际贸易商品分类体系。它除了用于海关税则和贸易统计外，对运输商品的计费与统计、计算机数据传递、国际贸易单证的简化和《药品经营质量管理规范》的利用等提供了一套可使用的国际贸易商品分类体系。它将商品分为21类、97章、1 241个税目和5 019个子目。

（三）通关手续

通关手续又称报关手续，是指出口商或进口商向海关申报出口或进口时，接受海关的监督与检查，履行海关规定的手续。包括以下四个环节：

1. 货物的申报

货物运到进口国或出口国的港口、车站或机场时，进口商或出口商向海关提交有关单证和填写由海关提供的表格，向海关提出进口或出口请求，同时提交全套的单证。

2. 单证审核

海关将审核单证是否齐全，填写是否正确、属实、全面，货物是否符合有关的政策与法规。

3. 货物的查验

货物的查验目的在于核实单货是否相符，防止非法进出口。

4. 货物的征税与放行

当办完通关手续，结清应付的税款和其他费用，经海关同意后，货物即可通关放行。

六、关税的经济效应

关税的征收会对国际贸易产生很大的影响，带来一系列的经济效应。关税对国际贸易的影响是其对一国国内价格、贸易条件、生产、消费、贸易、税收、再分配以及国民福利等方面产生的综合影响。对关税的国际贸易影响分析主要有静态和动态两种分析方法，本书主要通过静态经济效应分析的方法来把握关税对国际贸易的影响。

在分析关税的经济效应时，将参与贸易的国家分为两类：

①贸易价格控制国家。这类国家在某种特定商品的国际贸易中具有举足轻重的影响力，是国际贸易中的价格制定者，其本身进出口数量的变化足以改变世界市场的供求关系，从而带动国际市场价格发生变化。

②贸易价格接受国家。这类国家在某种特定商品的国际贸易中占有的份额很小，不足以对世界市场产生实质性影响，只是国际贸易中的价格接受者。

两者在关税方面对国际贸易影响的显著差异表现在：在对世界市场价格的影响力方面，前者的征税行为不仅影响其国内价格，还影响到世界市场价格；后者的征税行为不会影响到世界市场价格。

第二节 非关税壁垒措施

一、非关税壁垒措施概述

（一）非关税壁垒的含义

非关税壁垒是指关税以外的一切限制进口的各种措施。

（二）非关税壁垒的特点

与关税措施相比，非关税壁垒措施的特点有：①非关税壁垒措施具有更大的灵活性和针对性；②非关税壁垒措施更能直接达到限制进口的目的；③非关税壁垒措施更具有隐蔽性和歧视性。

二、非关税壁垒措施内容

（一）进口配额制

进口配额制是指一国政府在一定时期内，对某种商品的进口数量或金额加以直接限制，在规定的期限内，配额以内的商品可以进口，配额以外的商品不准进口，或对其征收更高的关税或罚款后才能进口。进口配额制可以分为绝对配额和关税配额两种。

1. 绝对配额

绝对配额是指在一定时期内，对某些商品的进口数量或金额规定一个最高限度，达到这个限度后，便不准进口。这种进口配额有全球配额和国别配额两种方式。

2. 关税配额

关税配额是指对商品进口的绝对数额不加限制，而在一定时期内，规定一定数额的进口配额：对在规定配额以内的进口商品，给予低税、减税或免税待遇；对超过配额的进口商品则征收较高的关税或征收附加税或罚款。这实际上限制或禁止了配额以外的商品进口。关税配额按方式的不同又可分为如下两类：

第一，按商品进口的来源划分，可分为全球性关税配额和国别性关税配额。

第二，按征收关税的目的划分，可分为优惠性关税配额和非优惠性关税配额。前者是指对在关税配额以内的进口商品，给予较大幅度的关税减让甚至免税，对超过配额的进口商品按原来的最惠国税率征收关税；后者是指对在关税配额内的进口商品仍征收原来的进口税，但对超过配额的进口商品则征收极高的附加税或罚款。

（二）"自动"出口配额

"自动"出口配额又称"自动"限制出口，是指出口国或地区在进口国的要求或压力下，自动规定某一时期某些商品对该国的出口限制，配额内可以出口，超过配额的禁止出口。"自动"出口配额依照限额的确定方式的不同分为非协定的"自动"出口限制和协定的"自动"出口限制两种形式。

（三）进口许可证

一国政府为了禁止、控制或统计某些进口商品的需要，规定对于某些商品，必须事先领取进口许可证才可进口。

目前发达国家进口许可证使用的范围较小，只对竞争激烈的敏感性商品使用。发展中国家则比较普遍实行进口许可证，以限制某些工业品和高档消费品的进口，从而保护民族经济的发展。

（四）外汇管制

外汇管制是指一国政府通过法令对国际结算和外汇买卖实行限制，来维持本国货币汇价和平衡国际收支的一种制度。外汇管制的方式较为复杂，一般可分为以下几种：

1. 数量性外汇管制

数量性外汇管制是指国家外汇管理机构对外汇买卖的数量直接进行限制和分配。进口商若要进口商品，必须向国家外汇管理部门申请外汇额度，经外汇管理部门批准后，方可获得外汇，支付进口货款。

2. 成本性外汇管制

成本性外汇管制是指国家外汇管理机构对外汇买卖实行复汇率制度，利用外汇买卖成本的差异，间接影响不同商品的进出口。复汇率制度是指一国货币对外有两个或两个以上的汇率。其目的是利用汇率的差别限制或鼓励某些商品进口或出口。一般说来，对适当允许进出口的商品使用普通汇率；对鼓励进出口的商品使用优惠汇率；对于严格限制进口的商品则使用惩治性汇率，即高价购买外汇，使进口商品成本增加，竞争力下降，从而达到限制其进口的目的。

3. 混合性外汇管制

混合性外汇管制是指同时运用上述两种管制方式，使国家能更有效地控制外汇和商品进口的制度。

（五）进出口国家垄断

进出口国家垄断是指在对外贸易中，把某些商品的进口或出口专营权给予某些垄断组织或者国家机构。世界各国对进出口商品垄断的情况不尽相同，但归纳起来，主要集中在四类商品：烟酒、农产品、武器、石油。

（六）歧视性政府采购政策

歧视性政府采购政策是指国家制定法令，规定政府机构在采购时要优先购买本国产品的做法。许多国家都有这种制度，如美国的《购买美国货法案》。

（七）国内税

国内税是指在一国的国境内，对生产、销售、使用或消费的商品所支付的捐税。国内税通常不受贸易条约或多边协定限制，比关税更灵活。有些国家在进口商品进入关境以后的运输、销售、购买、使用等环节对其征收各种国内税，以此来限制进口。

（八）进口最低限价和禁止进口

1. 进口最低限价

进口最低限价是指一国政府规定某种进口商品的最低价格，凡进口商品价低于此最低价格的要征收进口附加税或禁止进口。

2. 禁止进口

禁止进口是指当一国感到实行进口数量限制已无法达到其经济目的时，颁布法令公布禁止进口商品的货单以禁止这些商品的进口。

（九）进口押金制

进口押金制又称进口存款制，是指进口商在进口商品时，要在规定时间于指定银行按进口额的一定比例无息存入一笔现金，方可进口。进口押金制增加了进口商的资金负担，起到限制进口的作用。

（十）海关估价制度

海关在征收关税时，确定进口商品价格的制度为海关估价制度。有些国家为实现自身利益，通过提高某些进口商品的海关估价来阻碍商品的进口，称为专断的海关估价制度。

（十一）进口商品关税的归类

在税率已定的情况下，税额大小除取决于海关估价外，还取决于征税产品的归类。海关征税时，在税率上一般就高征收关税，以此增加进口商品的税收负担，起到限制进口的作用。

（十二）技术性贸易壁垒

技术性贸易壁垒是指为了限制进口所制定的复杂苛刻的技术法规、技术标准和合格评定程序、卫生检疫规定、商品包装和标签规定等。

1. 技术法规、技术标准和合格评定程序

（1）技术法规

涉及的内容范围包括劳动安全、环境保护、卫生健康、节约能源与材料等。

（2）技术标准

主要包括生产标准、实验与检验方法标准、安全卫生标准等。

技术法规和标准作为限制进口手段的优势主要体现在：①多样化；②标准严格；③有些标准经过精心设计和研究，针对性强；④这些技术标准不仅在条文本身上限制了国外产品的销售，而且在实施过程中也为国外产品的销售设置了重重障碍。

（3）合格评定程序

是指任何直接或间接用以确定是否满足技术规定或技术标准中相关要求的程序。合格评定程序一般包含认证、认可、互认三种基本形态。

2. 卫生检疫规定

随着世界性贸易战的加剧以及发达国家国民生活水平的提高和保障身体健康的要求，发达国家更加广泛地利用卫生检疫的规定来限制商品的进口，要求卫生检疫的商品日益增加，卫生检疫的规定越来越严格。

3. 商品包装和标签的规定

许多国家对在其国内市场上销售的商品要求符合各种包装和标签条例，进口商若无法满足条件将禁止其商品进口。

4. 绿色贸易壁垒

一些国家借口环境保护，通过制定高标准的国内环境法规实施贸易保护和贸易歧视。

5. 蓝色贸易壁垒

蓝色贸易壁垒又称"劳动壁垒"，是以劳动者劳动环境和生存权利为借口采取的贸易保护措施。施行蓝色贸易壁垒的目的是保护蓝领工人的利益，故以蓝色命名。蓝色贸易壁垒由社会条款而来，其核心是社会责任标准，包括核心劳工标准、工时与工资、健康与安全、管理系统等方面。

第三节　鼓励出口和出口管制方面的措施

一、鼓励出口方面的措施

出口鼓励措施是指出口国政府及有关组织为促进该国商品的出口,开拓和扩大国外市场而采取的经济、行政和组织等方面的措施。

(一) 出口信贷

1. 出口信贷的概念

出口信贷是一个国家为了鼓励商品出口,增强商品的竞争力,通过银行对该国出口商或国外进口商提供的贷款。它是一国出口商利用该国银行提供的贷款扩大商品出口,特别是金额较大、期限较长的商品出口的重要手段。

2. 出口信贷的种类

(1) 卖方信贷

1) 含义

卖方信贷是指出口方银行向该国出口商提供的贷款。贷款协议在该国出口商与该国银行之间签订。常用于机器设备、船舶的出口。

2) 业务流程

①在正式签署货物买卖合同前,出口商必须与贷款银行取得联系,获得银行发放的出口信贷认可。此外,出口商一般应事先向当地保险公司询价,以便将有关的保险费用提前计入成本。

②出口商以延期付款的方式与进口商签订进出口合同,合同一般要求生效以后进口商向出口商支付 10%~20% 的定金,其余 80%~90% 的款项在交货时由进口国银行签发,或承兑若干张不同到期日的本票、汇票分期偿还。

③出口商凭出口贸易合同向其所在地的银行申请卖方贷款,双方签订出口卖方信贷融资协议,由银行根据协议向出口商提供信贷。在协议中,出口商同意将货物买卖合同下的远期收汇权益抵押给贷款银行。此外,出口商向保险公司投保出口收汇险,并将保险项下的权益转让给贷款银行。

④出口商根据进出口合同发货后,把出口装运单据以及商业发票提交给贷款银行,然后根据卖方信贷融资协议从银行贷款中提取贷款(一般是发票金额的 85% 左右)。接下来就是由进口商按照进出口合同的约定,分期偿还货款并支付利息给出口商,然后由收到进口商所付货款的出口商根据贷款协议偿还银

行贷款。不过在实践中更多的做法是银行直接介入：进口国银行会把其出具或承兑的本票、汇票直接交给贷款银行，贷款银行一般则会要求出口商把进出口合同项下的债权凭证抵押在银行，用到期款项优先偿还贷款本息。

（2）买方信贷

1）含义

买方信贷是出口国银行直接向国外的进口厂商或进口方的银行提供的贷款。其附带条件是此贷款必须用于购买债权国的商品，因而起到促进商品出口的作用。

2）业务流程

①出口商提出买方信贷意向申请，银行审核项目材料，出具贷款意向书，并对商务合同具体付款条件提出要求后，进出口方才可进入货物合同签署阶段。

②进出口商签署现汇货物买卖合同，并明确进口商将使用出口方银行提供的买方信贷支付货款。合同签署后，进口商先支付货款15%~20%的定金。

③由进口商或进口方银行与出口方银行签订贷款协议。

④进口商根据出口商交货情况，分批利用出口方银行贷款或进口方银行转贷的资金支付80%~85%的货款。为避免不必要的周折和风险，这笔款项实际是由出口国银行直接交给了出口商。

⑤在买方信贷的贷款对象为进口商的情形下，由进口商根据与出口方银行的贷款协议支付本金和利息；在买方信贷的贷款对象为进口方银行的情形下，由进口方银行根据贷款协议向出口方银行支付本金和利息，然后再在国内结算其与进口商之间的债权债务。

3. 出口信贷的主要特点

第一，出口信贷以资本货物出口为基础。

第二，出口信贷利率低于国际金融市场贷款的利率。

第三，出口信贷的贷款金额通常只占合同金额的85%左右。

第四，出口信贷的发放与出口信贷的担保相结合。

第五，出口信贷是政府促进出口的手段。

（二）出口信贷国家担保制

出口信贷国家担保制是一国为了扩大出口，设立专门机构对该国出口商或商业银行向外国进口厂商或银行提供的信贷进行担保，当外国债务人拒绝付款时，该国国家机构将按照承保的数额给予补偿。

（三）出口补贴

出口补贴是指一国政府为降低出口商品的价格，提高其在国际市场上的竞争力，在出口某种商品时给予出口商财政上的优惠待遇或现金补贴。出口补贴有以下两种方式：

1. 直接补贴

直接补贴是指出口某种商品时，政府直接付给出口商的现金补贴。例如，欧盟的前身欧共体就采用"欧洲农业指导保证基金"来鼓励某些农产品的出口。

2. 间接补贴

间接补贴是指政府对某些出口产品给予财政上的各种优惠，主要有以下几种方式：①退还或减免出口商品所缴纳的国内税；②免征或退还用于出口商品生产的进口原料或零部件等的进口关税；③免征出口税；④对出口商品实行延期付税；⑤降低运费；⑥提供低息贷款。

（四）商品倾销

商品倾销是指商品出口商以低于国内市场价的价格，甚至以低于商品生产成本的价格在国外市场上大量抛售产品，打击竞争对手，以占领或巩固市场的行为。商品倾销有以下几种形式：

1. 偶然性倾销

偶然性倾销通常是指因为商品销售旺季已过，或因公司改营其他业务，在国内市场上不能售出剩余货物，而向国外市场抛售商品的倾销方式。

2. 间歇性或掠夺性倾销

间歇性或掠夺性倾销是指以低于国内市场价甚至低于生产成本的价格，在国外市场上大量抛售商品，在打垮了全部或大部分竞争对手占领市场以后，再大幅度提高价格的倾销方式。

3. 长期性倾销

长期性倾销是指长期（至少半年以上）以低于国内市场价的价格在国外市场上出售商品的倾销方式。

4. 隐蔽性倾销

隐蔽性倾销是指出口商按国际市场上的正常价格出售商品给进口商，但进口商以倾销性的低价在进口国市场上抛售，其亏损部分由出口商给予补偿的倾销方式。

（五）外汇倾销

外汇倾销是指利用本国货币对外贬值的方法来扩大商品出口的倾销方式。

当然，外汇倾销不能无限制和无条件地进行，外汇倾销只有具备以下两个条件时才能起到扩大出口的作用：①货币贬值幅度要大于国内物价上涨幅度；②其他国家不同时实行同等程度的货币贬值。

（六）促进出口的行政组织措施

促进出口的行政组织措施有：①设立专门机构，制定本国出口战略和对外贸易政策；②建立经贸信息网，如日本贸易振兴机构就是日本政府设立的旨在从事海外市场调查，并向国内企业提供信息服务的机构，它拥有73个海外办事处，与东京和大阪总部、亚洲经济研究所一起积极致力于促进日本与海外之间的贸易与投资，加强企业之间的商务合作；③建立贸易中心，举办贸易展览会；④组织贸易代表团的互访；⑤组织出口评奖活动。

二、出口管制方面的措施

出口管制又称出口控制，是指出口国政府为了使国家安全得到保障，本国的对外关系不致受到重大的负面影响，对本国的某些商品实行限制或禁止出口的措施。

（一）出口管制的商品

出口管制的商品主要包括以下几种：①战略物资和高技术产品，包括军事装备、先进的电子计算机等高技术产品、重要机器与设备以及有关的技术资料；②国内市场所需的原材料、半成品及国内市场供应不足的商品；③"自动"限制出口的商品，如发展中国家根据纺织品自限协定自行控制纺织品、服装等商品的出口；④为了实施经济制裁而对某些国家或地区限制甚至禁止出口的商品，如美国曾对苏联实行粮食控制出口，对利比亚、伊拉克等国实行的商品出口限制等；⑤为了保护本国资源或生态环境而限制甚至禁止出口的商品，如我国当前限制高能耗、高污染的部分钢铁出口；⑥重要的文物、艺术品、黄金、白银等特殊商品；⑦出于有计划安排生产及统一对外的目的而实行出口许可证制的商品。

（二）出口管制的目的

1. 政治目的

出口管制的政治目的是干涉和控制进口国的政治经济局势，在外交活动中保持主动地位，遏制敌对国或臆想中敌对国家的经济发展，维护本国或本国集团的政治利益和安全等。

2. 经济目的

出口管制的经济目的主要有如下几点：①保护国内稀缺资源或不可再生资源；②维护国内市场的正常供应；③促进国内有关产业部门或加工工业的发展；④防止国内出现严重的通货膨胀；⑤保持国际收支平衡；⑥稳定国际市场商品价格，避免国际贸易条件的恶化。

（三）出口管制的形式

1. 单方面出口管制

单方面出口管制是指一国根据该国的出口管制法案，设立专门的执行机构对该国某些商品出口进行审批和颁发出口许可证，实行出口管制。例如，美国政府根据国会通过的《出口管理法》在美国商务部设立工业和安全局，专门办理出口管制的具体事务。

2. 多边出口管制

多边出口管制是指几个国家政府通过一定的方式建立一个国际性的多边出口管制机构，通过商讨和编制多边出口管制国别和出口管制货单、规定出口管制的办法等，协调彼此的出口管制政策和措施，达到共同的政治和经济目的。

（四）出口管制的措施

出口管制的措施主要有以下几种：①国家专营，又称国家垄断，是指某些商品的生产和交易由政府指定的机构和组织直接掌握；②征收出口税；③实行出口配额制；④出口禁运；⑤出口许可制度。

第四节　经济特区措施

经济特区是指一个国家或地区在其关境以外划出一定范围，实行特殊的经济政策，改善基础设施和环境，吸引外国企业从事贸易与出口加工等活动。世界上任何一个国家的经济特区几乎都具备信息灵通、交通便利、政策优惠、地理位置优越四大特点。各国或地区设置的经济特区名目繁多，规模不一，主要有以下几种形式：

一、自由港与自由贸易区

（一）自由港

自由港又称为自由口岸，指全部或绝大多数外国商品可以豁免关税，自由进出口的港口。例如，马来西亚的马六甲港、丹麦的哥本哈根港、新加坡的新加坡港及中国的香港港均是世界著名的自由港。

（二）自由贸易区

自由贸易区由自由港拓展而来，有的称为对外贸易区，它以自由港为依托，将范围扩大到自由港的邻近地区。可以分为两种类型：①把港口或设区连带城市都划为自由贸易区，如中国香港除了极个别的商品外，绝大多数商品可以自由进出口，免征关税；②把港口或港区的一部分划为自由贸易区，如巴拿马的科隆自由贸易区，其位于科隆市东北部，初期建区面积为 0.49 平方千米，只占科隆市的一部分。

（三）实行的政策

第一，允许外商在自由港或自由贸易区内进行商品的存储、挑选、分类和重新包装。

第二，允许自由进出自由港或自由贸易区的外国商品不必办理报关手续，免征关税。

第三，对一些特殊商品采取禁止或限制的政策。

二、出口加工区

出口加工区是一个国家在其港口或邻近港口、国际机场的地方特设一个区域，新建和扩建码头、车站、道路、仓库等基础设施，通过提供减免税收等优惠措施吸纳外资，以鼓励外国企业在区内进行投资设厂，生产以出口为主的制成品。出口加工区主要有两种类型：①专业性出口加工区，即在区内准许经营某种特定的出口产品加工；②综合性出口加工区，即在区内可以经营多种出口产品加工。

三、自由边境区

自由边境区指设在一国的边境省、市地区或边远的某一地段，按照自由贸易区或出口加工区的优惠措施，吸引国内外厂商投资，以开发边区经济为目的的自由区域。

四、过境区

过境区又称中转贸易区，指某些沿海国家为方便内陆邻国的进出口货运，根据双边协定，指定某些海港、河港或过境城市作为过境货物的自由中转区。区内对过境货物简化海关手续，免征关税或只征小额的过境税，过境货物可短期储存和重新包装，但不得加工制造。

五、保税仓库区

保税仓库区指海关所设置的或经海关批准注册且受海关监督的特定地区和仓库。一般的自由港和自由贸易区中都设有保税仓库区，并独立存在。其主要目的是发展转口贸易，增加外汇和其他各种费用收入，同时给予贸易商经营上的便利，便于其货物待机出售。

第四章 国际贸易摩擦

第二次世界大战结束之后,国际贸易得到了迅速的发展。其中一个重要的原因就是在关贸总协定和之后的世界贸易组织主持下,全球多边贸易的壁垒不断降低,越来越多的国家加入这个全球的多边贸易体系中来。但是,贸易壁垒的降低并不是线性的,在关税等传统壁垒不断降低的同时,新的更隐蔽的壁垒,如技术壁垒、环保标准等也层出不穷,导致贸易摩擦日益增加。

第一节 国际贸易摩擦概述

一、国际贸易摩擦的含义和表现

国际贸易摩擦是指贸易当事国的一方基于某些理由,采取或意图采取某些措施,而引起贸易当事国之间由于贸易利益上的冲突而产生的摩擦或纷争等事态。这些措施通常与保护主义措施相同,因而国际贸易摩擦通常表现为贸易保护主义。

对贸易摩擦,不同国家的认识存在很大的差异,因为它们可能根据不同的标准来判断贸易摩擦产生的根源。这说明人们在贸易摩擦的成因上认识总是难以一致,在行动上也难以放弃本国的利益做出合理应对。从各国的认识上看,进口国认为进口产品冲击其市场和产业,减少了该国的市场份额,降低其就业率,或造成进口国的国际收支不平衡,但出口国不认同这种看法。而从各国的行为上看,进口国选择采取一定的贸易壁垒措施,限制对方的商品进口,这容易引起出口国采取贸易上的报复行为。

在关贸总协定和之后的世界贸易组织为主的多边贸易体制下,成员一方面可以享受多边贸易自由化的好处,另一方面又可援引世界贸易组织例外或保障措施来实施贸易保护。不过,不同时期世界贸易组织成员援引的例外或保障措施不同,引起国际贸易摩擦的主要形式也随之发生变化。最常见的国际贸易摩擦形式,由20世纪60—80年代的配额及自愿出口限制,转变为80年代末期以来的反倾销,目前技术性贸易壁垒日益盛行。

二、当前国际贸易摩擦的特点

(一) 全球贸易摩擦数量迅速增加

在关贸总协定与世界贸易组织框架下,传统的贸易保护措施逐渐被取消或受到多边贸易规则的约束和限制,贸易保护主义者可以使用的传统保护工具越来越少。但贸易保护主义、贸易保护的要求并没有消失。相反,在贸易自由化的大环境下,各国依然面临很强的贸易保护的诉求。而且,贸易自由化所面临的另外一个现实是,各国不断在世界贸易组织框架内寻求合法的贸易保护手段。

在贸易迅速增长的同时,国际贸易摩擦也迅速增加。以诉诸关贸总协定及之后的世界贸易组织的贸易争端来看,在关贸总协定于1947年建立直到1995年被世界贸易组织取代的48年间,关贸总协定争端解决机制受理的贸易争端案例总共才101件,而世界贸易组织成立后,在1995—2006年的12年里就有3 390件。当然,即使在世界贸易组织成立后的10多年里,世界贸易争端也并不是线性增加的。诉诸世界贸易组织的贸易摩擦事件在1999年达到411起的高峰后反而呈现出某种下降的趋势。1999年以后诉诸世界贸易组织的案例减少并不必然意味着国际贸易摩擦总量的减少,因为大量的贸易摩擦是在双边基础上发生并解决的,而没有诉诸到世界贸易组织争端解决机制。

(二) 全球贸易摩擦以反倾销为主要形式

1995年达成的乌拉圭多边贸易协定,包含了3种(反倾销、反补贴、保障措施)临时保护措施。随着制定临时保护法和应用临时保护措施国家的增多,由临时保护引起的贸易摩擦成为一个全球现象。而在应用临时保护措施引起的贸易摩擦中,保障措施成为最少使用的临时保护措施。1950—1994年间,保障措施共计150起,且不断下降。1950—1984年间年均发生3.6起,1985—1994年间下降为年均3.2起。相反,反倾销措施和反补贴措施的使用频率不断上升。20世纪80年代初年均使用次数达到92起;80年代末到90年代初年均使用次数高达200起左右。1995—2018年反倾销调查数量达3 044次,年均254次;反补贴调查数量191次,年均16次;而同期保障措施为155次,年均13次。

造成这一现象的主要原因包括:一是国际贸易中工业品贸易的比例不断上升,而工业品的生产与贸易大多具有不完全市场竞争特征,差别定价策略较普遍,因而反倾销的运用广泛;二是反倾销的使用方便、灵活、针对性强,因而使用成本较低。由于倾销被认为是"不公平竞争"行为,因而只要证明发生了倾销并对国内产业造成了重大损害,反倾销行为就是合法的;三是在乌拉圭回合谈判中，虽然在反倾销协议中增加了"日落条款"及其他一些限制性规定，但并没有根本改变反倾销措施的使用成本。因此，反倾销措施与其他的关贸总协定和世界贸易组织例外与保障措施相比，其成本相对较低。于是，反倾销成为主要的贸易保护形式。

（三）以反倾销为主要形式的贸易摩擦在全球范围内扩散

1980年，只有4个国家发起反倾销调查，而且在1985年以前，世界所有的反倾销调查都是由美国、欧洲共同体、澳大利亚及加拿大、德国等发达国家或发达国家集团发起。20世纪80年代后期，墨西哥加入了反倾销调查发起国行列。到1990年，反倾销调查发起国家数量上升到10个。20世纪90年代初，其他的拉美国家，如阿根廷、巴西及哥伦比亚等国，也加入了反倾销调查行列。20世纪90年代末，更多的中、低收入国家，如南非、埃及、秘鲁、菲律宾及印度尼西亚等国家也加入了反倾销调查行列。到2000年，世界发起反倾销调查的国家数上升到38个。从反倾销调查的主要发起国看，1985年以前，世界所有的反倾销调查均为经济合作与发展组织国家所发起，到20世纪80年代末，高收入发展中国家开始加入反倾销调查行列，但它们发起的反倾销调查比例仅占世界反倾销总数的9%。90年代，高收入发展中国家发起的反倾销诉讼直线上升。到90年代末，这些国家发起的反倾销诉讼占反倾销总数的30%。20世纪90年代，令人瞩目的倾向是低收入与中等收入发展中国家发起反倾销调查数量的上升。20世纪90年代末，低收入与中等收入发展中国家发起的反倾销调查总数是90年代初反倾销调查总数的10倍。

同时，经济合作与发展组织报告的反倾销案例直线下降，中低收入国家的反倾销调查发起数量快速上升，弥补了经济合作与发展组织国家反倾销案例的降低，从而使90年代全球反倾销案例在上升。而且，发起反倾销调查的国家更加广泛，不管是低收入的发展中国家还是高收入的发展中国家，都加入了反倾销调查行列，作为一个整体，发展中国家发起的反倾销调查数量已占全球反倾销调查总数的57%。

（四）反倾销行业集中，钢铁及其制品在反倾销调查中所占比例最大

世界贸易组织成立后，各国发起的反倾销调查中，贱金属、钢铁及其他制品占反倾销调查总数的29.3%，而贱金属、钢铁及其他制品裁定反倾销的比重占世界裁定反倾销总案例数达33.1%。由此可见，钢铁行业仍是世界反倾销调查

的重点行业。世界第二大反倾销调查行业为化工产品,该类产品的反倾销调查数量占世界反倾销调查总数的19.9%,裁定反倾销案例数占世界裁定案例数的20%。总之,钢铁及化工产品的反倾销调查数量占世界反倾销调查总数的1/2。其他遭遇反倾销调查最为严重的产业分别为塑料及橡胶制品(13.2%)、纺织品(6.9%)及纸张与纤维产品(4.4%),这几大类的产品遭遇的反倾销调查约占世界反倾销调查总数的3/4。

从遭遇反倾销调查集中的行业看,国际贸易中遭遇反倾销调查的多是劳动与资源密集型产品,而甚少有资本与高新技术密集型产品。考虑到发展中国家的出口结构大部分为劳动与资源密集型产品,这个结果表明,发展中国家的对外贸易环境还在不断恶化。

(五)服务贸易领域成为国际贸易摩擦新的战场

随着服务贸易的不断扩展,各国对服务贸易市场的争夺也日趋激烈。由于少数发达国家在金融、电信、咨询等服务业领域占有绝对优势,因此斗争主要表现在这些国家相互之间对市场的争夺,以及发展中国家为保护本国服务业市场而与发达国家进行的斗争上。发达国家长期以来致力于加快金融、电信等服务领域的自由化,而发展中国家则要求给予更多的时间来适应发达国家提出的规则。

尤其值得注意的是,文化产品的贸易纠纷呈上升态势。例如,当今世界上,美国是唯一的超级大国,它依靠其经济、科技、军事上的优势,在全球推行霸权,在文化领域也不例外。美国控制了世界75%的电视节目和60%以上广播节目的生产与制作,每年向他国发行的电视节目总量达30万小时。在许多第三世界国家的电视中,美国的节目播放量高达60%~80%,这些国家成了美国电视的转播站,而美国自己的电视节目中,外国节目仅占1%~2%。美国的电影生产总量只占世界电影产量的6%~7%,却占据了世界总放映时间的一半以上。由于文化产品不同于普通产品,它与一国民族文化的保存和繁荣息息相关,有关文化产品的国际贸易摩擦实际上是文化多元化与文化霸权的斗争渗透到经济领域后的反映。随着全球化的发展,国际政治、经济、文化的相互影响、相互渗透将更为深入,有关文化产品的国际贸易摩擦也将呈现更为复杂的形态。

(六)技术性贸易壁垒日益高涨

随着新一轮技术革命(微电子和生物技术)的兴起,技术法规与标准的重要性不断上升。因此,20世纪90年代中后期,一些发达国家运用反倾销的频率呈下降趋势，技术性贸易壁垒日益高涨。

所谓技术性措施，是指一国政府与非政府机构以维护国家安全、保护人类与动植物安全健康、保护环境、防止欺诈行为，以及保证食品安全与产品质量等为由采取的强制性与非强制性法规与标准。

技术性措施造成对贸易的阻碍就称为技术性贸易壁垒，它越来越成为重要的贸易保护工具。20世纪90年代末期，技术法规与标准增长迅速，特别是在发达国家有取代反倾销之势。1995—2018年，世界贸易组织成员通报的技术性措施及卫生检疫措施共计16 067件，其中2006年的通报量是1995年的3.7倍。技术性措施的分布指数从1994年的31.9%上升至2017年的58.5%，其中发达国家的分布指数从21.9%上升至50%，发展中国家的分布指数从34.4%上升到58.5%。发达国家的技术性措施分布指数增长了一倍多。

究其原因，主要包括：

①由于知识经济与信息经济的兴起，发达国家制定和实施技术性贸易壁垒的成本很低。首先，发达国家科技水平和检测手段先进，其制定和实施技术性贸易壁垒的成本相对较低；其次，发展中国家科技水平及检测手段落后，其不仅无法充分利用技术性贸易壁垒，也无法对其他国家实施有效地报复。更为重要的是，一国的企业或行业也可以实施技术性贸易壁垒。而反倾销等其他例外与保障措施则需一国管理部门来实施，这大大降低了技术性贸易壁垒的使用成本。

②技术性法规与标准成为一种新的更为隐蔽的贸易保护措施，运用范围十分广泛。许多技术性贸易壁垒打着"安全、健康、环保及劳工标准"等幌子，通常受到消费者的支持，因而其政治代价较低。技术性贸易壁垒应用广泛，它不仅可以存在于高新技术领域，在一些传统领域中同样可以应用；它不仅可以运用于有形商品，还可运用于服务贸易、投资、知识产权和环境保护等各个领域。

③技术性法规与标准的贸易限制效果明显。一方面，传统贸易壁垒包括关税、运输与通讯成本等大幅度降低，使技术性法规与标准在决定国际竞争力方面更加重要。外国生产企业为满足进口国的技术要求必须增加投资、增加成本，否则会降低其在出口市场上的竞争力，甚至无法进入。另一方面，收入提高和知识发展使人们更加关注优质的生活和工作条件。技术法规与标准成为影响消费者选择的一个重要因素。技术性贸易壁垒越来越成为最受保护主义者欢迎的一种贸易保护措施。

（七）中国成为世界遭遇反倾销调查较多的国家

根据世界贸易组织反倾销数据库数据显示的世界遭遇反倾销调查较多的国

家与地区的基本情况看，我国已成为出口产品受反倾销调查较多的国家之一。2000年以前，对我国出口产品进行反倾销调查平均每年30起，在2000—2018年间，平均每年高达57起。

对我国提出反倾销指控的国家也越来越多，已由最初以欧美发达国家为主逐步向发展中国家蔓延。遭受反倾销指控的产品种类不仅日趋广泛，同时涉案金额也越来越大。在20世纪80年代国外对华反倾销案件中，涉案金额超过1亿美元的案件可以说没有，涉案金额超过1 000万美元的也不足10起。但到90年代之后，在国外对华反倾销案件中，金额超过1亿美元的案件就有15起。特别是在2016年欧盟对华鞋类反倾销案件中，涉案金额更是高达8.49亿美元，堪称世界之最。2018年，全球有21个国家对我国发起"两反两保"调查93起，涉案金额高达63亿美元。2019年，全球又有19个国家（地区）对中国发起贸易救济调查103起，涉案金额更是高达120亿美元之多。案件发起国家分布和地区为，印度21起，美国12起，阿根廷10起，土耳其6起，加拿大、巴西、墨西哥、秘鲁、多米尼加、欧盟、俄罗斯、印尼、巴基斯坦、澳大利亚各2起，哥伦比亚、哈萨克斯坦、南非等国家各1起。

我们应当看到，伴随着贸易增长而来的贸易摩擦增加是中国国际竞争力提高的表现，是中国国际地位提高的必然结果。但是，贸易摩擦本身会带来成本的增加和利润损失，如果不能妥善地解决，不利于我国对外贸易的进一步发展，也不利于我国国际地位的进一步提高。

第二节　国际贸易摩擦的成因与影响

一、国际贸易摩擦的成因

从表面上来看，导致国际贸易摩擦的原因，多是一方或双方采取了贸易保护主义政策。实施保护贸易政策具体的理由各式各样，比如，保护幼稚产业、平衡贸易差额、反对不公平待遇、维持国内就业、保护知识产权、保护生态环境、维护国家安全等。其中，有许多是非贸易因素，大多是一些体现政策导向的理由。

此外，也有用法规不一致等说法对贸易摩擦来加以解释的。比如，不同国家（地区）的风俗、习惯、环保、技术标准，甚至检核、认证程序、法律服务不一样等，都会造成误会或纠纷。有些是客观原因，有些则可能是借口。就是说，不排除个别国家（地区）可能凭借某种垄断地位故意挑起事端。

（一）相关国家经济和战略意图所致

托马斯·J.普鲁萨和苏珊·丝吉斯研究了反倾销中的经济和战略动机。他们利用过去20年的数据对全球范围内的反倾销案例及其趋势进行了批判性研究，试图说明反倾销措施层出不穷是由于经济和战略意图而导致。他们利用非参数方法，对采取反倾销措施的国家动机进行了分析。结果显示，在反倾销政策中，战略关注具有很强的驱动作用。因此，不能仅仅把各国反倾销政策的强化归因于不公平的贸易实践。

（二）经济全球化和贸易自由化的必然结果

经济全球化和贸易自由化过程中必然伴随着国际贸易摩擦。生产的全球性和统一的世界市场在客观上要求各国具有趋同的制度、规则，甚至文化和风俗，而这在目前和未来相当长的时间内是不可能实现的。因此，只要这些差异存在，国与国之间在增强相互联系之外，产生摩擦是不可避免的。可以说，经济全球化和贸易自由化的过程就是国与国之间不断发生摩擦、碰撞、妥协和调整的过程。

（三）主要发达国家经济增长缓慢

主要发达国家经济发展缓慢是产生国际贸易摩擦的一个重要原因。因为这些国家是我国的主要贸易伙伴。我国加入世界贸易组织后，发达国家由于先前已承诺对中国开放市场，给其国内企业造成了压力。为了保护国内企业，很多发达国家便采取挑起贸易争端的方式为其赢得发展的空间和时间。

（四）贸易保护主义

贸易保护主义是国际贸易摩擦根深蒂固的根本原因。在经济全球化推动和世界贸易组织的协调与约束下，世界各国的贸易政策都在向自由化的方向发展，但必须看到，贸易保护主义倾向在一些国家和地区还时有抬头，有时甚至呈加剧态势。某些发达国家为了确保本国在国际市场上的既得利益和市场份额，总是依据一定的贸易保护理论，采取某些限制进口或鼓励出口的行为。尤其是发达国家在经济不景气的情况下，常常利用世界贸易组织中某些模糊性规则打"擦边球"，设置技术性贸易壁垒，滥用反倾销措施和保障措施。世界经济的衰退导致贸易保护主义重新抬头。从历史经验来看，世界经济发展状况的好坏与贸易保护主义呈负相关，即世界经济发展走强的时候，贸易保护主义呼声较弱；反之，世界经济走向衰退，则贸易保护主义呼声较高。许多国家和地区为了保护本地市场，以保障人类健康、安全、卫生和保护环境为借口，大量采用新贸易保护主义政策。安全标准、质量标准等技术壁垒激增;"两反一保"、动植物卫生检疫等非关税壁垒不断呈上升趋势;新的道德标准、社会责任、劳工标准、环境标准等被一些国家和地区用作新的贸易保护主义手段。在一定程度上,全球国际贸易摩擦增多更多是世界经济萎缩以及新贸易保护主义抬头的一个缩影。

(五)国际产业结构不协调是深层次原因

按照古典国际分工理论,比较优势是国家间进行分工和合作的基础。在这种情形下,各国都能通过贸易发挥自己的优势弥补不足。一方面,发达国家处于国际分工的顶端,主要从事高附加值产品的生产,而发展中国家处于国际分工的底层,主要从事低附加值产品生产,因此发生国际贸易摩擦的可能性较小。然而,由于经济发展的不平衡和经济利益的不一致,各国之间的产业分工并非是在完全竞争的市场上进行的。相反,由于交易背后的经济利益驱使,发达国家往往不会轻而易举地退出一些低附加值的传统产业领域,当发达国家在这些传统领域受到威胁时,仍会毫不犹豫地采取保护措施,进而引发国际贸易摩擦。另一方面,新兴工业国或后发国家出于技术赶超或独立自主的需要,实行进口替代工业化战略,增强了政府对贸易的干预。20世纪80年代以来,战略性贸易政策为各国所普遍接受。由于各国的政策介入能够改变其参与国际贸易的收益成果,往往招致外国相应的报复性政策措施,结果便会由于追求收益的重新分配而引起各国之间产生国际贸易摩擦。

(六)贸易战略是引发国际贸易摩擦的内在原因

长期以来,许多国家在外贸战略上奉行"出口至上主义",将更多的本国产品出口到国外市场,必然给世界市场带来冲击,在现实中产生了诸多弊端。而且许多国家企业在现有的贸易体制下过分偏好出口市场,企业自身缺乏自律能力,政府有关部门对行业和产业状况缺乏有效的协调和管理,因而加剧了当前的贸易摩擦形势。

虽然贸易摩擦产生的原因及形式呈多样性,但本质都是贸易保护主义,不同的只是保护的手段和目的,以及引起保护的原因。

二、国际贸易摩擦的影响

在大多数人看来,贸易摩擦是只有弊害没有好处的。事实上,贸易摩擦对进口国、出口国双方乃至整个世界经济都有着较大的影响,而这种影响包括积极和消极两个方面。

(一) 贸易摩擦的积极作用

从积极方面来看，贸易摩擦对于提高劳动生产率，推动技术进步，保护进口国衰退产业，提高进口国社会福利等方面都有较为重要的意义。

1. 贸易摩擦可带动国内产业结构调整升级

在产业结构的分类中，有一种分类方法是按照各产业所投入的、占主要地位资源的不同为标准来划分的。也就是说根据劳动力、资本和技术三种生产要素在各产业中的相对密集度，来把产业划分为劳动密集型、资本密集型和技术密集型产业。比如一国现在是以劳动密集型产业为主，并进行对外贸易，当遭遇贸易摩擦时，也就是国外对该国的劳动密集型产品进行限制时，虽然不利于该国出口，但也恰恰促使该国内进行产业结构的调整升级，这对出口国是有利的。从收入分配上看，产业遭到贸易摩擦的国内工人短期内会遭受损失，工资降低或被解雇，但是如果产业升级了，增长加快了，该产业甚至相关产业就将会需要更多的劳动力。只要教育培训跟上，劳动力素质提高，劳动力就业机会就会增加，收入也会增加。

因此以贸易摩擦为契机和动力，积极进行产业结构的调整，逐步淘汰低效率的国内产业，创造新的竞争优势，这对一国长期的经济发展是极为有利的。

2. 贸易摩擦可促进一国的对外投资，使其加大投资力度

贸易摩擦的这种促进作用，是因为摩擦产生的一个主要原因是一国对另一国的出口抢占了进口国的国内市场，对进口国的相关产业带来不利影响。因此，如果一国把产业转移到海外，就会缓解摩擦，同时对外投资所带来的好处更是多种多样的。对外投资，如企业在国外投资设厂从事生产和销售，可以绕开进口国的贸易壁垒，而且还可以向周边国家辐射，开发新的市场，并可以分享这些国家间经贸互惠协议带来的好处。同时也可以利用进口国的资源，确保原材料和能源的长期供给，并获取新技术、提升管理水平，获取全球性的销售网络，从而得到更高的利润。

3. 贸易摩擦可促进"引进来"战略的实施，促进国内经济发展

一国若与其他国家产生贸易摩擦后，其他国家必然要求该国开放国内市场、促进进口，而"引进来"的战略正是开放的一种表现。而且"引进来"还可以带来先进的管理经验和资金，引进外国先进技术，系统地更新机器设备，开发新的技术和经营领域。这就会缓解国内资金短缺的问题，更可以促进技术进步。正

如日本的"引进来"政策认为，国际上的其他国家对日本进行直接投资，将会给日本带来先进的技术和创新的经营理念，也会增加国内的就业机会。所以日本未把这种投资当成威胁，而是当成一种机遇，同时采取的相应对策是把日本建成对外国企业来说最有魅力的投资场所，使其对日本的直接投资总额倍增。

4. 贸易摩擦可促进出口结构的调整

如果一国出口产品单一，并主要向一个或仅仅几个国家出口，则必然会对进口国的相关产业产生重大冲击，这样贸易摩擦将是不可避免的。然而，如果该国通过技术创新，不断研发新产品，使得出口产品花样翻新，样式增多，同时不断开发新市场，实现市场多元化，这不仅加大了出口力度，还规避了市场单一化的风险。因此，正是贸易摩擦的产生迫使一国的出口结构发生调整，这也将有利于该国经贸的长期发展。

5. 贸易摩擦可扩大内需

产品的生产就是为了销售，销售就需要市场，如果只是把注意力放在对国外市场的销售上，大量地出口产品，就会挤占国际市场份额，必然引起贸易摩擦。不过也正是因为贸易摩擦而使得一国不得不把对国外市场的关注转移到了国内市场，这就促使该国实施拉动内需的政策。促进国民消费、增加国内投资带来的好处不仅仅是缓解贸易摩擦，还会因此提供更多的就业机会，提高人民的生活质量和水平，从而提高整体国民的福利。因此贸易摩擦带来内需的扩张将会缓解生产过剩和最终消费需求不足之间的矛盾，进而确保经济快速、持续、健康地发展。

6. 贸易摩擦可暴露出外贸依存度过高的缺点

一国之所以会频繁与他国发生贸易摩擦，有很重要一部分原因是外贸依存度过高，过分依赖其贸易伙伴。虽然外贸的快速发展能刺激有效需求，从而对促进国内生产总值稳定增长发挥积极作用，但外贸依存度趋升的隐忧同时不容忽视。一旦对外贸易出现动荡，比如遭受制裁，遭遇贸易禁运等，就会严重影响该国经济，同时过高的外贸依存度会使一国经济所面临的国际经济和政治风险大大增加。而贸易摩擦会警示人们降低依存度，降低一国的经济风险，从而有利于一国经济长期稳定地发展。

7. 贸易摩擦可促进技术标准体系的认证与国际接轨

进入21世纪，技术性贸易壁垒已经取代配额、许可证等非关税壁垒，成为贸易保护的主要手段。目前，全球贸易壁垒的80%源于技术性贸易壁垒，国际贸易中以技术性贸易壁垒为形式的贸易摩擦呈上升趋势。如果一国的技术标准难以与国际上的标准对接，国外就将对该国实施技术性贸易壁垒，阻碍该国的出口，从而产生贸易摩擦。所以摩擦的出现将会加快一国技术标准体系的认证过程，如社会责任标准认证、森林管理委员会标识、"绿色食品"认证等。这将会加强国际经济技术合作，建立与国外权威机构认证的相互认可机制，对全球贸易的有序发展起到积极的促进作用。

8. 贸易摩擦可加强企业社会责任建设

随着经济全球化的推进，西方发达国家越来越重视企业社会责任的建设。跨国公司也把它与商品的进出口直接挂钩，要求全球供应商都实施社会责任标准。与此同时，国外的消费者在投资和消费时也非常关注社会责任这个话题，并成为影响其购买的一个重要因素。因此当他国用企业社会责任对一国出口商品设置贸易壁垒、阻碍出口时，就会引起贸易摩擦。这时贸易摩擦将迫使企业加强社会责任的建设，这其中包括在员工权益、劳工标准、环境保护、企业规范管理等方面的责任建设。这样一国可借贸易摩擦之机改善国内企业的国际形象，迎合国际标准，而且对整个社会的发展也有积极的推动作用。

（二）贸易摩擦的消极影响

贸易摩擦在世人眼中更多地表现为消极因素，这是因为：

第一，贸易摩擦往往是进口国经济因出口国大量出口而受到打击后，借助制度及政策之便，发动对出口国的报复行为。这些行为虽然有些是为关贸总协定和之后的世界贸易组织制度所允许，但大多对出口国带有强制性、惩罚性，是破坏自由贸易原则的。因而，贸易摩擦往往打断了出口国正常的出口活动，以及其相关产业乃至整个国民经济的运转过程，阻碍出口国的经济发展，进而在总体上也不利于整个世界经济的繁荣。

第二，贸易摩擦对于进口国而言，虽然有一时的稳定、保护作用，但往往不能替代根本的产业衰退转型、技术更新等活动，只是延缓了该产业的衰退进程，但并不能使其再度繁荣。事实上，许多发达国家一度频频出现贸易摩擦的产业并没有借机强大起来，而是继续衰退下去。这也说明，贸易摩擦作为贸易保护主义政策的一个现实反映，其作用也有局限性。

综上所述，在经济全球化的进程中，贸易摩擦会最终促进各个国家之间的沟通，促进一国与其他国家的经济政策协调，加强多边贸易和发展全球经济，积极推动贸易自由化进程，进一步完善国际贸易体系，就未来世界贸易自由化的方向达成共识。因此，可以说国际贸易摩擦与经济全球化不是单纯的冲突、对抗，贸易摩擦对一国的经济也不是单纯的负面影响，而是一种互动的关系。所以我们应该理性地看待贸易摩擦，积极地利用贸易摩擦，力求在全球经济的发展中，寻求自身发展的同时达到与世界各国的共赢。

第三节 国际贸易摩擦的化解途径

一、单边行动与贸易摩擦化解

国家间贸易摩擦的产生，都是贸易对于两国经济的影响不对称和不平衡所引起的。只要这种不对称和不平衡存在，贸易摩擦就不可能根本消除。从国家层面上看，无论是发起摩擦还是应对摩擦，都不能只从单个产品、单个事件去考虑，而必须从整个国家的经济利益和长远发展去考虑。在缺乏一个强有力的国家间协调机制的情况下，一国只能通过单边行动尽可能地降低贸易摩擦发生的频率，减少摩擦造成的损失，将摩擦控制在一定范围内。具体的措施包括提高出口国产品的国际竞争力、促进产业结构的转型和升级、用对外直接投资替代出口等。当然，出口国也需要建立贸易摩擦的预警机制，甚至利用第三方力量来化解和避免摩擦。

虽然单边行动是化解贸易摩擦的主要途径，但现实中的单边行动往往效果不佳。之所以这样，是因为贸易摩擦的存在是由一国现有经济状况决定的，该经济状况在短期内很难有所转变，即使能够从单边行动上找到解决贸易摩擦的根本途径，但该行动往往难以在短期内奏效。所以，双边谈判或多边机制就是必不可少的。

二、双边谈判协商与贸易摩擦化解

双边谈判就是贸易摩擦和争端的双方进行协商，以互利原则为前提，相互做出一定的让步，达成解决摩擦的协议。一般来说，贸易争端和摩擦的发生是一国不满贸易伙伴的贸易行为，或认为贸易损害了其本国的利益，而以摩擦和争端的形式阻碍贸易的发展，并迫使贸易伙伴做出让步。在经济全球化和一体化不断深入的今天，两国之间经济和贸易的联系及往来日益频繁。所以相互合作对于每一个国家都是有利的。从博弈论角度来说，合作是纳什均衡，但在给定贸易一方合作的情形下，摩擦和争端又是占优策略，这就是贸易的"囚徒困境"。这里，谈判的目的就是要解决该"囚徒困境"，以协商和相互威胁的形式改变博弈的收益矩阵，迫使双方达成合作的结果。总体来说，贸易谈判的结果对于贸易收益较小的国家是有利的，其威胁的力量较大。但在实际谈判过程中，也有很多谈判的策略、方法、措施，能够起到较好的效果。

双边谈判是解决国际贸易摩擦最直接也是最有效率的路径。只要贸易双方具有共同的利益，并且国际贸易使得双方都获益，则通过一定的妥协让步或安抚措施，贸易摩擦和争端就能够化解。同时，双边谈判需要遵循复杂的程序和规则，只要双方谈判达成一致，贸易摩擦即刻化解。另外，贸易摩擦实际是贸易双方之间的矛盾，只有当事双方通过协商和谈判而形成一致意见，才是最根本和直接的解决办法。然而，贸易摩擦直接涉及贸易双方各自的经济利益，所以双方都希望对方做出让步而自己不愿意承担损失，故双边谈判又往往很难有实质的进展，尤其在贸易利益分配不对称较为严重的情形下，谈判更难取得实效。这意味着，双边谈判虽然效率较高，但效果往往不是很好，并不能解决所有的贸易摩擦和争端。

三、区域一体化组织与贸易摩擦化解

在世界经济日益全球化的今天，一个重要的特征就是区域经济一体化进程不断加快，一体化组织不断增加。这主要是因为国际分工的发展使得世界经济相互依赖性加强，各国再也无法在封闭的状态下组织生产了。但是对于国际市场的过分依赖又加大了一国经济的风险，而区域经济由于各国地理位置的邻近，拥有一定的共同利益和共同的经济社会安全需求，所以建立一体化组织不仅能够推动单个经济体的发展，还能够维护区域经济的安全和增强其整体实力。在解决贸易摩擦过程中，区域经济一体化也能够起到积极的作用，其效果可能会好于世界范围的多边贸易体系，这主要是由于区域经济一体化组织内各国联系更加紧密，有共同的利益以及相似的风俗文化习惯，并且其成员数量有限，达成一致更加容易。故而，组成区域一体化组织是解决贸易摩擦和争端的重要路径之一。

（一）欧盟贸易争端解决机制

欧盟（European Union，以下简称 EU）的一体化程度是世界上最高的，采用了"各权分立"的模式，其立法和决策机构是理事会，行政机构是委员会，咨询机构是议会，司法机构是欧洲法院。EU 把司法制度引入了区域内经济一体化的争端解决，通过建立具有独特地位的超国家因素的欧洲法院，使 EU 的经济一体化法规具有强制性及司法保障。欧盟法可以直接适用于成员方的个人，而欧洲法院"兼有国际法意义上的国际法院和国内法意义上的宪法法院、行政法院和普通法院的性质"，它负责解释 EU 条约及 EU 法规、决定或指令等，确认 EU 法规的合法性；解决各成员方之间、EU 各机构之间、EU 与各成员方之间、法人之间和个人之间涉及 EU 事务的争议；根据有关合同中的仲裁条款受理仲裁案件；应 EU 理事会或执行委员会的要求，提供咨询意见等。

拥有司法审判权、司法审查权以及初步裁决权的欧洲法院，其判决对各成员具有强制力。形成了 EU 区域经济一体化争端解决的司法模式，不仅在一定程度上解决了 EU 经济一体化中的争端，而且维护和促进了 EU 的经济一体化，极大地促进了区域经济一体化的法律制度乃至于全球的经济一体化。不过欧洲法院的管辖权仅限于《罗马条约》所规定的范围，其他案件则由成员方的国内法院管辖。

（二）东南亚国家联盟贸易争端解决机制

东南亚国家联盟（Association of Southeast Asian Nations，以下简称 ASEAN）的争端解决机制由《争端解决机制议定书》规定。随着 ASEAN 的发展，改革和加强争端解决机制的呼声越来越高。ASEAN 第 9 次首脑会议决定加强机构建设，特别是争端解决机制的建设。ASEAN 签署了新的争端解决机制议定书，即《东盟促进争端解决议定书》，取代《争端解决机制议定书》。ASEAN 争端解决机制在一定程度上受到世界贸易组织争端解决机制的影响，设立了磋商、专家组和上诉程序。2017 年 11 月的修改，更细化了专家组程序和上诉程序。具体而言，ASEAN 的争端解决机制可分为以下三个阶段。

1. 磋商

成员之间如有争端应尽力通过磋商解决。这种磋商要求应书面通知高级经济官员会议。被要求磋商方应在收到要求的 10 天内做出答复，并在收到磋商要求的 30 天内进行磋商。在紧急情况下，应尽力加速磋商。在这期间还可进行斡旋、调停。

2. 专家组

如果磋商不成，控告方可向高级经济官员会议书面提出成立专家组的要求。专家组应在 45 天内成立，并在自成立起的 60 天内向高级经济官员会议提交报告。特殊情况下，可额外增加 10 天。专家组做出决定的过程是保密的。高级经济官员会议应在专家组报告提交的 30 天内通过报告，除非高级经济官员会议一致决定不通过报告，或当事方通知高级经济官员会议将对专家组报告上诉。有实质利益关系的第三方有机会参加专家组程序。

3. 上诉

上诉机构由 ASEAN 经济部长会议（AEM）设立，由 7 人组成，每一个案子由 3 人审理。上诉机构人员任期 4 年，可连任一次。上诉机构一般应在 60 天内做出上诉报告，最迟不得超过 90 天。上诉机构报告应由高级经济官员会议通过，并由当事方无条件地接受，除非高级经济官员会议一致不通过。当事方一般应在 60 天内遵从上诉机构的裁决。如果一方不遵从上诉裁决，可向另一方提供补偿，另一方也可中止减让。

整个争端解决的时间不得超过 445 天，争端解决的地点在 ASEAN 秘书处。ASEAN 还专门设立了争端解决机制基金，由各成员出资，ASEAN 秘书处管理该基金。基金用于专家组、上诉机构、ASEAN 秘书处相关行政费用。

四、WTO 争端解决机制与贸易摩擦化解

WTO（World Trade Organization，世界贸易组织，简称世贸组织）争端解决机制的法律渊源主要涉及《关于争端解决规则与程序的谅解》（以下简称《争端解决谅解》）和除此之外的 WTO 协定其余部分、《1947 年关贸总协定》管理与解决争端的惯例以及有关习惯国际法等。《争端解决谅解》是 WTO 争端解决机制的主要和直接的法律依据。它总共包括 27 条和 4 个附件，主要内容涉及 WTO 争端解决机制的作用、成员（国）的一般义务、适用范围、管理机构、一般原则、基本程序、特殊程序等。WTO 协定的其余部分、《1947 年关贸总协定》管理与解决争端的惯例和有关习惯国际法，是 WTO 争端解决机制的重要法律渊源。它们为 WTO 争端解决机制提供了更加广泛的法律基础。

（一）WTO 争端解决机制的宗旨

WTO 争端解决机制的法律基础《争端解决谅解》确定了其宗旨是，提供一种有效、可靠和规则取向的制度，以便在多边框架内解决因使用 WTO 协定所产生的各种争端。其直接目的在于保证争端获得积极的解决，为多边贸易体制提供安全保障和提高其可预见性。

（二）WTO 争端解决机制的职能

根据其宗旨和目标，WTO 争端解决机制主要有两大职能。第一，维护 WTO 各成员依据 WTO 协定所享有的各项权利并监督其履行所承担的各项义务；第

二,按照国际公法解释的习惯规则,澄清 WTO 协定的各项现行规定。但在行使职权时,WTO 争端解决机制不得损害各成员根据 WTO 协定或诸边贸易协定,通过决策程序谋求权威解释该协定条文的权利,而且其做出的各种建议和裁定也不得增加或减损 WTO 协定所规定的各项权利和义务。

(三) WTO 争端解决机制的原则

和平解决国际争端是现代国际法的一项基本原则,也是贯穿 WTO 争端解决机制整体的一项根本原则。WTO 争端解决机制及其活动不得违背这一基本原则。在对这一基本原则进一步补充和完善的基础上,WTO 争端解决机制逐步形成了一些更加具体明确的一般原则。

WTO 相关协议就争端解决机制的基本原则做出了规定,主要包括:

1. 平等原则

所有成员享有和承担同等的诉讼权利和义务,遵守同样的规则和程序。任何一个成员都不享有各项协议和协定之外的特权。

2. 多边原则

各成员承诺,如果他们认为其他成员正在违反贸易规则,并因此使本方受到贸易侵害,将使用多边争端解决机制,而不是采取单边行动,并遵守议定的程序,尊重有关的裁决。

3. 统一程序原则

关于 WTO 所有协议和协定发生的争端都适用统一的争端解决程序。

4. 协商原则

WTO 成员都是拥有独立主权的国家或在贸易政策上拥有自主权的单独关税区,在解决各方贸易争端时,WTO 鼓励各方采取友好协商的方法来解决争端。因此,WTO 争端解决机制把协商程序规定为一个必经的程序。

5. 自愿调解与仲裁的原则

按照《争端解决谅解》规定,协商程序是一个必经程序,而其后的调解程序和仲裁程序则应建立在各当事方自愿的基础上,即所规定的"斡旋、调解和调停"程序、仲裁程序等并非必经的程序。

6. 快捷原则

《争端解决谅解》对每一个程序都规定了时限，以便争端得到迅速解决。

7. 有效原则

《争端解决谅解》规定了"否定式共识"或称"反向一致"的表决方式，即在当事方请求设立专家小组、专家小组提出解决争端建议并形成裁决、采纳上诉机构报告、当事方请求采取报复措施等重要程序上，除非争端解决机构各成员一致同意不予采纳，否则将自动获得通过。这实际是一种"准自动通过"程序，这大大提高了解决争端的效率。

8. 授权救济原则

如果违约方不执行争端解决机构的裁决或执行措施无法达到效果，则受损方可以要求争端解决机构授权实施报复，以获得法律救济。

（四）WTO争端解决机制的基本程序

WTO争端解决机制提供了三种解决争端的主要方式：第一，磋商；第二，斡旋、调解或调停；第三，第三方裁决，即争端解决机构的裁决。其中，磋商方式是必须采取的方式。只有在进行了磋商但磋商失败的情况下，当事方才能申请第三方裁决。斡旋、调解或调停并非必须采取的方式，而应建立在当事方自愿的基础上，并且可以贯穿整个争端解决过程，可随时进行，也可随时结束。

1. 磋商

这是一个必经程序。《争端解决谅解》规定，争议各方首先要通过磋商解决争议。当一成员认为另一成员违反或不符合马拉喀什协议，从而使自己遭受损害时，可要求对方进行磋商，同时应通知争端解决机构和有关理事会或委员会。被要求磋商的成员应在接到磋商请求之日后的10天内做出答复，并应在接到请求之日后不超过30天的时间进行磋商。磋商应在被要求方接到磋商请求之日后60天内完成。《争端解决谅解》规定60天的期限是希望争端各方在此期限内能够通过外交磋商的友好方式解决争端。如果该成员方在接到请求之日后10天内没有答复，或在接到请求之日后30天内没有进行磋商，或在接到磋商请求35天后双方均认为达不成磋商一致，或在接到磋商请求之日后60天内未达成磋商一致，投诉方可以向争端解决机构提出申请成立专家组。争议各方也可不通过磋商，直接要求成立专家小组。一方提出磋商要求时，应说明对方违反了WTO哪一个协议的哪一个条款，提出法律根据。若其他第三方认为正在进行的磋商与自己的贸易利益有关，也可以以第三方的身份参加磋商。但第三方须在得到磋商通知之日后10天内通知磋商当事各方请求参加磋商。若磋商各方认为该问题与第三方没有贸易利益关系，也可以拒绝第三方参加磋商。

如果双方磋商失败，他们也可以要求WTO总干事进行斡旋、调解或调停。

2. 斡旋、调解或调停

斡旋是指第三方促成争端当事方开始谈判或重开谈判的行为。在整个过程中，进行斡旋的一方可以提出建议或转达争端一方的建议。但不直接参加当事方的谈判。

调解是指争端当事方将争端问题提交给一个由若干人组成的委员会，该委员会通过查明事实，提出解决争端的建议，促成当事方达成和解。

调停是指第三方以调停者的身份主持或参加谈判，提出谈判的基础方案，调和、折中争端当事方的分歧，促使争端当事方达成协议。

斡旋、调解或调停是争端当事方经协商自愿采用的方式。争端的任何一方均可随时请求进行斡旋、调解或调停，这些程序也可以随时终止。一旦终止，申诉方可请求设立专家组。如斡旋、调解或调停在被诉方收到磋商请求后的60天内已经开始，则申诉方只能在该60天届满后请求设立专家组。但是，如争端当事方均认为已开始的斡旋、调解或调停不能解决争端，则申诉方可以在该60天内请求设立专家组。在争端进入专家组程序后，如争端当事方同意，斡旋、调解或调停程序也可同时继续进行。WTO总干事可以其所任职务身份进行斡旋、调解或调停，以协助成员方解决争端。

3. 专家组审理

（1）专家组的成立和授权

①专家组的成立。在磋商未果，或经斡旋、调解或调停仍未解决争端的情况下，投诉方可以向争端解决机构提出成立专家组的请求。一旦此项请求被列入争端解决机构会议议程，专家组最迟应在这次会后的争端解决机构会议上予以设立，除非争端解决机构一致决定不成立专家组。

②专家组的组成。专家组通常由3人组成，除非争端当事方在专家组设立之日起10天内同意设立5人专家组。专家组的成员可以是政府官员，也可以是非政府人士，这些成员均以个人身份工作，不代表任何政府或组织，WTO成员不得对他们做出指示或施加影响。如果自决定设立专家组之日起20天内，争端当事方仍未能就专家组的人员组成达成一致。应任何一个争端当事方的请求，

WTO总干事在与争端解决机构主席、有关理事会或委员会主席及争端各方磋商以后，任命最合适的人选。这些规定避免了当事各方在专家组人员组成问题上可能出现的无休止的争论。

③专家组的职权范围。《争端解决谅解》第7条第1款用标准格式规定了专家组的职权范围。即根据争端各方所援引协定或协议的规定，对申诉方的请求予以审查，并提交调查报告，以协助争端解决机构提出建议或做出裁决。在专家组成立后20天内，若争端各当事方对专家组的职权有特别要求，争端解决机构也可以授权其主席与争端各方磋商，在遵守《争端解决谅解》第7条第1款规定的前提下，确定专家组的职权。

（2）专家组的审理程序

在案件的审理过程中，专家组要调查案件的相关事实，对引起争议的措施是否违反相关协定或协议做出客观评价，就争端的解决办法提出建议。专家组一旦设立，一般应在6个月内（紧急情况下3个月内）完成全部工作，并提交最终报告。如专家组认为不能如期提交报告，则应书面通知争端解决机构，说明延误的原因和提交报告的预期时间，但最长不得超过9个月。应申诉方的请求，专家组可以暂停工作，但期限不得超过12个月。如超过12个月，设立专家组的授权即告终止。通常情况下，专家组应首先听取争端各方陈述和答辩意见。然后，专家组将报告初稿的叙述部分（事实和理由）散发给争端各方。在专家组规定的时间内，争端各方应提交书面意见。待收到各方的书面意见后，专家组应在调查、取证的基础上完成一份中期报告，并向争端各方散发，再听取争端各方的意见和评议。争端各方可以书面要求专家组在提交最终报告前对中期报告进行审查。如有此要求，专家组应与争端各方举行进一步的会谈。如专家组在规定时间内未收到争端各方对中期报告的意见，则中期报告应视为专家组的最终报告，并迅速散发给各成员方。为完成最终报告，专家组有权从他们认为适当的任何个人或机构获取资料和专门意见。对于争端中涉及的科学或技术方面的问题，专家组可以设立专家评审组，并要求他们提供书面咨询报告。如争端当事方以外的成员认为该争端与自身有实质性的利益关系，则在向争端解决机构做出通知后，可以第三方身份向专家组陈述意见，并有权获得争端各方提交专家组首次会议的陈述材料。

（3）专家组报告的通过

《争端解决谅解》第16条规定，在报告散发给各成员20天后，争端解决机构可考虑审议通过专家组的最终报告。对报告有反对意见的成员方，应至少在召开审议报告会议10天前，提交书面反对理由。在最终报告散发给各成员方

60天内，除非争端当事方正式通知争端解决机构他们的上诉决定，或争端解决机构经协商一致决定不通过该报告，否则该报告应在争端解决机构会议上通过。

4. 上诉机构审理

上诉机构的设立，是WTO较关贸总协定在争端解决机制方面的又一个创新，其目的是使当事方有进一步申诉案情的权利，并使WTO争端解决机制更具有准确性与公正性。

（1）上诉机构的组成及职权范围

《争端解决谅解》第17条规定，争端解决机构设立常设上诉机构，受理对专家组最终报告的上诉。常设上诉机构由7人组成，通常由其中的3人共同审理上诉案件。上诉机构成员由争端解决机构任命，任期4年，可连任一次。为保证上诉机构的权威性和公正性，其成员应是法律、国际贸易和WTO协定或协议方面的公认权威者，并且具有广泛的代表性。上诉机构成员不得从属于任何政府，也不得参与审议可能对他们有直接或间接利益冲突的争端。上诉机构只审理专家组报告所涉及的法律问题和专家组所作的法律解释。上诉机构可以维持、修改或推翻专家组的结论。

（2）上诉机构对案件的审理

上诉机构的审议，自争端一方提起上诉之日起到上诉机构散发其报告之日为止，一般不得超过60天。如遇有紧急情况，上诉机构应尽可能地缩短这一期限。上诉机构如果认为不能在60天内提交报告，则应该将延迟的原因及提交报告的预期时间书面通知争端解决机构，但最长不得超过90天。

（3）上诉机构报告的通过

争端解决机构应在上诉机构报告散发后的30天内通过该报告，除非争端解决机构经过协商一致决定不予通过。

5. 争端解决机构裁决的执行及其监督

专家组报告或上诉机构报告一经通过，其建议和裁决即对争端各当事方产生约束力，争端当事方应该无条件地接受。

（1）裁决的执行

《争端解决谅解》第21条规定，在专家组或上诉机构报告通过后30天内举行的争端解决机构会议上，有关成员应将执行争端解决机构建议和裁决的意愿通知该机构。有关建议和裁决应该迅速执行，如果不能迅速执行，则应该确定一个合理的执行期限。"合理期限"由有关成员提议，并须经过争端解决机构批准。如未能够获得批准，由争端各方在建议和裁决通过后 45 天内协商确定期限。如果经过协商也无法确定，则由争端各方聘请仲裁员确定。如果被认定违反了 WTO 规定的被诉方未能在合理的期限内执行争端解决机构的建议和裁决，则被诉方应申诉方的请求，必须在合理期限届满前与申诉方进行补偿谈判。补偿是指被诉方在贸易机会、市场准入等方面给予申诉方相当于它所受损失的减让。根据《争端解决谅解》第 22 条第 1 款的规定，补偿只是一种临时性的措施，即只有当被诉方未能在合理期限内执行争端解决机构的建议和裁决时，方可采用。如果给予补偿，应该与 WTO 有关协定或协议一致。

（2）授权报复

如申诉方和被诉方在合理期限届满后 20 天内未能就补偿问题达成一致，申诉方可以要求争端解决机构授权对被诉方进行报复，即中止对被诉方承担的减让或其他义务。如果同一协议中的减让仍无法弥补因对方违背义务所带来的损失，受侵害方还可要求争端解决机构授权中止同一协议中其他部门的减让，甚至其他协议中的减让。也就是说，报复措施通常应在与案件直接有关的领域中实施，但经争端解决机构同意，也可在其他领域实施，即可以采取交叉报复或跨部门报复。

（五）WTO 争端解决机制的局限性

自从 WTO 成立以来，WTO 争端解决机构在国际贸易领域定分止争的功能为维护国际经济秩序健康有序做出了贡献。但是在运行过程中，WTO 争端解决机制所固有的缺陷也逐渐暴露出来。这主要表现在以下几个方面：

1. 存在不完善性和不公正性

WTO 争端解决机制是一个在不断发展和完善中的体系，其一直不变的原则必然在具体的单个案件处理中难以适应，所以还需要不断改进。同时，争端解决机制存在着发达国家操纵和主导的现象，广大发展中国家往往在争端处理中处于劣势地位，专家小组和上诉机构执法有失公正性。

2. 效率较低，成本较高

WTO 争端解决机制在解决贸易争端中程序较为复杂，需要支付较高的法律服务费用，还需要耗费很长的时间。按照正常程序，WTO 争端解决机制从启动到结束需要近 20 个月的时间。这个时间限制还有赖于各成员、专家小组、上诉机构的诚实遵守。如果存在拖延执法的情况，则需要更长的时间，如此低的效率大大削弱了解决贸易摩擦的时效性，更有可能错过良好时机。

3. 制裁手段的有效性不强

贸易争端最终的解决方案是对败诉方进行制裁，但对于那些经济实力较弱的劣势国家来说，由于其对于经济强国的依赖性较大，即使胜诉，其制裁手段往往也达不成制裁目的，所以威胁和制裁的力量是有限的。这时 WTO 的裁决只能是有名无实，并不能解决贸易摩擦和争端。

正是以上的一些原因导致了 WTO 争端解决机制在化解国际贸易摩擦中效果有限，并不是一个很好的解决贸易摩擦的途径。只有那些双边谈判无果、区域一体化又难以实现，并且确实会给受害国造成较大损失的争端，一般才会上诉至 WTO 争端解决机构。而能够通过谈判解决，或者争端并没有给受害国带来较大损失的案件，通过 WTO 争端解决机构解决是得不偿失的。

第五章 世界贸易组织

第一节 世界贸易组织的成立

一、世界贸易组织的前身——关税与贸易总协定

关税与贸易总协定(General Agreement on Tariffs and Trade,GATT,简称关贸总协定)是一项规范关税与贸易准则的多边国际协定,也是第二次世界大战以后直至世界贸易组织产生以前调整国际经济贸易关系的重要支柱之一。

由联合国经济和社会理事会发起,经过在伦敦、纽约、日内瓦与哈瓦那的一系列筹委会会议,完成了多边贸易谈判和宪章的起草工作。在日内瓦会议期间,各国起草了关税与贸易总协定,拟作为国际贸易组织的一个附属文件。其内容包括关税谈判的结果和一些防止逃避关税减让义务的条款。后来,由于国际贸易组织宪章流产,而关税与贸易总协定又不能自行适用,美国、英国等23个总协定的缔约方又签署了一份总协定——《临时适用议定书》,于1948年1月1日生效。总协定也自该日起临时生效。这就是我们通常所称的关税与贸易总协定,又称《1947年关贸总协定》。它成为战后缔约方调整对外贸易政策措施,以及国际经济关系方面的重要法律准则。

关税与贸易总协定的宗旨是在处理成员的贸易和经济事务的关系方面,以提高生活水平、保证充分就业、保障实际收入和有效需求的巨大持续增长、扩大世界资源的充分利用以及发展商品生产与交换为目的,努力达成互惠互利协议,大幅度削减关税及其他贸易障碍和取消国际贸易中的歧视待遇。

缔约国大会是关税与贸易总协定的最高权力机构,一般每年举行一次会议,讨论和处理总协定执行中的重要问题,保证总协定条款的实施。大会一般根据协商一致的原则做出决定,很少投票。代表理事会在大会休会期间负责处理总协定的日常工作和紧急事务,下设专门委员会、贸易发展委员会和秘书处。

关贸总协定主持了8轮多边关税与贸易谈判。经过8轮多边谈判使各缔约方的关税总水平大大降低,非关税措施也得到明显的遏制,为改善国际贸易环

境做出了重大贡献。乌拉圭回合对关税与贸易总协定进行了修订，产生了1994年文本，又称《1994年关贸总协定》。新文本基本继承了原文本的精神，并构成世界贸易组织法律框架的基础。

不断丰富和发展的《1947年关贸总协定》"临时"适用了近半个世纪。在其适用的过程中，在关税减让等贸易自由化方面都取得了很大的成果，推动了国际贸易向自由化方向迈进。但是，由于《1947年关贸总协定》的临时适用性质和协定本身存在的诸多缺陷，使其在国际贸易中发挥不了应有的作用。因为，关贸总协定法律效力低，对各缔约方的约束力不强。同时由于关贸总协定不是一个国际组织，在各缔约方发生贸易争端时，其司法裁决的权威也受到严重影响。

二、世界贸易组织的建立

在关贸总协定乌拉圭回合谈判的《埃斯特角城部长宣言》中明确地将"建立一个更广泛、更强有力、更具有生命力的多边体系"作为该次谈判的主要目标之一。但在谈判开始时所拟定的谈判议题中并没有引入建立世界贸易组织问题，而只是设立了一个关于修改和完善关贸总协定体制职能的谈判小组。然而，在新议题中已涉及货物贸易以外的问题，如知识产权保护、服务贸易以及与贸易有关的投资措施等。这些非货物贸易的重要议题，很难在关贸总协定的旧框架内来谈判，所以有必要创立一个正式的国际贸易组织通过分别谈判来解决。因此，当时担任欧共体（欧洲共同体）主席国的意大利首先提出建立一个多边贸易组织的倡议。后来以12个欧共体成员的名义正式提出，得到了加拿大、美国等主要西方发达国家的支持。乌拉圭回合布鲁塞尔部长会议正式做出决定，责成关贸总协定下属的体制职能小组负责"多边贸易组织协定"的谈判。该小组经过一年的谈判，形成了一份《关于建立多边贸易组织协定草案》。乌拉圭回合结束时，又根据美国的建议把"多边贸易组织"改名为"世界贸易组织"。《建立世界贸易组织协定》在摩纳哥的马拉喀什部长级会议上获得通过，104个参加方政府代表签署协定。

世贸组织启用新的标识。该标识由六道向上弯曲的弧线组成，上三道和下三道分别为红、蓝、绿三种颜色。标识意味着充满活力的世贸组织在持久和有序地扩大世界贸易方面将发挥关键作用。六道弧线组成的球形表示世贸组织是由不同成员组成的国际机构。标识久看有动感，象征世贸组织充满活力。

标识的设计者是新加坡的杨淑女士，她的设计采用了中国传统书法的笔势，六道弧线带有毛笔书法起笔和收笔的韵律。

三、《建立世界贸易组织协定》的构成

《建立世界贸易组织协定》由序言、16 条正文和 4 个附件组成。正文本身并未涉及规范和管理多边贸易关系的实质性原则，只是就 WTO 的结构、决策过程、成员资格、接受、加入和生效等程序性问题做了原则规定。有关协调多边贸易关系和解决贸易争端以及规范国际贸易竞争规则的实质性规定均体现在四个附件中。

四、世贸组织与关贸总协定的比较

WTO 的建立，不仅继承和维护了 GATT 形成的多边贸易体制，二者在很多主要方面是相同的，比如基本精神和基本原则、成员的权利与义务等，而且 WTO 的建立还加强和健全了这种多边贸易体制。二者相比较，区别主要有以下几个方面：

（一）机构性质

GATT 最初并不是一个组织，也没有常设机构，它只是一个临时性的协定，是个"准国际组织"。WTO 的成立，则改变了 GATT 临时适用和非正式性的状况。WTO 是一个具有法人地位的正式的国际组织，它与国际货币基金组织、世界银行具有同等地位，都是国际法主体，是经成员的立法机构批准而具有凌驾于国内法之上的权威性的国际正式协定。

（二）管辖范围

GATT 只处理货物贸易问题。WTO 不仅要处理货物贸易问题，还要处理服务贸易和与贸易有关的知识产权问题，其协调与监督的范围远大于 GATT。

（三）争端解决

GATT 的争端解决机制，遵循协商一致的原则，对争端解决没有规定时间表。WTO 的争端解决机制，采用反向协商一致的原则，裁决结果除非所有成员一致反对，否则自动生效。其裁决具有自动执行的效力，同时明确了争端解决和裁决实施的时间表，因此，WTO 争端裁决的实施更容易得到保证，争端解决机制的效率更高。

第二节 世界贸易组织的概况

一、WTO 的宗旨

WTO 的宗旨是：提高生活水平，保证充分就业和大幅度、稳步提高实际收入和有效需求；扩大货物和服务的生产与贸易；坚持走可持续发展之路，各成员方应促进对世界资源的最优利用，保护和维护环境，并以符合不同经济发展水平下各成员需要的方式，采取各种相应的措施；积极努力确保发展中国家，尤其是最不发达国家在国际贸易增长中获得与其经济发展水平相适应的份额和利益；建立一体化的多边贸易体制。

二、WTO 的目标

WTO 的目标是：建立一个完整的，包括货物、服务、与贸易有关的投资及知识产权等内容的，更具活力、更持久的多边贸易体系，使之可以巩固关贸总协定为贸易自由化所作的努力和乌拉圭回合多边贸易谈判的所有成果。

三、WTO 的职能

（一）管理职能

WTO 制定和实施的一整套多边贸易规则涵盖面非常广泛，已经从原先纯粹的货物贸易延伸到服务贸易、与贸易有关的知识产权、投资措施等。WTO 的主要职能之一就是负责管理 WTO 协议及各项多边协议的执行和运作，促进各协议目标的实现，并对诸边贸易协议的执行管理、实施和运作提供框架。

（二）组织谈判职能

WTO 及其前身 GATT 通过 8 个回合的多边谈判，已经使各成员方大幅度削减了关税和非关税壁垒，极大地促进了国际贸易的发展。WTO 成立以来也在多边贸易谈判的组织方面进行了不懈的努力，组织的谈判主要有两类：一类是《建立世界贸易组织协定》及各项协定所涉议题的多边谈判；另一类是 WTO 部长级会议可能决定的谈判。

（三）解决争端职能

WTO 对成员之间未能通过双边磋商达成谅解的贸易纠纷，按统一的争端解决机制，通过独立的专家所组成的专家小组主持解决。WTO 为成员提供了解决贸易纠纷的场所。它的争端解决机制在保障WTO各协议实施以及解决成员间贸易争端方面发挥了重要的作用，为国际贸易顺利发展创造了稳定的环境。

（四）审议贸易政策职能

WTO按其贸易评审机制，对各成员实施的与贸易相关的国内经济政策进行定期审查，以更好地了解成员的贸易政策和实践。同时作为监督者，WTO通过定期审议，确保各成员遵守和实施多边协议的纪律和承诺，避免贸易摩擦。

（五）帮助发展中国家的职能

为促进发展中国家的经济发展，WTO专门设立了"贸易与发展委员会"等专门机构，为发展中国家提供服务。通过对发展中国家提供技术援助和培训，增强它们参与多边贸易的能力。

（六）与其他国际组织合作的职能

为促进全球经贸政策的进一步融合，WTO以适当的方式与国际货币基金组织、世界银行等国际组织进行合作，以便更好地协调和制定全球经济政策。

四、WTO的组织机构

为执行其职能，WTO建立了相应的组织机构，总部设在瑞士日内瓦。

（一）部长级会议

部长级会议是WTO的最高决策权力机构，由所有成员主管外经贸的部长、副部长级官员或其全权代表组成，一般两年举行一次会议，讨论和决定涉及世贸组织职能的所有重要问题，并采取行动。

部长级会议的主要职能是：任命WTO总干事并制定有关规则；确定总干事的权力、职责、任职条件和任期，以及秘书处工作人员的职责及任职条件；对WTO协定和多边贸易协定做出解释；豁免某成员对WTO协定和其他多边贸易协定所承担的义务；审议其成员对WTO协定或多边贸易协定提出修改的动议；决定是否接纳申请加入WTO的国家或地区为WTO成员；决定WTO协定及多边贸易协定生效的日期等。

部长级会议下设总理事会和秘书处，负责WTO日常会议和工作。WTO成员资格有创始成员和新加入成员之分，创始成员必须是GATT的缔约方，新成员必须由WTO决策机构——部长级会议以三分之二多数票通过方可加入。

（二）总理事会

在部长级会议休会期间，其职能由总理事会行使，总理事会也由全体成员组成。总理事会可视情况需要随时开会，自行拟订议事规则及议程。同时，总理事会还必须履行其解决贸易争端和审议各成员贸易政策的职责。

总理事会下设货物贸易理事会、服务贸易理事会、知识产权理事会等。这些理事会可视情况自行拟订议事规则，经总理事会批准后执行。所有成员均可参加各理事会。

（三）理事会

理事会为总理事会下属机构，由所有成员方代表组成，每一理事会每年至少举行8次会议。其中，货物贸易理事会、服务贸易理事会和知识产权理事会为最重要的理事会。

（四）专门委员会

根据WTO协议规定，部长级会议可根据需要建立某些委员会，使其分管某方面的事务。目前有四个隶属部长级会议的委员会：贸易与环境委员会，贸易与发展委员会，区域贸易协议委员会，国际收支平衡限制委员会和预算、财务与行政委员会。

（五）秘书处及总干事

秘书处是WTO的日常办事机构，由部长级会议任命的总干事领导。总干事的权力、职责、服务条件和任期由部长级会议通过规则确定。总干事有权指派其所属工作人员。秘书处的主要职责是给部长级会议、各理事会以及各专门委员会提供专业性服务。

（六）争端解决机构和贸易政策审议机构

这两个机构都直接隶属于部长级会议或总理事会。争端解决机构下设专家小组和上诉机构（上诉庭），负责处理成员方之间基于各有关协定、协议所产生的贸易争端。贸易政策审议机构主要负责定期审议各成员方的贸易政策、法律与实践，并做出一定指导。

五、WTO 的成员

（一）创始成员

根据协议规定，凡具备以下条件，即可成为 WTO 的创始成员：第一，世界贸易组织协议生效时，已是关贸总协定的缔约国；第二，签署并全部接受乌拉圭回合多边贸易谈判的所有协议；第三，在乌拉圭回合多边贸易谈判中做出关税和非关税减让，以及服务贸易方面的减让。

几乎所有符合条件的缔约方，都在 1996 年底前成为世界贸易组织的创始成员，唯一的例外是刚果（布）到 1997 年 3 月才成为创始成员。我国香港和澳门地区都是 1947 年关贸总协定缔约方，按世界贸易组织上述规定，1995 年 1 月 1 日，它们都成为世贸组织创始成员。

（二）加入成员

《建立世界贸易组织协定》第 12 条规定："任何国家或在处理其对外贸易关系及本协定和多边贸易协定规定的其他事项方面拥有完全自主权的单独关税区，可按它与世界贸易组织议定的条件加入本协定。"依照该项条款，中国作为主权国家可以申请加入世界贸易组织，中国台湾作为单独关税区也有资格申请加入世界贸易组织。

凡在世界贸易组织协议生效后，任何国家或在对外商业关系上拥有充分自主权的单独关税地区，可以向世界贸易组织提出加入申请，进行全面谈判，按谈妥的条件加入世界贸易组织，成为一般成员。其加入须经部长级会议 2/3 以上多数表决通过。

2011 年 12 月，世界贸易组织总理事会在日内瓦召开特别会议，正式宣布接纳萨摩亚成为该组织第 156 个成员。到 2011 年年底为止，世界贸易组织正式成员已经达到 156 个。

任何成员都可以退出世界贸易组织。在世界贸易组织总干事收到书面退出通知之日的 6 个月期满后，退出生效。退出应同时适用于《建立世界贸易组织协定》和其他多边贸易协定。退出以后，与其他世贸组织的经贸关系从多边回到双边，不再享受世贸组织成员的权利，同时也解除了作为世贸组织成员应尽的义务。

由于政治或其他原因，一些成员不同意相互之间适用世界贸易组织协定，即互不适用。《建立世界贸易组织协定》规定："任何成员，如在自己成为成员时或在另一成员成为成员时，不同意在彼此之间适用本协定及附件 1 和附件

2 所列多边贸易协定,则这些协定在该两成员之间不适用。"采取互不适用的条件:

第一,在成为世贸组织成员时,双方均可做出互不适用的决定。

第二,原关贸总协定缔约方转变成世贸组织创始成员已采取的互不适用可以沿用。

第三,对新加入成员,在部长级会议批准前已通知部长级会议的前提下,可以使用。

第四,诸边贸易协议参加方的互不适用,按该协议的规定执行。

互不适用可以撤销,但不得重新启用。尽管世界贸易组织允许这种做法,但并不鼓励。

第三节　世界贸易组织的基本原则

为了有效地实现其宗旨,WTO 的各项协议与条款中贯穿了一系列的基本原则。这些基本原则主要来自《1994 年关贸总协定》,并在其所管辖的国际货物贸易领域以及服务贸易、与贸易有关的知识产权和投资措施新的领域中予以适用和加以扩展。

一、最惠国待遇原则

(一)最惠国待遇的含义

最惠国待遇原则是指缔约一方现在和将来给予任何第三方的一切特权、优惠和豁免,也同样给予缔约另一方。其基本要求是使缔约一方在缔约另一方享有不低于任何第三方享有或可能享有的待遇。《1947 年关贸总协定》第 1 条就规定了最惠国待遇这项制度,并且各缔约方必须无条件适用。WTO 成立以后,这项制度被扩大适用到服务贸易和知识产权领域。

最惠国待遇原则具有以下几个特征:

第一,最惠国待遇一般是相互给予的、平等的待遇,而不是独自享有的特殊利益;

第二,缔约双方给予的最惠国待遇应当是不需要对方给予任何补偿的;

第三,缔约双方对于最惠国条款所规定的优惠、特惠或豁免必须是自动地适用缔约对方,不需要对方的申请手续和法律程序;

第四,缔约方根据最惠国待遇条款给予缔约对方的优惠、特惠或豁免,在时间上不仅包括以往在缔约前所给予任何第三方而现时仍继续有效的一切优惠、特惠或豁免,同时也包括缔约以后在条款有效期内所给予任何第三国的一切优惠、特惠或豁免;

第五,最惠国待遇条款在国际惯例上是经济和贸易性的条款,如协议和协定中无特殊规定,将不适用经济和贸易关系以外的事项。

(二) 最惠国待遇的分类

根据国际贸易条约的实践,最惠国待遇可分为有条件最惠国待遇和无条件最惠国待遇、互惠的最惠国待遇和片面的最惠国待遇、无限制的最惠国待遇和有限制的最惠国待遇几种形式。

1. 有条件的最惠国待遇和无条件的最惠国待遇

有条件的最惠国待遇是指如果缔约一方给予第三方的优惠是有条件的,则另一方必须提供同样的补偿,才能享受这种优惠待遇;无条件最惠国待遇是指缔约一方现在和将来给予任何第三方的一切优惠待遇,立即无条件地、无补偿地、自动地给予缔约对方。

2. 互惠的最惠国待遇和片面的最惠国待遇

互惠的最惠国待遇是指缔约双方相互给予对方最惠国待遇;片面最惠国待遇往往是缔约一方享有最惠国待遇,缔约另一方只有义务给予对方最惠国待遇,而无权利享受此种待遇。

3. 无限制的最惠国待遇和有限制的最惠国待遇

无限制的最惠国待遇是指该最惠国待遇条款的适用范围不规定任何限制;有限制的最惠国待遇是指该最惠国待遇条款的适用范围有着商品类别或来源地等限制。

(三) WTO 中的最惠国待遇原则

1. 货物贸易方面的最惠国待遇

在货物贸易方面,WTO 的《1994 年关贸总协定》及其他协定在有关条款中规定了成员之间应相互给予最惠国待遇。最惠国待遇要求在 WTO 成员间进行贸易时只要其进出口的产品是相同的,则享受的待遇也应该相同,不能附加任何条件,并且是永久的。

货物贸易最惠国待遇原则主要针对以下几个方面:第一,进出口关税。第二，对进出口本身征收的任何形式的费用。如进口附加费。第三，与进出口相关的任何形式的费用。如海关手续费、领事发票费、质量检验费等。第四，对进出口的国际支付与转账所收取的费用。如由政府对进出口国际支付收取的一些税或费用。第五，征收上述税、费的方法。例如征收关税时对进口商品价值的评估标准、程序、方法均应在所有成员间一律平等。第六，与进出口相关的所有法规及手续。如对进出口在一定时间内规定特定的信息披露要求或说明。第七，国内税或其他国内费用的征收。如销售税、由地方当局征收的有关费用等。第八，任何影响产品在国内销售、购买、提供、运输、分销等方面的法律、规章及要求等。如对进口产品的品质证书的要求，对进口产品移动、运输、储藏、零售渠道的要求，对产品的特殊包装及使用的限制等。

2. 服务贸易方面的最惠国待遇

WTO 的《服务贸易总协定》第 2 条规定：在服务和服务的提供者方面，各成员应该立即无条件地给予任何其他成员的服务及服务提供者相同的待遇。

鉴于服务贸易发展的水平参差不齐，《服务贸易总协定》允许少数成员在 2015 年以前，存在与最惠国待遇不符的措施，但要将这些措施列入一个例外清单。这些措施是暂时性的，在 2015 年之后要取消。在那之后，最惠国待遇原则上应无条件地、永久地在所有成员间实施。

3. 与贸易有关的知识产权方面的最惠国待遇

WTO 的《与贸易有关的知识产权协定》将最惠国待遇规定为其成员必须普遍遵守的一般义务和基本原则。该协定第 4 条规定，在知识产权保护方面，某一成员提供给其他成员国民的任何利益、优惠、特权或豁免，均应立即无条件地给予全体 WTO 其他成员的国民。也就是说，WTO 要求在知识产权保护方面，各成员的国民应当享受同等的待遇，而不能对某一成员的国民实行歧视。

二、国民待遇原则

（一）国民待遇的含义

国民待遇原则是 WTO 的基本法律原则之一，是对其他成员方的产品、服务或服务提供者及知识产权所有者和持有者所提供的待遇，不低于本国同类产品、服务或服务提供者及知识产权所有者和持有者所享有的待遇。国民待遇原则是最惠国待遇原则的重要补充。在实现所有 WTO 成员平等待遇基础上，WTO 成员的商品或服务进入另一成员领土后，也应该享受与该国或地区的商品或服务相同的待遇,这正是 WTO 非歧视贸易原则的重要体现。国民待遇原则严格讲就是外国商品或服务与进口成员方境内商品或服务享有平等待遇的原则。

国民待遇原则包括三个要点:第一,国民待遇原则适用的对象是产品、服务或服务提供者及知识产权所有者和持有者,但因产品、服务和知识产权领域具体受惠对象不同,国民待遇条款的适用范围、具体规则和重要性有所不同;第二,国民待遇原则只涉及其他成员方的产品、服务或服务提供者及知识产权所有者和持有者,在进口成员方境内所享有的待遇;第三,国民待遇定义中"不低于"一词的含义是指,其他成员方的产品、服务或服务提供者及知识产权所有者和持有者,应与进口成员方同类产品、相同服务或服务提供者及知识产权所有者和持有者享有同等待遇,若进口成员方给予前者更高的待遇,并不违背国民待遇原则。

(二) GATT 和 WTO 中的国民待遇原则

1. 《1994 年关贸总协定》关于国民待遇原则的适用

GATT 体制的国民待遇适用范围较小,仅适用于货物贸易,更具体地说,仅适用于对进口商品的国内税收和政府对进口商品的法规、规章等管理措施方面。GATT 文本第 3 条是"国内税与国内规章的国民待遇"条款。根据该条的规定,每一成员对来自任何一个其他成员的进口商品所直接或间接征收的国内税或其他国内收费均不得高于其本国的同类产品;在进口商品从通过海关进入进口方境内至该商品最终被消费,期间经过的销售、推销、运输、购买、分配或使用的法令、条例和规章方面,所享受的待遇应不低于相同的国内商品所享受的待遇。GATT 订立该国民待遇条款的目的,是防止政府实行保护主义,干预进口货物,保证各成员享受关税减让带来的利益,并保障进口商品与国内同类商品获得同等的竞争条件。

GATT 国民待遇条款具体适用于如下三个方面:

(1) 国内税收及其他各项费用

国内税收指政府对进口商品征收营业税、增值税、消费税及各种附加税等。其他各项费用指对处于流通过程中的进口商品应承担的仓储费、运费和保险费及有关服务费用。按国民待遇条款的规定,各成员政府必须将适用于国内同类商品的税种、税率、征收方法、征收程序和减免税优惠等同样适用于进口商品。凡对进口商品设置了更高的税率或收费标准,或更烦琐的征收程序,或更为不便的征收方法等,都会提高进口商品的成本,使其与国内同类商品处于不同等的地位上,导致不公平的竞争。

（2）进口商品的混合或加工

某些进口商品进口后有必要经过混合或加工后才能投放市场，这就必然涉及原材料或配料的供应或购买。依国民待遇条款的规定，各成员不得制定条例以限制进口商品的混合或加工的原材料或配料的供应数量和供应渠道。违反了这一规定，即会对有关进口商品的进口形成数量限制。

（3）进口商品流通的各环节

首先，在商品销售方面会涉及销售渠道、销售方式、销售价格等；其次，在推销环节上则会涉及推销方式、推销手段问题，其中包括广告的制作，如制作标准或要求及制作费用；再次，在运输方面会涉及运输工具的安排、装运要求、运费等；最后，在购买、分配或使用方面则会出现对购买行为的限制，商品的市场投向分配、市场数量分配、消费数量分配，或对使用某商品加以条件限制等现象。依国民待遇条款，各成员在对待进口商品的各流通环节中涉及的诸方面，均应与国内同类商品同等对待，即对国内商品与进口商品适用相同的规定或采用相同的措施，以避免对进口商品的正常流通形成各种障碍。

2.《服务贸易总协定》关于国民待遇原则的适用

经过长期的谈判和各方的妥协让步，《服务贸易总协定》终于将国民待遇原则作为其规定的应承担的具体义务部分。该条款规定，每一成员方应在其承诺表所列服务部门或分部门中，根据该表内所述任何条件和资格，给予其他成员方的服务和服务提供者。就所有影响服务提供的措施而言，待遇不低于其给予本国相同的服务和服务提供者。

《服务贸易总协定》国民待遇原则的一个重要特征，就是没有将市场准入和国民待遇作为普遍义务，而是作为具体承诺与各个部门的开放联系在一起，这样可以使分歧较小的国家早日达成协议，否则就加重了它们在服务贸易和国际收支中的负担，这是有悖于《服务贸易总协定》的宗旨的。因此，服务贸易中的国民待遇是以 WTO 成员间在平等的基础上通过谈判方式达成协议，在协议的基础上确定不同服务行业中不同程度地履行国民待遇。另外，服务贸易国民待遇原则的实施应本着"利益互惠"的原则，但这种利益互惠不应是绝对数量上的"对等优惠"，而是"相互优惠"，以符合发展水平不同的国家需要。

3.《与贸易有关的知识产权协定》关于国民待遇原则的适用

《与贸易有关的知识产权协定》的总则和基本原则中明确规定了有关知识产权的国民待遇原则。它规定在保护知识产权方面，成员一方对其他成员方国民提供的待遇不得低于对本国国民所提供的待遇。这一规定将 GATT 仅适用于外国进口产品的国民待遇扩大到包括商标权、专利权和版权等内容在内的知识产权领域。

4.《与贸易有关的投资措施协议》关于国民待遇原则的适用

《与贸易有关的投资措施协议》中明确而又具体地规定了使用关贸总协定的国民待遇原则，即任何成员方都不应使用与《1994 年关贸总协定》第 3 条或第 11 条不一致的任何与贸易有关的投资措施。该协议中列举了与国民待遇不相符的与贸易有关的投资措施，这些措施包括：第一，要求企业购买或使用国内产品或来源于国内渠道供应的产品，不论这种具体要求是规定特定产品、产品数量或价值，还是规定购买与使用当地产品的数量或价值的比例；第二，限制企业购买或使用进口产品的数量，与其出口当地产品的数量或价值相联系。

三、自由贸易原则

（一）自由贸易原则的含义

WTO 的宗旨是推动贸易自由化，实现这一宗旨的手段是通过谈判削减各种贸易壁垒和歧视性待遇，在 WTO 的各项协议及其主持的多边贸易谈判中都体现了"自由贸易"这一基本原则。

自由贸易是一个极其重要的原则，也是一个根本性的原则。所谓自由贸易原则，从本质上来说，就是限制和取消一切妨碍和阻止国际贸易开展与进行的障碍，包括法律、法规、政策和措施等。由 GATT 最初创立的这一原则，从传统货物贸易领域一直延伸至服务贸易领域，并经由 WTO 取得了新的突破性进展。

自由贸易原则体现了建立 WTO 的初衷：实现全球贸易自由化。为了实现贸易自由化目标，WTO 协定确立的规则要求各成员：以"多边谈判为手段"，逐步削减关税和减少非关税贸易壁垒，开放服务部门，减少对服务提供方式的限制；"以争端解决为保障""以贸易救济措施为安全阀"，通过援用有关例外条款或采取保障措施等贸易救济措施，以消除或减轻贸易自由化带来的负面影响。

（二）自由贸易原则的内容

该原则分别通过关税减让原则、互惠原则、取消非关税壁垒原则（如禁止数量限制原则）以及市场准入原则来实现的。

1. 关税减让原则

关税减让始终是从 GATT 到 WTO 多边国际贸易谈判的主要议题。它以互惠互利为基础，要求各成员方通过谈判，采取关税减让方式相互约束部分或全部产品的关税税率，以此降低进出口关税的总体水平，尤其是降低阻碍商品进口的高关税。关税减让谈判一般在产品主要供应者与主要进口者之间进行，其他国家也可参加。双边的减让谈判结果，其他成员按照"最惠国待遇"原则可不经谈判而适用。

关税减让原则，是多边贸易体系自始至终倡导的基本原则，也是非歧视原则和互惠等原则的实际执行载体。与名目繁多的非关税措施相比，关税措施的最大优点在于它具有公开性和可计量性，能够清楚地反映关税对国内产业的保护程度，所以关税被 WTO 视为各成员方对其国内产业给予保护的唯一合法手段。

不断稳定地降低关税是 WTO 最重要的原则之一。目前，国际关税的总体水平，大体维持在发达国家在 3% 以下，发展中国家为 10% 左右。虽然，关税减让原则在特殊情形下也有其适用例外，但该原则的既定目标之一，就是促使 WTO 成员的国别关税保护不断明朗化，并使之对国际贸易的阻碍减少到最低程度。

2. 禁止数量限制原则（取消非关税壁垒原则）

除了关税减让以外，消除非关税壁垒、禁止数量限制也是 WTO 的基本原则之一。禁止数量限制原则又称为只允许关税保护原则，是指在各成员方实施规则允许的贸易保护措施时，禁止实行数量限制，消除形形色色的非关税壁垒，并增强各国贸易政策的透明度，消除歧视性待遇，促进国际贸易公平、公正地进行。

通常说来，数量限制是非关税壁垒中最常用的方法，是政府惯用的行政手段，常被用来限制进出口数量，这对国际贸易的正常进行影响极大。数量限制的主要形式是：配额、进口许可、自动出口约束和禁止。

禁止数量限制原则的适用前提是数量限制构成了国际贸易的障碍。它主要通过《多边货物贸易规则》第 11 条、第 12 条与第 13 条的规定来具体实施。在货物贸易方面，世界贸易组织仅允许进行"关税"保护，而禁止其他非关税壁垒，尤其是以配额和许可证为主要方式的"数量限制"。但禁止数量限制原则也有一些重要的例外，如国际收支困难的国家被允许实施数量限制，发展中国家的"幼稚工业"也被允许加以保护等。不过，这些例外都必须在非歧视和最惠国待遇原则的基础上进行。

3. 市场准入原则

市场准入原则是贸易自由化原则在服务贸易领域的延伸和发展，它是 WTO 创立的一项旨在推进服务贸易自由化进程的重要原则。

所谓市场准入，是指一成员方允许另一成员方的货物、劳务与资本参与本国市场的程度。市场准入原则旨在通过增强各成员对外贸易体制的透明度，减少和取消关税、数量限制和其他各种强制性限制。

市场准入的非关税壁垒，以及各成员方对开放其特定市场所做出的具体承诺，切实改善各成员市场准入条件，保证各成员的商品、资本和服务可以在世界市场上公平自由竞争。但是必须注意的是，市场准入是一个渐进的过程。

市场准入原则是在国际服务贸易迅速发展，但各国为保护本国服务业设定种种限制的大背景下提出的。由于现存的各类限制影响了世界各国对服务领域的相互开放，以及服务业资源的有效配置，不利于服务业的公平竞争和服务质量的提高，如不减少这些限制，对货物贸易和世界经济的发展都会构成不利的影响。因此，《服务贸易总协定》要求各成员方为服务产品和服务提供者提供更多的投资和经营机会。WTO 建立以后，首先就金融服务和电信服务达成具体的协议，加深了这两个领域的贸易自由化。

四、公平竞争原则

WTO 是建立在市场经济基础上的多边贸易体制。公平竞争是市场经济顺利运行的重要保障。众所周知，市场竞争的基本观念是，竞争应当以"平等赛场"为基础。《1994 年关贸总协定》有关降低关税、取消数量限制、消除歧视待遇、约束国有贸易企业经营特权的规定反映了公平竞争原则的内涵。同时，WTO 的其他协议如《反倾销协议》《补贴与反补贴措施协议》《保障措施协议》等针对倾销、补贴、保障措施予以规范，以维护国际货物贸易的公平市场竞争秩序。公平竞争是市场经济顺利运行的重要保证。

（一）公平竞争原则的含义

所谓公平竞争，从狭义上讲是让生产商和贸易商能够按市场供求形成的价格从事国际贸易活动，避免人为扭曲价格和市场条件所造成的障碍；从广义上讲，是让生产商和贸易商能够在各成员市场上开展自由竞争。

所谓公平竞争原则，也被称为反倾销原则和反补贴原则，是指成员应避免采取扭曲市场竞争的措施，纠正不公平贸易行为，在货物贸易、服务贸易和与贸易有关的知识产权领域，创造和维护公开、公平、公正的市场环境。

（二）公平竞争原则的要点

第一，公平竞争原则体现在货物贸易领域、服务贸易领域及与贸易有关的知识产权领域；第二，公平竞争原则既涉及成员方的政府行为，也涉及成员方的企业行为；第三，公平竞争原则要求成员维护产品、服务或服务提供者在本国市场的公平竞争，不论它们来自本国或其他任何成员方。

（三）公平竞争的表现

1. 在反倾销和反补贴领域的表现

出口倾销和出口补贴一直被认为是典型的不公平贸易行为。倾销是企业以低于正常价值的价格出口产品，对进口方相关产业造成损害。出口补贴是政府对本国特定出口产品提供资助，人为增加产品竞争优势，使进口方同类产品处于不平等地位，对其产业造成损害。《反倾销协议》《补贴与反补贴措施协议》允许进口成员方征收反倾销税和反补贴税，抵销出口倾销和出口补贴对本国产业造成的实质损害。

同时，世贸组织也防止成员方出于保护本国产业的目的，滥用反倾销和反补贴措施，造成公平贸易的障碍。为此，《反倾销协议》《补贴与反补贴措施协议》对成员实施反倾销和反补贴措施，规定了严格的条件和程序，包括如何认定进口产品正在倾销或享有补贴，如何认定倾销或享有补贴的进口产品正在对本国产业造成实质性损害，或构成实质性损害威胁，以及发起调查、收集信息、征收反倾销税或反补贴税等方面应遵循的程序。

2. 在服务贸易领域的表现

为使其他成员的服务或服务的提供者在本国市场上享有同等待遇，进行公平竞争，《服务贸易总协定》要求成员方实施最惠国待遇，无论有关服务部门是否列入服务贸易承诺表。

对于本国垄断和专营服务提供者，《服务贸易总协定》要求成员方保证服务提供者的行为，符合最惠国待遇原则及该成员方在服务贸易承诺表中的具体承诺。

3. 在知识产权领域的表现

《与贸易有关的知识产权协定》要求成员方加强对知识产权的有效保护，防止含有知识产权的产品和品牌被仿造、假冒、盗版。无论是本国国民的知识产权，还是其他成员方国民的知识产权，都应得到有效保护。

反不正当竞争也是知识产权保护的一个重要方面。一些限制竞争的知识产权许可活动或条件，妨碍技术的转让和传播，并对贸易产生不利影响。《与贸易有关的知识产权协定》专门对知识产权许可协议中限制竞争的行为做出了规定，允许成员采取适当措施，防止或限制排他性返授条件、强制性一揽子许可等。

4. 在约束政府采购金额方面的表现

在《政府采购协议》中，把采购范围从货物扩展到服务，包括建筑服务和公用事业单位的采购。此外，协议中对采购金额都作了约束，强调了保证公平和无歧视的国际竞争条件的规则。

5. 在规范国有贸易企业贸易行为方面的表现

为防止国有贸易企业的经营活动对贸易造成扭曲影响，世贸组织要求成员方的国有贸易企业按非歧视原则，以价格等商业因素作为经营活动的依据，并定期向世贸组织通报国有贸易企业情况。对国有贸易企业的贸易行为进行了规范，防止出现与其他贸易企业竞争不公平的现象。

五、透明度原则

透明度原则是指成员方应公布所制定和实施的贸易措施及其变化情况（如修改、增补或废除等），不公布不得实施，同时还应将这些贸易措施及其变化情况通知 WTO。成员方所参加的有关影响国际贸易政策的国际协议，也在公布和通知之列。透明度原则的主要内容，包括贸易措施的公布和贸易措施的通知两个方面。透明度原则对公平贸易和竞争的实现起到了十分重要的作用。

根据该原则，WTO 成员需公布的、有效实施的、现行的贸易政策法规有：

①海关法规，即海关对产品的分类、估价方法的规则，海关对进出口货物征收的关税税率和其他费用；

②有关进出口管理的法规和行政规章制度；

③有关进出口商品征收的国内税、法规和规章；

④有关进出口商品检验、检疫的法规和规章；

⑤有关进出口货物及其支付方面的外汇管理和对外汇管理的一般法规和规章；

⑥利用外资的立法及规章制度；

⑦有关知识产权保护的法规和规章；

⑧有关出口加工区、自由贸易区、边境贸易区、经济特区的法规和规章；

⑨有关服务贸易的法规和规章;

⑩有关仲裁的裁决规定;

⑪有关成员政府及其机构所签订的影响贸易政策的现行双边或多边协定、协议;

⑫其他影响贸易行为的国内立法或行政规章。

透明度原则规定各成员应公正、合理、统一地实施上述的有关法规、条例、判决和决定。统一性要求在成员领土范围内贸易管理的有关法规不应有差别待遇,即中央政府统一颁布有关政策法规,地方政府颁布的有关上述事项的法规不应与中央政府有任何抵触。但是,中央政府授权的特别行政区和地方政府除外。公正性和合理性要求成员对法规的实施履行非歧视原则。

透明度原则还规定,鉴于对海关行政行为进行检查和纠正的必要,WTO 要求各成员应保留或尽快建立司法的或仲裁的或行政的机构和程序。这类法庭或程序独立于负责行政实施的机构之外。进口商除在规定允许的上诉期内可向上级法庭或机构申诉外,其他裁决一律由这些机构加以执行。

六、经济发展原则

经济发展原则也称鼓励经济发展与经济改革原则,该原则以帮助和促进发展中国家的经济迅速发展为目的,针对发展中国家和经济转轨国家而制定,是给予这些国家的特殊优惠待遇。如允许发展中国家在一定范围内实施进口数量限制,或是提高关税的"政府对经济发展援助"条款,仅要求发达国家单方面承担义务,而发展中国家无偿享有某些特定优惠的"贸易和发展条款",以及确立了发达国家给予发展中国家和转轨国家更长的过渡期待遇和普惠制待遇的合法性。

七、例外制度

这是 GATT 自 1947 年成立以来能够不断发展壮大的重要法律原则和制度。在坚持原则的同时,GATT 承认各缔约方的差异,在一定的条件下,给予例外的待遇,即例外制度。

这些例外制度主要包括:

第一,最惠国待遇制度的例外。如区域经济一体化协议,发展中国家的普遍优惠制以及《1994 年关贸总协定》第 35 条规定的缔约国之间在特殊情况下的互不适用。

第二,国民待遇制度的例外。如发展中国家享受《1994 年关贸总协定》第

18 条待遇的例外。

第三，消除数量限制的例外。如《1994 年关贸总协定》第 19 条规定的保障制度，第 25 条规定的免除义务的制度，第 13 条规定的收支平衡的例外，第 11 条规定因食品短缺而限制出口以及按第 23 条实施报复措施。

第四，为维护公共秩序与国家安全的例外。

例外制度之所以存在，主要有三方面的原因：一是为了防止因履行 GATT 和 WTO 的义务而导致成员方进口过度，造成经济困难；二是为了满足建立自由贸易区和关税同盟的需要；三是世界各国发展程度的不同，以及 GATT 和 WTO 对各国主权的尊重。

第六章 区域经济概述

第一节 区域经济学的研究对象、研究内容和学科性质

区域经济学研究的主要范畴包括区域经济理论、生产力布局理论、生产力布局的经济调节机制、新地域的经济开发战略和经济规划等。区域经济学是20世纪50年代在宏观区位论的基础上发展起来的一门经济学科。

一、研究对象

区域经济学是运用经济学的观点，研究区域经济运行特征及其发展规律的应用性学科，亦称"空间经济学"。它既是一门相对独立存在、有其特殊研究领域的学科，又是正在发展的新兴学科。但中外学者各自研究的着眼点不同，对区域经济学研究对象的界定也形成了许多不同观点，比较有影响的主要有以下四种：

第一种观点是从人类经济活动的地理分布和空间组织来定义区域经济学，强调经济活动区位以及空间组织。

第二种观点是对区域经济学研究内容的罗列。

第三种观点是把区域经济学的研究对象界定为区际相互关系的研究。

第四种观点是从宏观角度研究国内不同区域经济发展及其相互关系的决策性。

除此之外，还有许多学者从以下方面界定区域经济学的研究对象。

①从地理学的角度来界定区域经济学。
②从人类经济活动的地理分布和空间组织来界定区域经济学。
③把区域经济学看成研究某些特殊领域的经济学。
④把区域经济研究分为区内和区际两个层次。
⑤从适应社会实践的需要来界定区域经济学。
⑥从经济地理学的角度来界定区域经济学。
⑦从研究特定区域经济发展规律的角度来界定区域经济学。

⑧从区域经济决策效应的角度来界定区域经济学。

二、研究内容

根据人们对区域经济学研究对象的定义，区域经济学的研究内容可以概括为区域经济发展条件、区域经济运行要素、区域产业结构、区域空间结构、区域经济发展阶段、区域经济发展战略、区域经济发展政策、区域经济管理、区域经济联系与区域经济合作、区域经济资源整合以及可持续发展等。

区域经济学的具体研究内容如下：

①研究区域经济演变规律，尤其是探索在市场经济条件下生产力的空间分布及发展变化规律。

②研究在国家范围内建立多种区域经济体系，在发挥各地区优势的基础上实现资源优化配置和整体经济效益的提升。

③研究区域经济增长、产业结构转换升级、区域政策和效应规律。

④研究区际经济关系发展变动规律，主要包括区际的均衡与国民经济总效率的关系、区域分工与经济技术协作、区域差异与区际关系的调整等。

⑤研究运用现代科学技术手段和相关学科成果，探讨区域经济研究方法和开拓区域经济研究领域。

⑥引进国外区域经济学的研究成果和实践经验，加强国内外学术研究的交流。

三、学科性质

关于区域经济学的学科性质也还未形成统一的观点，主要有以下三种观点。

①区域经济学为应用经济学的分支学科，与产业经济学一起构成中观经济学；

②区域经济学为地理学的分支学科；

③区域经济学为经济学与地理学的交叉学科。

随着区域经济发展复杂程度的加大，单纯从地理学的角度来定义区域的边界对区域经济的研究有很大的制约性。系统论认为，系统的整体性表现在同环境相接触时出现的特殊的边界反应。系统的边界在一定的条件下，可以起到保护系统稳定的作用。区域经济系统的边界划分应该遵循的原则，即区域经济要素之间的联系和功能发生突变的结点连线构成区域经济系统的界面。传统的区域划分是以自然地理边界为依据的，这是由于传统的经济活动以农业为主，运输和联系方式落后，地理条件制约很大。经济活动局限于平原地带，构成区域经济系统的边界往往是河流、山脉等自然边界。工业化以后,运输和联系方式虽有所改进,但是资源流动的成本依然很高,区域经济系统的边界受到自然和人工两种因素影响,表现为除了河流、山脉外,还可能受铁路和政治上的影响等,这些对经济活动空间成本起约束作用的因素构成了区域经济系统的界面。信息时代的到来迎来了新的人地关系和新的区域经济景观,以网络为基础的信息技术空间形成了空间事物和人地关系的一种新的组织形式,出现了所谓虚拟化的信息地理空间。这种区域经济系统的界限除了资源、成本等经济上的因素影响外,更多地表现为语言、价值观等文化方面,以及网络标准和网络规则等技术方面虚拟的界限。可以看到,区域经济系统的边界是随经济活动联系方式的发展而不断延伸的。区域经济活动空间在一定的时间里受到一些因素的束缚,这种束缚构成了区域经济系统的边界,但经济的发展最终会克服这些障碍,直至遇到新的约束,形成新的界面。

第二节　区域经济增长

区域经济增长是指一个地区商品和劳务的增长,衡量经济增长一般用国内生产总值年增长率或国民收入年增长率作为尺度。狭义的区域经济增长是指一个区域内的社会总财富的增加,用货币形式表示,就是国内生产总值的增加;用实物形式来表示,就是各种产品生产总量的增加。广义的区域经济增长还包括对人口数量的控制、人均国民生产总值的提高,以及产品需求量的增加等。

一、区域经济增长的理论

(一) 均衡增长和非均衡增长理论

1. 均衡增长的基本命题

由于不发达地区存在着生产与消费的低水平的均衡状态,这些地区的经济要增长,就必须打破这种均衡状态,使整个区域的经济同时得到增长。哈维·莱宾斯坦于1957年在《经济落后和经济增长》中提出"临界最小努力"命题,该命题认为不发达经济既存在人均收入增长的趋势,又存在人均收入降低的因素和力量,要使区域经济获得增长,从落后向发达状态转变,该地区必须在一定时期受到大于某一最小临界规模的增长刺激。发展经济学家内尔森认为,不发达经济的痼疾表现为人均实际收入处于糊口或接近维持生命的低水平均衡状态,即使在一个短期内经济有所增长,但经济增长又会导致人口的增长,从而使人均收入又回到原来的低水平状态,即所谓的"低水平均衡陷阱理论"。

2. 非均衡增长的核心观点

不发达地区不具备全面增长的资本和其他资源,向所有部门进行大规模投资和平衡增长是不可能的。投资只能有选择地在若干部门或区域进行,其他部门或区域通过利用被投资部门或区域带来的外部经济而逐步得到发展。非均衡增长理论主要包括赫希曼和辛格的非均衡增长理论、缪达尔的循环积累因果理论、詹姆斯·杜森贝里和诺斯的输出基础理论。

(二)新增长与区域创新理论

1. 新增长理论

新增长理论(也叫"内生增长理论")是针对新古典增长理论中技术外生这一不足而提出的。它通过规模收益递增和不完全竞争这两个维度对经济增长的源泉进行研究,其基本思想是经济增长率由区域经济系统内的诸因素相互作用,而不是由外生的技术进步和人口增长所决定。新增长理论主要包括以下三种理论模式。

①罗默模式,知识积累的增长模式,该模式刻画了知识积累是决定经济增长的主要因素,强调增加研究与开发部门的投入以提高知识积累率,进而促进经济增长。②卢卡斯模式,专业化人力资本的增长模式,该模式认为专业化人力资本的积累是经济增长的真正源泉。③科斯特模式,资本投资的增长模式,该模式认为技术进步的源泉是资本投资。

2. 区域创新理论

创新的形成和扩散是经济增长的发动机,同时也是区域间经济增长和发展不平衡的一个重要原因。熊彼特最早提出了创新的概念,他认为创新是"间断出现的现实生产手段的新组合",包括新产品的引入(生产创新)、现有产品制造的技术变革(生产方法创新)、开辟新的市场或新的原材料来源以及引入新的生产组织形式。在有关创新研究的文献中,创新过程可以分为线性创新模式和非线性创新模式。

线性创新模式表现为一项科学研究走向市场的发展过程。

非线性创新模式认为,创新不是官方的或个人的科学和研究机构发起的,而是由客户、技术应用者、供货商或合作方发起的。它表现为一个数次的反馈过程：重要的信息流从创新的后期阶段又反馈到早期阶段，这个过程存在紧密的内在联系。对于区域之间存在的创新差别，创新扩散理论认为，信息传播在创新扩散和吸收过程中起着核心作用。扩散过程或者遵循相邻效应（波浪式扩散），或者遵循城市等级自上而下进行。奥地利学者梅耶和托特林提出了关于区域创新差别的一个构想框架。在该框架内，企业是一个开放的系统，它的内部结构和行为方式与它所处的经济环境要求和条件相联系。影响企业创新体系的因素包括外部因素和内部因素两大类。外部因素包括以下几点：

①与企业创新行为相关的区域环境条件，涉及研究与教育结构的状况，劳动力的技能以及同其他企业保持联系和协作的可能性，与大学和科研机构的联系等；②企业所处行业的市场结构特征；③政府的区域公共政策，包括技术引进政策、鼓励创新政策等。

内部因素主要是企业的组织和战略目标的特征，它们对企业创新行为有重要的影响。企业规模影响与创新相关的资源装备，也影响创新的持续性和创新项目的规模。

区域内企业在相关功能方面的配备（研究与开发、企业计划和市场营销）和它们在生产上的共同作用，对生产创新和方法创新都是至关重要的。对中小企业来说，同大企业的紧密联系一方面可以较容易获得与创新相关的资源；另一方面也可以证明，它们在大企业中具有一定的作用。有关区域创新的研究表明，企业的战略目标以及管理者和雇员的观念和行为方式，对区域创新差异起着极其重要的作用。如果企业只是基于技术竞争优势以外的东西来保持市场地位，那么它的创新意识必然下降。企业管理者惧怕风险，或者雇员在变化面前持拒绝态度，都会阻碍区域内的创新。

二、区域经济增长的发展阶段

区域经济的成长是一个渐进的过程。这一渐进过程通常又表现出一定的阶段性特征。如同人的一生有少年、青年、中年和老年等成长阶段一样，区域经济发展也有待开发（不发育）、成长、成熟（发达）、衰退等发展阶段。除了特殊情况外，一般都是循序渐进的。在同一区域，不同发展阶段的区域经济增长会呈现出不同的特征，区域经济结构和社会文化观念也都会有所变化。这种结构性变化和经济总量的增长一起，反映区域经济从一个发展阶段进入另一个更高的发展阶段。

（一）待开发（不发育）阶段

在经济发展的初始阶段，区域经济处于未开发或不发育状态，生产力水平低下，生产方式原始，生产手段落后；产业结构单一，第一产业占极高的比重；商品经济很不发达，市场规模小，经济增长缓慢，长期停滞在自给自足甚至自给不能自足的自然经济中；自身资金积累能力低下，缺乏自我发展能力。

（二）成长阶段

当区域经济跨过工业化的起点，呈现出较强的增长势头，将标志着区域经济发展已由待开发阶段进入成长阶段。在这一阶段，区域经济呈现高速增长，经济规模迅速扩大；产业结构急剧变化，第二产业开始占主导地位；商品经济逐步发育，市场规模不断扩大，区域专业化分工迅速发展，优势产业开始形成；人口和产业活动迅速向一些城市地区集中，形成启动区域经济发展的增长极。伴随区域经济总量的增长和结构性变化，区域社会文化观念也相应地发生了较大转变。

促使一个区域的经济发展由不发育阶段迅速进入成长阶段，可以通过不同的途径来实现。

1. 外部推动型

如深圳和海南经济特区，主要是通过大规模引进国内外资金、技术和人才，开发地区资源，大力发展外向型经济，实现区域经济的高速增长和产业结构的升级。

2. 国家投入型

如攀枝花、包头、大庆等地区，主要是依靠国家投入大量资金，进行大规模的资源开发和工业建设，从而推动区域经济迅速发展。

3. 自身积累型

如苏南一些农村地区，主要是通过自身积累资金，大力发展乡镇企业特别是乡镇工业，以此带动整个地区经济发展。这些地区最初的资金积累主要来自农业，随着乡镇企业的发展，乡镇企业收入开始成为财政收入的主要来源。

4. 边境贸易型

如云南德宏等一些边境地区，近年来边境贸易发展十分迅速，已成为促进地区经济高速增长的启动器。目前，德宏傣族景颇族自治州财政收入约有76%

来自边贸收入。

（三）成熟（发达）阶段

经过成长阶段较长时期的高速增长后，区域经济发展将逐步进入成熟（发达）阶段。在这一阶段，区域经济增长势头减慢，并逐渐趋于稳定；工业化已有较久的历史，达到了较高水平；第三产业也较发达，基础设施齐备；生产部门相当齐全，协作配套、条件优越，区内资金积累能力强，人口素质高。处于这一阶段的地区（如上海市、辽宁中南部地区）通常是国家经济重心所在，区域经济发展状况与整个国民经济发展的关联度相当高。同时在发达繁荣的掩盖下，许多矛盾随着时间的积累，形成潜在的衰退因素。其中比较突出的有以下四个方面。

第一，"空间不可转移"和"不易转移"要素的价格上涨，如地价、水费、工资上涨，排污费增加，生活费指数提高。在我国价格信号不全、不灵的情况下，则表现为用地紧张、水资源匮乏、环境污染严重、运输阻塞、职工积极性下降。

第二，许多一度领先甚至独占的技术，随着它们的逐步普及而丧失其"独占利益"。

第三，由于设备特性，许多企业的"硬件"已经陈旧、老化，综合表现为越来越多产业和产品的比较优势逐步丧失。

第四，由于技术（产品）老化、市场萎缩和资源枯竭，一些在成长阶段支撑区域经济高速增长的主导产业，其增长速度大为减慢，有的甚至走向衰落，沦为衰退产业。

（四）衰退阶段

由于运输位置的变更、产业布局指向的变化、资源的枯竭、技术和需求的变化，当地区在经过成长阶段甚至成熟阶段的发展之后，有可能转入衰退阶段。在这一阶段，区域经济首先出现相对衰退，失去原有的发展势头，紧接着出现绝对衰退，逐渐走向衰落。相对衰退地区的主要特点是，传统的衰退产业所占的比重大，经济增长缓慢，经济地位不断下降，已开始出现结构性衰退的征兆。在相对衰退地区沦为绝对衰退地区之前，适时适宜地对其进行地区工业化和产业结构改造，可以防止这些地区进一步衰退，维持其原有的良好发展势头，甚至促使其加速发展，进入新的成长阶段，开始新的一轮成长过程。

地区经济的衰退按其形成原因，大体可分为以下四种类型。

1. 区位性衰退

由于运输地理位置和产业布局指向的变化，一些地区可能会因原有区位优势的消失而日益走向衰落，而另一些地区则因得益于新的区位优势而开始繁荣成为新的经济中心。

2. 资源性衰退

主要发生在结构单一且以资源型产业为主导的地区。这些地区在工业化过程中因拥有一种或多种优势资源如煤炭、石油、铁矿等，而迅速建立起资源型主导产业群，包括采掘业和原材料工业（如电力、钢铁、石油加工和有色金属冶炼等）。资源型产业在地区产业结构中占据绝对的主导地位，它统治和支配着地区经济的发展。由于地区产业结构过于单一，严重依赖不可再生的自然资源，一旦地区经济赖以生存的基础——区内资源枯竭，或者面临来自国外进口廉价资源的激烈竞争，或者因替代品的出现而导致对某特定资源（如煤炭）需求的急剧减少，地区资源型主导产业群的衰退将不可避免。如煤田、矿山、油井的开采业，因储量殆尽，无法在原有的空间内继续生产，首先出现衰退。采掘业的衰退，将导致以采掘业为基础的原材料工业的衰退，继而导致整个资源型主导产业群的衰退。在缺乏可替代的主导产业情况下，地区经济将会出现全面衰退。英国北部煤田地带、原联邦德国鲁尔地区、法国洛林和诺尔—加莱地区，以及美国东北部地区等一些以煤炭产业为基础的地区和城市经济的衰落，是资源性衰退的典型例子。

3. 结构性衰退

地区工业化过程实际上是地区主导产业相互更替和产业结构不断演进的连续渐进过程。由于任何一种产业的发展都具有一定的寿命周期，经历着导入期、成长期、成熟期、衰退期的阶段过程，因而在不同阶段上地区的主导产业应该相互衔接。主导产业在进入成熟期后将替代前主导产业，并成为支撑地区经济增长的支柱产业；经过一段时期后，主导产业又将替代主导产业，过后其又会被其他主导产业所替代。如此循环往复、循序渐进，从而在时序上形成一个主导产业链条，以此推动地区经济持续稳定均衡增长。如果不同时期地区的主导产业在时序上没有形成一个链条，相互间缺乏连接，如地区主导产业在进入衰退期后，缺乏新的主导产业，或者新的主导产业还处于形成之中，地区经济的结构性衰退将不可避免。英国、美国、法国、原联邦德国等一些传统产业（如煤炭、纺织、冶金等）比较集中的老工业区的衰退，大多是由于这方面的原因。

4. 消聚性衰退

产业和经济活动在地理空间上的集聚，一定程度上可以提高生产效率，生产集聚经济，释放出新的集聚生产力。然而，产业和经济活动的空间集聚是有一定限度的，当超过某一临界规模，就会产生集聚不经济，如交通拥挤、环境污染、用地用水不足、能源和劳动力供应紧张等。而且，随着集聚规模的增长，集聚不经济最终将超过集聚经济，集聚作用也将被消聚作用所代替，加之一些国家的政府为平衡地区经济发展，实行工业分散化的地区政策，从而促使产业和经济活动由集中走向分散，导致一些集聚过度的地区从繁荣走向衰退或相对衰退。例如，工业发达国家大城市区因过度集聚而带来的不经济，已促使中心区的人口和产业大规模地向郊区及其附近的中小城镇扩散，从而导致周围地区的相对繁荣和中心区的衰落。20世纪60年代中期以来，曾经十分繁荣的英格兰东南部地区经济的相对衰退也主要是这方面原因引起的。

在上述四种地区经济衰退的形式中，资源性衰退和结构性衰退主要是一种"结构效应"的现象。一些地区之所以会出现经济衰退，是因为它们拥有较不利的产业结构。这些地区或者产业结构单一，以资源型产业为主导；或者是处于衰退中的传统产业相对集中地区。因此，要重振衰退地区经济，关键是通过经济的多元化和结构的优化，改变单一性的经济结构，进行结构的重组和改造，并建立与此相适应的灵活的经济体制。

三、影响区域经济增长的主要因素

影响区域经济增长的因素繁多，对这些因素，没有必要逐一展开详细讨论。这里，着重阐述影响区域经济增长的主要因素。

（一）自然条件因素

自然条件（包括自然资源）是区域经济增长的重要影响因素。自然条件的状况如何，直接或间接地影响着各地区劳动生产率的高低。特别是自然条件直接决定了各地区农业、采掘业以及水力发电等部门劳动生产率的不同水平，进而间接影响原材料工业和加工工业劳动生产率的高低。各地区优越的地理位置如交通便利、接近原料产地和消费地区，同样也影响着社会劳动生产率的提高。这种优越的地理位置能够减少原料、材料以及成品运输中的劳动消耗。因此，在其他条件相同的情况下，由于自然条件的优劣不同，人们即使花费了等量劳动，劳动生产率也不相同。马克思曾把由自然条件差异所形成的劳动生产率称为劳动的自然生产率，这种劳动的自然生产率是区域经济增长的重要因素。应该指出，随着科学技术的发展，自然条件因素对区域经济增长的作用在逐渐减弱。

（二）人口和劳动力因素

人口作为生产者和消费者的统一，是生产行为和消费行为的载体。从生产者的角度看，一定的人口数量和适度的人口增长是保证区域劳动力有效供给的前提条件。在人口年龄构成一定的条件下，劳动人口数量与人口总量成正比，人口总量越多，劳动人口数量也越多；反之，则越少。此外，人口素质的高低直接影响着区域劳动力素质和劳动生产率的水平。从消费者的角度看，人口增长过快不仅直接制约着区域消费水平的提高，而且在国民收入一定的情况下，还会造成消费基金增加，生产积累基金减少，使科学技术和教育投资难以得到较大增加，人口和劳动力素质难以得到较大提高，从而直接或间接地影响区域经济的增长。据一些国家的历史经验，人口自然增长率每增长1%，大约需要拨出国民收入的1%作为维持新增人口生活和就业水平的费用。

劳动力是生产方的首要因素。一个区域劳动力资源丰富，即为该区域的经济增长提供了最基本的条件。劳动力资源缺乏，推动区域经济增长所必要的人力就得不到保证，必然会影响乃至延缓和阻碍经济的进一步增长。劳动力在区域经济增长中的作用，主要表现在三个方面。首先，在一般情况下，增加劳动力投入，如增加劳动者人数、延长劳动时间、提高劳动强度，可以提高区域经济的产出水平。劳动力投入与经济增长成正比关系，投入生产的劳动力越多，利用的生产资料也越多，产出的产品就越多，增长就越快。但是，在现代化大生产条件下，劳动力投入必须与资金投入相匹配，劳动力数量必须同现有生产资料相适应。否则，对区域社会再生产与经济增长将产生不利影响。其次，提高劳动生产率是加速区域经济增长的重要途径。提高劳动生产率，关键在于劳动力素质的提高。劳动力素质包括劳动者的身体素质、科学文化素质和思想素质。身体素质越好，标志着劳动者的生产能力越强；科学文化素质越高越可以将"知识形态的生产力"转化为现实的生产力；思想道德素质则是劳动者不断提高自身素质的动力。因此，不断提高劳动力素质，可以大幅度提高劳动生产率，从而加快区域经济增长。最后，劳动力在部门间和地区间的合理流动，能够使劳动力资源得到充分而合理地利用，从而有利于劳动生产率的提高及区域经济的增长。

（三）资金因素

生产资金是区域经济增长的重要影响因素。生产资金（即生产基金）包括固定资金（原有固定资产和新增投资）和流动资金两个部分，它是生产资料在价值形态上的体现。生产资金对区域经济增长的作用主要表现在三个方面。首先，在一般情况下，资金投入的增加可以提高区域的产出水平。资金投入的增加同经济增长成正比，一个区域投入生产的资金越多，能容纳的劳动力就越多，生产增长就越快。其次，资金产出率的提高是加快区域经济增长的重要途径。资金产出率的提高，具体表现为生产资料利用效率的提高，如设备、燃料、动力和原材料利用率的提高，单位产品物质消耗系数的降低，耕地复种指数的提高等。这就意味着用同样多的生产资料或等量的资金，可以生产出更多数量的产品。因此，单位产品资金占用量下降越快，达到一定的生产增长率所需要的积累基金就越少，也就越有利于区域经济的增长。最后，固定资产投资是保证区域社会再生产和经济增长的物质技术条件。固定资产投资是保证社会再生产顺利进行的重要手段，也是加快区域经济增长的重要途径。区域经济要获得一定数量的增长，固定资产投资应保持同步或略快的增长。在积累和消费保持正常比例关系的情况下，固定资产投资的增加，可以使区域不断采用先进的技术装备，提高生产能力，降低原材料和燃料消耗，改善劳动条件和生产条件，促进产品升级换代，调整产品结构，增加花色品种，以及合理布局生产力等，从而加快区域经济的增长。

（四）科技进步因素

随着科学技术的迅猛发展，科技进步对区域经济增长的影响已越来越大，日趋居于主导性的地位。现代化生产的发展，越来越在更大程度上依靠劳动生产率的提高，依靠对现有资源利用程度的提高，而这又在很大程度上取决于科学技术进步。先进的科学技术不仅会改善资本装备的质量，也会提高劳动者的素质，从而使生产要素的产出能力发生质的飞跃。而且，依靠先进的科学技术方法，还可以大大提高经营管理水平，优化现有资源的配置，改善区域生产力组织，从而加快区域经济增长。科技进步对区域经济增长的作用大小，取决于科学技术成果在生产实践中的推广应用程度和生产技术的革新。一项知识形态的科学技术成果，只有在生产实践中得到推广应用并取得成效时，才能转化为现实形态的生产力，推动区域经济的增长。科学技术成果在生产实践中的推广应用率越大，成效越高，转化的时间越短，就越有利于区域经济的增长。对现有生产技术不断进行革新，提高设计和工艺水平，也是加快区域经济增长的重要途径。因此，在区域经济增长的过程中，必须抓住科学技术进步这个龙头，加强科技研究与开发，大力推广应用科学技术成果，尽快使知识形态的生产力转化为现实形态的生产力。这是加快区域经济增长，改善贫穷落后地区面貌的根本途径。

（五）资源优化配置因素

劳动力、资金和技术是区域经济增长中三个最基本的生产要素。这些要素既相互制约又相互联系和相互作用，它们往往相互结合在一起，对区域经济增长产生综合的影响。单一要素投入的增加，如果没有其他要素的相互配合，往往起不到应有的作用。在技术有机构成一定的情况下，劳动力投入的增加必须有资金投入的相应增加来配合。科技进步作用的发挥，也需要有一定的劳动力和资金投入作保证。因此，在一定的要素投入和技术水平条件下，通过资源的优化配置，同样能够加快区域经济的增长。所谓资源优化配置，就是在区域生产过程中，通过对各种要素投入的合理分配和相互组合，从而最大限度地提高区域要素投入的总体产出水平。不断调整企业生产结构，优化产业结构和组织结构，合理布局生产力等，都是区域资源优化配置的重要途径。

（六）区际贸易因素

区际贸易包括区域对外贸易，也是影响区域经济增长的重要因素。区际商品贸易（包括商品输入和输出）对区域经济增长具有乘数作用。也就是说，区际贸易量的一定增长，可以使区域社会总产品或收入成倍地增长。区际贸易量的大小，一般取决于区域可输出商品的比较优势、区际贸易障碍（如地区间距离、运输成本以及一些其他的人为障碍）和区域外部需求三个方面。区域可输出商品比较优势越大，输出商品的市场竞争力越强，也就越能促进区际贸易的发展；区际贸易障碍减少，则会降低贸易成本，扩大贸易交流；区域外部对本区的需求增加，促使本区增加输出，从而有利于区域经济增长。

第三节　区域经济环境

区域经济环境直接影响着企业的建立和发展，因此，应在落后地区建立经济增长的微观基础和有效的激励环境，让落后地区的企业充分发展，这也是促进落后地区经济发展的有效途径。

一、区域经济环境的主要构成因素

区域经济环境，主要是指企业发展环境，即为促进或制约企业发展或影响企业绩效的各种外部因素的集合，也就是对企业经营业绩产生影响，但又不被企业所控制的各种因素。新古典经济学认为，企业发展环境可以概括为两个方面：一是企业内部所拥有的资源，包括企业的物质资本、人力资本和社会关系资本等；二是企业外部环境，包括政策法规、市场环境、社会文化等。我国学者云冠平、胡军等人把影响企业组织发展的外部环境归结为经济环境、技术环境、社会环境、政治环境、自然环境、伦理道德环境六个方面。管理理论的最新发展认为，企业外部环境因素构成包括政府的政策与法令、市场情况、经济形势、资金供应、技术水平、人力资源、原材料供应、行业状况和社会文化等。

影响企业发展的外部环境因素有很多，从区域经济层面看，当前影响企业发展的区域经济环境主要构成因素包括政府的行为和政策、市场制度的建立和完善。另外，还有自然资源、区位因素、经济形势等。

二、区域经济环境对企业发展的影响

（一）政府对企业发展的影响

作为宏观经济的行为主体，政府的目标是发展经济。但宏观经济发展是一系列微观目标指数的总和，是企业等微观经济行为主体的经济活动在宏观经济总体上的反映。一般情况下，只有企业这个微观经济行为主体具有活力，才会有宏观经济中总量指标的提高和增加；只有企业具有竞争力，创造出高质量的产品或提供高质量的服务，才能使一定时期内一个地区或国家的生产总值水平逐渐提高。

政府的收益最大化目标可以通过两种基本方式来实现：一是界定形成产权结构竞争与合作的基本原则，这能使统治者的租金最大化；二是在第一个目标的框架中降低交易费用以使社会产出最大，从而使政府税收增加。政府为企业发展提供公共产品，即界定产权的法律法规、企业发展政策、企业维护秩序等。如果政府制定法规政策有利于调动企业积极性，企业创造的社会财富就会越来越多，政府的财政收入也相应增加，同时政府在财政收入的再分配中各种投资性支出、转移性支出和行政性支出的比例就会提高。简而言之，政府对企业发展具有重大作用，在维护国家主权和领土完整、制定和实施法律、维护社会基本秩序、界定产权和保护产权、行业管制等诸多方面，如果政府不发挥作用，市场经济就根本无法运行。

（二）市场对企业发展的影响

市场不仅是一个交易场所、一种交换关系或一套经济运行机制，甚至我们还可以把它看成一种信念。人们最多的是把市场看成一种资源配置方式。在市场上，各种资源的稀缺程度通过价格形式得到反映，参与交易的人们则根据价格及其变化来做出反应，即价格是市场配置资源最主要的形式。市场具体是由相当数量的、平等交易主体之间的交易活动构成的。它是一种开放性的平等结构，不存在上下级之间的服从与被服从、强制与被强制的关系。出现在市场上的所有交易者都是独立的行为主体，他们接受并依据价格"指令"独立地决策参与或退出交易，不存在来自外部的强制。他们在市场中展开公平竞争，优胜劣汰。在市场经济中，资源配置的基本问题主要是由一种竞争的严格制度来决定的，消费者、生产者和要素所有者拥有充分的自由选择权。他们从各自的经济利益出发，分散地、个别地进行经济决策，并通过市场交换和竞争达到他们的目的，调整他们的行为。市场机制在提高资源配置效率方面，显示出了巨大的优越性，当今世界越来越多的国家承认市场机制在资源配置中应发挥基础性作用。

市场制度是一个有效的机制，有利于企业的发展，能够激发企业的活力和创造力。世界经济发展的历史显示，资源的有效配置应由市场来执行，任何市场之外的力量都无法替代市场的作用。但市场也会失灵，主要表现在对外部负经济效果、垄断生产经营、不对等信息情况下的商品交易以及社会分配不均等问题的调节上运作不灵，宏观经济总量失衡导致经济波动等。

三、区域经济环境促进企业良好发展的实例

我国经济制度变迁是一个由计划到市场的过程，企业在政府引导下进入市场。我国东南沿海地区的发展正是在中央"先行一步"的政策鼓舞下，地方政府进行了大胆的制度创新，包括：开放市场，放开价格；实行承包经营，建立乡镇企业，鼓励非国有经济成分进入市场；积极引进外资和劳动力等，优越的区域经济环境使得大批企业成功建立，我国东部地区的经济得以快速发展。

东部大量企业的成功崛起是由先行的对外改革开放政策和沿海地区优先发展战略及创新的市场环境造就的。从 20 世纪 80 年代起，大量的资金、人才等国内外优质生产要素被吸引，向东部沿海地区聚集，各类企业在此纷纷建立，并迅速发展。所以，在促进区域经济发展的过程中，政府的财政政策等宏观方面的努力固然重要，但从根本上看，政策能否取得政策制定者和执行者所预期

的效果，关键还在于是否存在能对政策信号做出正常反应的受体——企业，以及一个有效的政策传导机制——市场机制。落后地区要改善区域的市场环境，建设各种企业和有效的企业激励机制，让落后地区的企业充分发展，这是促进区域经济又好又快发展的有效途径。

四、改善区域经济环境，促进企业发展

（一）重新定位地方政府在促进企业发展中的作用

地方政府应在区域经济发展中定位为宏观政策决策者、地方经济制度的创新者、政策的支持者和高效的服务者。

1. 贯彻中央经济政策，承担规划职能

根据中央制定的经济发展战略目标，认真做好区域的发展规划；确定本地区的产业政策，并运用信贷规模、贷款利率、税率等经济杠杆，促进产业结构调整，实现生产力合理布局；扶持本地区的优势产业，建立主导产业网，保护和扶持本地关系国计民生的基础产业、主导产业、骨干产业；制定符合区域特色的各项优惠政策，引进区域外人才、技术和资金；根据本地经济发展实际，确定发展规划和落实方案；制定落实产业倾斜政策，加强基础设施建设，大力发展本地区的优势产业和特色产业。

2. 积极进行制度创新，培养多元的企业竞争主体

美国新制度经济学家诺斯认为，经济增长的关键是制度。我国经济学家吴敬琏也指出：制度创新的作用大于技术创新。一般落后地区国有经济所占的比重过大，非公有制经济比重较小，乡镇企业量少质差，同时市场发育程度不高，基础条件差。因此，地方政府应按照社会主义市场经济的原则，对国有企业进行战略调整和改造。同时积极发展个体私营经济、外资经济等所有制形式以及其他非公有制经济形式。地方政府应制定适合自己区位和投资环境的投资政策，通过培育资本市场，吸引各种民间社会资本和外商资本参与开发和建设。

3. 完善市场机制，履行培育市场职能

一是改造国有企业，使之成为自负盈亏、自主经营的市场竞争主体。二是在坚持公有制为主体的前提下，大力发展非公有制经济，使其成为本地区经济快速增长的主力军。三是积极培育和规范金融市场、土地市场、劳动力市场、技术市场和信息市场等生产要素市场，加强市场管理、监督、规范与维护。四

是制定并完善市场法律，保护企业产权和其他合法权益。地方政府应严格执行国家的有关法律、法规，运用地方立法权，积极制定配套的地方法规，使市场竞争主体的权益得到保障。

4. 充分发挥政府调节管理职能，为各类经济主体参与市场活动创造良好的外部环境

地方政府应当利用宏观调控等职能为企业生产经营活动创造良好的外部环境；加强国有资产的管理，防止国有资产流失；为非公有制经济的发展营造一个宽松良好的制度环境；为技术创新创造良好的政策环境。

（二）创新市场制度，引导企业健康发展

区域经济的发展需要市场制度创新，包括市场观念创新、产权制度创新、市场组织创新、市场服务与管理创新等。

1. 市场观念创新

市场观念创新包括树立个人商品经济意识、树立企业竞争意识和树立政府开放意识三个方面的内容。我国东部沿海地区经济的先行发展正是得益于民间浓厚的经商氛围和活跃的商品经济意识。企业更要树立竞争意识，落后地区的经济发展必须依靠市场主体的企业行为去实现。因此，企业必须树立强烈的竞争意识、效率意识、创新意识等，不断进行企业内部的各种改革和创新，以质量求生存，以服务求发展，不断创新产品，拓展市场。此外，政府还要树立开放意识。市场经济本质上是一种开放的经济，落后地区只有有效利用国内外两个市场，有效整合东西部区域不同资源优势，才能实现经济的跨越式发展。为此，政府必须转变观念，增强服务意识，以开放促发展，提供更优越的投资环境，使市场有效地整合配置资源。

2. 产权制度创新

规范而有效率的产权制度是现代经济发展的基石。由于经济发展是产权结构优化的结果，因此，应持续不断地推进产权制度创新。一方面，要加大区域内国有企业改革力度，通过国有经济布局调整、国有企业股权结构调整和现代企业产权制度创新等，把传统的国有企业改造成现代市场经济的行为主体。另一方面，通过外部变量引入型制度创新模式，大力发展非国有经济，为落后地区经济快速发展注入新的动力，培育新的多元竞争型企业主体。

3. 市场组织创新

市场组织的发育构造直接影响市场运行的效率。在现代市场经济中，市场组织由政府、企业和各类社会中介构成。政府为市场运行提供恰当的制度基础，包括保障经济自由和宏观经济稳定的制度安排、产权的保障、经济交易规则的维持等。现代企业组织的塑造，关键是形成多元化投资主体。积极鼓励集体资产、私营资产及外资等成分的介入，经营者和职工持股，把经营者、职工的利益与企业的发展紧紧连成一体，有效激发他们的使命感和积极性。而对于中介组织的塑造，应注重对中介组织的培育。要逐步确立中介组织的功能优势，包括扩大行业覆盖面，增强行业代表性；在全社会中展现中介组织一定的影响力和协调能力；着力培育发展市场和企业需要的中介职能，使其成为搜集、提供各类信息的集散中心，并通过开展各类咨询活动当好经营者的参谋。

4. 市场服务与管理创新

一方面是实现政府职能的转变，建立现代市场服务型政府；另一方面是大力发展市场中介组织，构建"政府—中介组织—市场"三层次的联动体系，逐步形成"政府决策、中介组织参与、企业自主运作"的新格局。在现代市场经济条件下，政府应以法律形式对所有参与经济活动的经济人行为进行规范，以保障不同个人行为之间的利益协调，减少因摩擦造成的损失，维护市场契约的合法性、有效性，保护交易双方的平等利益，并通过完善监督体系实现管理创新。

第七章 区域经济发展战略

第一节 区域平衡发展理论

平衡发展或平衡增长是区域经济发展的一种方式。区域平衡发展理论主要认为经济是有比例、相互制约和相互支持发展的。新古典区域均衡发展理论是区域均衡理论的代表之一,是建立在自动平衡倾向的新古典假设基础上的。根据该理论,市场机制是一只"看不见的手",人们普遍坚信,只要在完全竞争市场条件下,价格机制和竞争机制会促使社会资源形成最优配置。这一理论包括哈维·莱宾斯坦的临界最小努力理论、纳尔逊的低水平均衡陷阱理论、纳克斯的贫困恶性循环理论和罗森斯坦·罗丹的大推进理论等。

这一理论是建立在一系列严格假设条件之上的。这些假设条件包括:第一,生产中有资本和劳动力两种要素,并且可以相互替代;第二,完全的市场竞争模型;第三,生产要素可以自由流动,并且是无成本的;第四,区域规模报酬不变和技术条件一定;第五,发达地区资本密集度高、资本边际收益率低,不发达地区劳动密集度高、工资低。该理论认为,区域经济增长取决于资本、劳动力和技术三个要素的投入状况,而各个要素的报酬取决于其边际生产力。在自由市场竞争机制下,生产要素为实现其最高边际报酬率而流动。在市场经济条件下,资本、劳动力与技术等生产要素的自由流动,将导致区域发展的均衡。因此,尽管各区域存在着要素禀赋和发展程度的差异,劳动力总是从低工资的欠发达地区向高工资的发达地区流动,以取得更多的劳动报酬。同理,资本从高工资的发达地区向低工资的欠发达地区流动,以取得更多的资本收益。要素的自由流动,最后将导致各要素收益平均化,从而达到各地区经济平衡发展的结果。

一、哈维·莱宾斯坦的临界最小努力理论

哈维·莱宾斯坦在《经济落后和经济增长》一书中提出了临界最小努力理论,主张发展中国家应努力使经济达到一定水平,冲破低水平均衡状态,以取

得长期持续的经济增长。哈维·莱宾斯坦认为，如果经济发展的努力达到一定的水平，但是提高人均收入的刺激小于临界规模，那么，就不能克服经济发展的障碍、冲破低水平均衡状态。为了使一国经济从落后状态向比较发达状态转变，取得长期持续的增长，这个经济必须在一定时期受到大于临界最小规模的增长刺激。

哈维·莱宾斯坦的命题建立在这样一个经验证据上面，即人口增长率是人均收入水平的一个函数。从长期来看，发展中国家推动人均收入上升的刺激力量一般小于人均收入上升时所遇到的阻力。因此人均收入始终保持在仅能维持生存的均衡点上，引起一个反复轮回的所谓恶性循环。但是，如果外来的刺激力量十分巨大，使人均收入持续地大幅度上升，这时即使消费水平因收入的增加而提高，也不至于把增加的收入全部用于消费，同时诱发的人口增长也为经济发展提供了条件。在这种情况下，发展中国家就会有力量摆脱其恶性循环，迈向持久性的成长。也就是说，一国的经济从落后状态向比较发达状态转变，就必须在一定的时期受到大于临界最小规模的增长刺激。

哈维·莱宾斯坦，生于俄国的美国经济学家。1967—1989年，他出版了在经济理论方面最有名的一部著作《超越经济人》。在此书中，哈维·莱宾斯坦将传统的生产要素扩展到包括管理技能和劳工关系的层面上。哈维·莱宾斯坦还是一位人口经济学家，他的成本效用理论，即运用西方微观经济学的成本效用分析来研究家庭生育决策的一种理论，在西方人口经济学界有广泛的影响。该理论认为，随着社会经济发展，对于大多数家庭来说，每户人均收入的提高，家庭期望的孩子人数减少。因而，经济发展会导致较低的意愿生育率，即预期生育率较低。

二、纳尔逊的低水平均衡陷阱理论

低水平均衡陷阱理论是在哈维·莱宾斯坦提出的"准安定均衡"理论的基础上，由发展经济学家纳尔逊进一步提出和完善的。

该理论假设当人均收入超过维持生命的水平时，人口就要迅速增长，但当人口增长率达到"自然的上限"以后，收入的增长使人口下降。其理论的主要内容是：不发达经济的痼疾表现为人均实际收入处于仅够糊口或接近于维持生命的低水平均衡状态，很低的居民收入使居民储蓄和投资受到极大的限制。如果以增加国民收入来提高储蓄和投资，通常亦导致人口的增加，从而又将人均收入推回到低水平稳定均衡状态之中。这是不发达经济难以逾越的一个陷阱。

该理论主要涉及人均资本与人均收入增长、人口增长与人均收入增长、产出的增长与人均收入增长三方面的关系。纳尔逊认为发展中国家人口的过快增长是阻碍人均收入迅速提高的陷阱，必须进行大规模的资本投资，使投资和产出的增长超过人口的增长，才能冲出陷阱，实现人均收入的大幅度提高和经济增长。

纳尔逊认为，形成低水平均衡陷阱的四个经济技术条件是：首先，人均收入水平和人口增长率的高度相关性；其次，人口基数过大和人均收入过低，使得任何投入的额外追加都难以提高人均收入，进而使人均储蓄和投资的增加亦十分困难；再次，耕作制度的落后，使发展中国家最为看重的资源——土地严重短缺；最后，所采用的生产方法缺乏效率。除此之外，若干非经济因素和经济活动中只改变收益分配格局而不增大国民收入总量的"零和效应"，也会阻碍经济的发展。发展中国家还存在种种阻碍进步和发展的社会、文化方面的惰性。

持续的经济增长要求打破低水平均衡陷阱，在现有经济资源不变和没有外部刺激的情况下，要走出陷阱，就必须使人均收入增长率越过人口增长率。因此，必须多管齐下，综合治理。其主要措施有六种：第一，从制度上创造有利于经济发展的政治氛围和社会环境；第二，出台计划，缩小家庭规模，改变社会结构，鼓励节俭消费，倡导居民储蓄，培养企业家精神；第三，改变收入分配格局，避免公平伦理观念影响效率，并促使财富向投资者集中；第四，依靠国家综合投资以及国民经济发展规划的确定，加大突破陷阱的力量；第五，吸引外资以增加投资和收入；第六，通过技术进步来提高现有资源的使用效率。

三、纳克斯的贫困恶性循环理论

1953年，美国经济学家纳克斯出版了《不发达国家的资本形成问题》一书。在书中他提出了著名的贫困恶性循环理论，认为资本稀缺是阻碍发展中国家经济增长的决定性因素。

纳克斯以穷人为例来说明这一问题：穷人之所以穷，是因为他们的收入少；他们的收入之所以少，是因为他们的工作效率很低；他们的工作效率之所以低，是因为他们吃不饱而身体很差；他们的身体之所以差，是因为他们的收入很少，即非常贫穷。起点是贫穷，终点也是贫穷，形成了一种恶性循环。

纳克斯认为，对一个人来说如此，对一个地区或国家来说也是如此，这就是所谓；越穷就越差，越差就越穷的"马太效应"。纳克斯认为，现实经济活动中存在着由于收入低而造成的两个"恶性循环"。

纳克斯还认为，上述两个恶性循环相互制约、相互加强，任何一个循环都无法自行突破，转为良性循环。如果想要增加储蓄，以便增加投资，那么由于储蓄增加而引起购买力缩减,也会降低投资引诱力;若想提高购买力,以便增加投资引诱力,那就势必会减少储蓄;即使投资引诱力增大,也会因储蓄减少而难以继续扩大投资。

因此,纳克斯得出结论,由于两个循环相互影响,使经济状况无法好转,经济增长难以实现,所以发展中国家长期贫困、经济停滞的局面难以改变。

纳克斯生于爱沙尼亚,20世纪30年代早期全家移居加拿大,曾在爱丁堡大学和维也纳大学学习。作为国际联盟的一名职员,他发表了几篇关于国际经济学方面非常著名的研究论文。第二次世界大战之后,他接受了哥伦比亚大学的教授职位并且一直任职到他在日内瓦度假时过早地去世。

纳克斯重新强调了外部经济的重要性:所进行的投资越多,每项投资也就变得更加可行。因此,低收入经济要求一个宽广层面上的进步,与此同时伴随着相互支持并能增加成功机会的产业扩张。巨大的困难在于这些国家的贫困限制了他们的资本形成。

四、罗森斯坦·罗丹的大推进理论

美国经济学家罗森斯坦·罗丹提出了著名的大推进理论,主张发展中国家在投资上以一定的速度和规模持续作用于众多产业,从而冲破发展瓶颈。罗森斯坦·罗丹提出了大推进的思路,即旨在促进经济中的许多部门同时进行协作性投资的政策。这一思路有两个特征:首先,它需要同时在经济中的许多部门进行巨大的投资;其次,在经济中许多部门的投资数量分配上必须合理。由于强调同时在许多部门中进行协调的投资,大推进理论的中心思想是,要克服由于地区市场狭小、投资有效需求不足和投资供给不足的多重发展障碍,发展中国家就必须全面地进行大规模的投资。即在国家经济各部门同时增加投资,并合理分配投资,增加和满足各方面的需求,使市场扩大。特别是要对基础设施大幅度投入,给予经济一次大的推动,从而推动整个国民经济全面、快速、均衡的发展,使发展中国家走出贫困的恶性循环。

罗森斯坦·罗丹认为,发展中国家经济活动中存在着三种不可分性。其一,基础设施的不可分性。基础设施存在配置上的初始集聚性,基础设施项目规模宏大、配套性强,必须同时建成才能发挥作用。因而,一开始就需要有大量的投资。与直接生产部门比较,基础设施建设周期长,投资资金难以在短时期内收回;基础设施提供的服务不能进口或购买;基础设施产业投资必须优先于那些能更快地产生收益、具有直接生产性产业的投资。发展中国家在国民经济发展的初期,必须集中精力,在基础设施建设中一次性投入大量资金。

其二，储蓄的不可分性。储蓄并不是随收入的增长而不断地增长的。相反，它的增长是有阶段性的。只有当收入的增长超过一定的限度后，储蓄才会急剧地上升，才会使更大规模的投资成为可能。因此，必须使每一阶段的经济增长规模大到足以保证收入的增长超过一定的限度，否则储蓄将不够充分，投资也就将受到储蓄缺口的阻碍。

其三，需求的不可分性。如果投资只集中于某一部门或某一行业，则要使这一部门或这一行业的产出有相应的提高，就必须有充分的国内市场或有保证的国外市场。如果产品不能出口，再加上这一部门或行业以外的人口又处于失业或就业不足的状态。那么，这一部门或行业的产出，除一小部分被该部门或行业投资所创造的收入吸收外，大部分将无力购买，从而使这笔投资以失败而告终。

因此，要形成广大的市场，使多种多样的商品都各有所需，就必须广泛地、大规模地在各个部门和各个行业中同时进行必要的投资。相反，如果不采用大推进办法，而是进行孤立的、小规模的投资，经济只能缓慢增长，不能迅速改变落后国家的经济面貌，也无助于缩小发展中国家与发达国家之间的差距。

然而，罗森斯坦·罗丹的大推进理论只做了理论上的阐述，没有建立具体的模型。到1989年，墨菲、施莱佛和维什尼对大推进理论做了正式的模型表述。

罗森斯坦·罗丹（1902—1985），英籍奥地利著名经济学家，发展经济学先驱人物之一，平衡增长理论的先驱。他早期的经济学贡献主要是在纯经济理论方面，如边际效用、经济互补性、不同层次需求和奥地利经济发展的时间序列。1943年，罗丹在《东欧和东南欧国家工业化的若干问题》一文中提出了著名的大推进理论。他将不发达的经济体比喻为一架停留在跑道上的飞机，飞机只有获得足够的推动力才能起飞。同样，一个经济体如若想要沿着亚当·斯密的自由市场规则发展，就必须获得由规划带来的大规模投资刺激。该理论的核心是在发展中地区或国家，对国民经济的各个部门同时进行大规模投资，以促进这些部门的平均增长，从而推动整个国民经济的高速增长和全面发展。

五、区域平衡发展理论评述

新古典主义区域均衡发展理论提出以后，在一些欠发达国家和地区的区域开发中受到了一定程度的重视。对工业化过程中片面强调工业化，忽视地区之间、部门之间均衡协调发展的倾向有所影响。强调均衡、大规模投资和有效配置稀缺资源的重要性以及市场机制的局限性，实行宏观经济计划的必要性，为欠发达国家和地区的工业化和区域开发提供了一种理论模式，产生了一些积极的作用。然而，该理论是建立在一系列与现实相去甚远的假设条件之上的，不但把技术进步视作外生因素，没有纳入其分析框架之中，而且丢掉了区域（空间）的一个重要特征，即克服空间距离会发生运输费用。所有这一切，都与新古典主义所讲的前提条件相矛盾。

新古典区域均衡理论从纯粹供给的角度，认为区域长期增长取决于资本、劳动力和技术三个要素，各个要素报酬取决于其边际生产力。然而，其没有考虑区域空间特征，生产要素的流动并不像设想的那样灵活：第一，从资本的流动性看，由于大部分资本是固定资本，资产专用性使其转移存在巨大转移成本；第二，从资本的流动方向看，投资者不仅要考虑利润最大化，更要看投资环境的综合条件，发达地区对投资者的吸引力可能更大；第三，劳动力并非完全流动，其迁移受信息非对称及制度与非制度因素的影响和制约。

区域平衡发展理论的缺陷：第一，忽略了一个基本的事实，即对于一般区域特别是不发达区域来说，不可能具备推动所有产业和区域均衡发展的资本和其他资源，在经济发展初期很难做到均衡发展；第二，忽略了规模效应和技术进步因素，似乎完全竞争市场中的供求关系就能决定劳动和资本的流动，就能决定工资报酬率和资本收益率的高低。但事实上，市场力量的作用通常趋向于增加而不是减少区域间的差异。发达区域由于具有更好的基础设施、服务和更大的市场，必然对资本和劳动具有更强的吸引力，从而产生极化效应，形成规模经济。虽然也有发达区域向周围区域的扩展效应，但在完全市场中，极化效应往往超过扩展效应，使区际差异加大。另外，技术条件不同也会使资本收益率大不相同，此时的资本要素流动会造成不发达区域资本要素更加稀缺，经济发展更加困难。

区域平衡发展理论遭到以赫希曼、缪尔达尔等为代表的一些发展经济学家的反对和批判。他们认为，发展中国家不具备全面增长的资本和其他资源，平衡增长是不可能的。投资只能有选择地在若干部门和区域进行，其他部门或区域通过利用被投资部门或区域带来的外部经济而逐步发展起来。

区域平衡发展理论显然是从理性观念出发，采用静态分析方法，把问题过分简单化了，与发展中国家的客观现实距离甚远，无法解释现实的经济增长过程，无法为区域发展问题找到出路。在经济发展的初级阶段，非均衡发展理论对发展中国家更有合理的和现实的指导意义。

第二节　区域不平衡发展理论

区域经济差异一直是区域经济学研究的核心问题之一，也是世界各国经济发展过程中的一个普遍性问题，其中的非均衡发展理论，最初是发展中国家实现经济发展目标的一种理论选择。由于区域与国家在许多地方的相似性，使得该理论与均衡发展理论在做区域开发与规划时，经常被借鉴和引用，作为区域经济发展战略选择的理论基础。

区域不平衡发展理论的基本观点可概括为以下几个方面。第一，落后地区真正缺乏的不是资源本身而是把资源投入使用的方法与能力，应该优先考虑那些能最大限度地引致投资的项目。第二，经济发展初期，由于资源约束，应该首先发展带头产业，从而推动其他部门的发展。当经济发展到高级阶段，国民经济各部门发展需要一定的协调以维持稳定、全面的增长时，平衡增长便成为必然。在赫希曼看来，经济发展道路上充满了技术、设备和产品短缺的障碍和瓶颈，因此只能以跷跷板的方式前进。所谓平衡的恢复正是压力、刺激和强制的结果，不平衡才是常态。第三，平衡增长与不平衡增长是从不同角度、不同时期、不同阶段考虑的。强调不平衡增长的目的是实现更高层次的平衡增长。平衡增长是目标，不平衡增长是手段。

区域不平衡发展理论遵循了经济非均衡发展的规律，突出了重点产业和重点地区，有利于提高资源配置的效率。由于发展中国家一般处于资本稀缺的经济发展初级阶段，相对于平衡增长而言，不平衡增长理论更具有吸引力。这也是几十年来，区域不平衡发展理论在发展中国家日益受到广泛关注和普遍采纳的原因。

一、赫希曼的不平衡增长理论

不平衡增长理论是由著名的经济学家赫希曼提出的。该理论主张发展中国家的投资应有选择地在某些部门进行，其他部门通过其外部经济作用而逐步得到发展的经济战略。

赫希曼认为，发展中国家主要稀缺的资源是资本，若实行一揽子投资，则资本稀缺这一瓶颈将无法突破，从而也就无法实现平衡增长。他指出，发展的路程好比一条"不均衡的链条"，从主导部门通向其他部门，从一个企业通向另一个企业，从一个产业通向另一个产业。经济发展通常采取跷跷板的推进形式，从一种不平衡走向新的不平衡。因此，政策发展的任务不是取消而是要维持紧张，即维护不成比例或者不均衡，使不均衡的链条保持活力。不发达经济取得经济增长的最有效选择是采取精心设计的不平衡增长战略。首先选择若干战略部门进行投资，当这些部门的投资创造出新的投资机会时，就能带动整个经济的发展。赫希曼指出，一般来说，新的投资工程开始时，它总要利用以前的工程创造的外部经济，同时它自己也创造能被以后的工程所利用的新的外部经济。投资工程可以划分为两大类：一类是对外部经济利用多而创造少，具有收敛级数性质的投资；另一类是对外部经济利用少而创造多，具有发散级数性质的投资。发展政策当然要鼓励、促进利用少而创造多的发散性投资，但实际状况往往是两类投资交叉进行。

赫希曼是首先提出产业之间的前向联系和后向联系概念的经济学家。前向联系产业一般是制造品或最终产品生产部门；后向联系产业一般是农产品、初级产品生产部门。赫希曼进而认为，应该根据联系效应理论，把投资重点放在中间的基本工业上，会引起前向联系效应和后向联系效应带动整个地区经济的发展。在项目选择上，应该优先选择那些能产生最大引致投资的直接生产性部门（主导部门），以其优先增长来带动其他部门的发展。即一个国家在选择适当的投资项目进行优先发展时，应当选择具有显著的前向联系效应和后向联系效应的产业，而联系效应最大的产业就是产品需求收入弹性和价格弹性最大的产业，在发展中国家通常为进口替代工业。可见，不平衡增长理论是从资源有效配置的角度，考虑如何把有限的资源分配于最有生产潜力即联系效应最大的产业，通过这些产业的优先发展以解决经济发展的瓶颈问题，并带动其他产业发展。这就是赫希曼不平衡增长理论的核心。

二、缪尔达尔的循环累积因果理论

经济学家缪尔达尔在其《美国的两难处境》中提出循环累积因果理论。他认为，社会经济的变动并不如新古典主义者所说的那样，是由单一的或少数的因素决定的，而是由技术进步、社会、经济、政治、文化和传统等多种因素决定的。

缪尔达尔把社会经济制度看成是一个不断演进的过程，认为导致这种演进的技术、社会、经济、政治、文化等多方面的因素是相互联系、相互影响和互为因果的。如果这些因素中的其中一个发生了变化，就会引起另一个相关因素也发生变化，后者的变化反过来又推动最初的那个因素继续变化，从而使社会经济沿着最初的那个变化所确定的轨迹方向发展。可见，社会经济的各个因素之间的关系并不守恒或者趋于均衡，而是以循环的方式在运动，而且这种循环不是简单的循环，它具有积累的效果。比如，贫困人口的收入增加了，就会改善他们的营养状况；营养状况的改善，能够使他们的劳动生产率提高；劳动生产率的提高，反过来又可以增加他们的收入。这样，从贫困人口最初的收入到他们收入的进一步增加就是一个循环，其特点是在循环中各因素的变化具有因果积累性，而且是上升的。当然，如果贫困人口的最初收入的变化是减少的，那么，循环过程就会导致其收入进一步减少和下降。所以，各因素之间关系的变化存在着上升或下降两种循环的可能。总体来看，循环累积因果理论重点强调了社会经济过程中存在的三个环节，即最初的变化，接着是一系列传递式的相关的变化，最后又作用于最初的变化，并产生使其上升或下降的进一步变化，从而构成循环。

缪尔达尔的循环累积因果理论强调以下几个环节：起始的变化、第二级的强化运动、最后的上升或下降过程。他认为，这个原理反映了社会经济因素变化的客观运动，既是对现实世界的正确描述，又是制定政策的可靠依据。由于缪尔达尔的理论分析运用了"整体性"方法，强调经济同社会其他因素的互补性，他的理论也被认为是西方经济学的重大发展。

三、威廉姆森的倒U形理论

美国经济学家威廉姆森发表了《区域不平衡与国家发展过程》一文，通过对20世纪50年代24个国家有关区域差异的国际性数据进行横向比较研究后，威廉姆森发现这些国家的区域差异格局在时间上呈现倒U形。其中贫穷的发展中国家如巴西、哥伦比亚、菲律宾与波多黎各等国的区域差异呈扩大的趋势，而发达国家如美国、加拿大、法国和意大利等国的区域经济差异却在持续缩小。

与此同时，威廉姆森又进行了单个国家区域收入差异变化的分析并提出，在经济发展的早期阶段，区域差异逐渐扩大；但在经济发展的成熟阶段，这一差异趋于收敛。据此，威廉姆森认为区域差异遵循"全国增长轨迹上的倒U形曲线"。威廉姆森的倒U形理论表明，在到达拐点之前的相当长一段时期内，区域发展差异是不断扩大且难以消除，而且根据发达国家的发展经验，即便旧的差异缩小了，新的差异又会出现。经济活动的空间集中式是国家经济发展初期不可避免的现象，由此产生的区域差异将随着经济发展的成熟而最终消失。倒U形理论的内在含义是经济发展与区域差异之间的相互作用和相互依赖性。具体地说，在经济发展的初期阶段，区域差异的扩大是经济增长的必要前提。因为用于国家经济发展的资源在此阶段是有限的，只有将有限的经济资源集中在较少的区域使用，才能实现最迅速的经济进步，否则将导致经济发展效率的损失。在经济发展的后期阶段，可供支配利用的经济资源比较充裕，进而鼓励新增长点出现的可能性增大。新增长点的出现不仅可以缩小区域差异，还能促进国家整体经济发展水平的进一步提高。

四、诺斯的输出基础理论

诺斯在一篇题为《区位理论与区域经济增长》的论文中，批评了艾萨德的区位理论和胡佛的增长阶段理论，认为他们没有解释区域增长的动力，并且关于区位的模型和增长的描述也存在着问题。

诺斯认为，区域经济增长的动力来自外部需求的拉动，区域外部需求的增加是区域增长最为关键的初始决定因素。诺斯从经济史的角度出发，认为区域增长阶段论中的阶段序列与经济史是断裂的，该理论是建立在中世纪欧洲封建自给自足型经济的假设之上的。近代美国的经济发展与区域增长阶段论的阶段序列不相符合，美国从一开始，其区域的经济活动（资源开采、生产和贸易）就是直接联系世界市场的。以美国大西北出口历史为例，其面粉和木材出口就占该区域制造业出口的40%～60%，市场从英国到日本和澳大利亚，绵延几万公里。区域的增长并非线性地从一般地区向运费最低的地区集中。诺斯的思想后经蒂伯特等人的发展而逐步得到完善，成为解释区域增长的输出基础理论。

输出基础模型将经济部门划分为两个部分：输出基础部门和自给性部门。在这种模型中，通常假定自给性部门不具备自发增长的能力。但是，随着外部需求的扩大，输出基础部门不断扩张并为地方经济带来额外收入时，这些自给性部门也会随之相应扩张。诺斯用输出基础模型来预测区域经济的长期变化趋势，从而形成了区域经济发展的输出基础理论。诺斯在其发表的《区位理论与区域经济增长》一文中，把太平洋西北岸作为实证研究的基地而得出结论：区域对木材、毛皮、面粉、小麦等产品需求的扩大，不仅会影响那里的绝对收入水平，而且也会影响那里诸如辅助性产业的特征、人口的分布、城市化模式以及收入与就业波动范围等。他进一步指出，对区域输出需求的增加会对区域经济产生乘数效应，这不仅会导致输出产业投资的增长，也会导致对其他经济活动投资的增长。因此，按照诺斯的观点，一个区域能否求得发展，关键在于能否在该区域建立起输出基础产业。而特定区域能否成功地建立起输出基础产业，又将根据它在生产和销售成本等方面对其他区域所拥有的比较利益而定。

五、区域不平衡发展理论评述

上述区域不平衡发展理论存在着两个基本问题：

第一，增长对非均衡的依赖性是否存在某种客观限制，即并非区域发展差异越大，区域经济增长速度一定越快。这些理论都没有涉及这个问题。如果我们把考察的焦点放在一国经济发展的初级阶段，他们都把经济增长建立在拉开距离的基础上，而究竟这个差距是否有个客观的合理的界限并没有做出阐明。但根据实际经验，即使在经济发展初期，过大的区际收入差异也会阻滞一国的经济发展。

第二，这几种区域不平衡发展理论都没有阐述非均衡发展的合理界限问题。也就是说，对一个社会而言，是否存在一个最优的非均衡增长的"度"。显然，这些理论均忽略了区域成长过程中，区域差异扩大可能会付出因社会矛盾激化所导致的经济停滞的高昂代价。我们应当考虑这样一个问题，在区域发展的整个过程中，是否非均衡发展都具有比均衡发展更高的效率。显然，这样的问题涉及价值判断，不可能要求注重实证分析的发展理论做出回答，但在区域经济发展实践中，对它的回答却很重要。

区域经济不平衡发展理论，指出了不同区域间经济增长的差异，但不能因此而断定区际差异必然会不可逆转地扩大。他们片面地强调了累积优势的作用，忽视了空间距离、社会行为和社会经济结构的意义。缪尔达尔和赫希曼的理论动摇了市场机制能自动缩小区域经济差异的传统观念，并引起一场关于经济发展趋同或趋异的论战。但是在威廉姆森的倒U形假说提出之前，论战缺乏实证基础。他的研究使讨论向实证化方向迈出了有力的一步。

不论增长所处的发展阶段如何，是否都存在对非均衡的依赖性，在这一问题上，缪尔达尔的累积循环因果论、佩鲁的增长极理论、赫希曼的不平衡增长理论和弗里德曼的中心—外围理论，均倾向于认为无论经济发展程度处在何种水平，进一步的增长总是要打破原有的平衡。而威廉姆森的倒U形假说则强调经济发展程度较高时期增长对均衡的依赖。在对政府和市场作用认识的问题上，这几种非均衡增长理论的认识是不一样的。赫希曼和缪尔达尔的理论主张政府的积极干预，但在缩小区域差异问题上，赫希曼和缪尔达尔的观点又不同。赫希曼认为，经济增长的聚集将首先加大地区间的经济差异，但长期的地理渗透效应将足以减少这种差异。赫希曼对渗透效应能减少地区差异的乐观估计是建立在依靠国家干预的基础之上的。倒U形理论在区域差异缩小的过程中，忽视了政府行为，只强调经济发展的内在规律和市场的作用。从诸多国家的经验来看，区域差异的变动一般受经济发展的内在规律性、市场作用和政府干预三种力量的影响，是三者综合作用的结果，片面强调哪一方的作用，都是不恰当的。

第三节　中国区域发展战略演变

一、中国区域发展战略的四大阶段

（一）国家安全导向的区域均衡发展战略

从 1953 年的"一五"规划开始到 1978 年，国内外局势复杂。考虑到中国的地理位置可能给沿海地区带来战争威胁，以毛泽东为首的第一代党中央领导集体从国家安全角度出发制定了以国家安全为目标的"区域均衡发展战略"。毛泽东指出："好好地利用和发展沿海的工业老底子，可以使我们更有力量来发展和支持内地工业。如果采取消极态度，就会妨碍内地工业的迅速发展。"在这种思路的指引下，从 1953 年的"一五"规划开始，中国政府便坚持以均衡布局为中心，着手对沿海和内陆两大区域的产业布局进行调整。

虽然党和国家领导人在"一五"规划中提到了要实现区域的均衡发展，但在实际的区域经济发展过程中，无论是从统计数据还是从实际情况而言，区域的非均衡发展更为明显。国家的政策和投资对内陆地区的倾向十分明显，经济建设的重点也明显在中西部地区而非沿海地区。

（二）效率导向的区域非均衡发展战略

邓小平同志在《解放思想，实事求是，团结一致向前看》的重要讲话中，概括了新中国成立以来我国区域经济发展的历史经验，对区域发展战略的内涵进行了符合我国实际情况的全面阐述。他指出："让一部分人、一部分地区先富起来，大原则是共同富裕。一部分地区发展快一点，带动大部分地区，这是加速发展、达到共同富裕的捷径。"这是对区域发展战略内涵的重新概括，标志着我国区域经济发展战略从均衡发展到非均衡发展的方向性转变。

效率导向下的非均衡发展战略，使我国在 20 世纪 80 年代逐步形成了"经济特区—沿海开放城市—沿海经济开放区—沿江经济区—内地中心城市—铁路公路交通沿线和沿边地带"这样一个多层次、有重点的、全方位立体交叉的对外开放新格局，为我国经济融入世界经济、提高国际市场上的竞争力奠定了基础。同时，在非均衡发展战略的影响下，无论是沿海开放地区还是内陆地区，都对各自区域的比较优势、主导产业和发展方向有了更加充分的认识，这对区域经济发展和总体经济发展具有深远的影响。

（三）缩小差距的区域协调发展战略

进入20世纪90年代，非均衡发展战略下出现的东西部差距日益扩大的现象逐渐引起学术界和决策层的普遍关注。社会各界逐渐形成了经济社会发展过程中效率与公平兼顾的目标取向。八届全国人大四次会议和《"九五"计划和2010年远景目标纲要》中，首次将地区间协调发展作为国民经济和社会发展的指导方针之一。随后几年，党和政府开始相继实施西部大开发、振兴东北老工业基地、中部崛起等旨在加快落后地区发展、缩小区域间差距的战略。

"要用历史的、辩证的观点，认识和处理地区差距问题，一是要看到各个地区发展不平衡是一个长期的历史现象。二是要高度重视和采取有效措施正确解决地区差距问题。三是解决地区差距问题需要一个过程。"区域协调发展战略的基本出发点，就是要处理好东部与中西部地区之间的关系。针对东、中、西部经济发展的实际情况，处理好这种关系实质上包含两个方面的内容：一方面是加快中西部地区经济发展的速度；另一方面是加强对中西部地区支持的力度。而这一切都必须在保持东部地区经济和总体国民经济较快发展的前提下进行。

（四）以科学发展观为指导的区域统筹发展战略

党的十六大以来，党中央从社会主义初级阶段基本国情出发，提出了科学发展观的重大战略思想。党的十六届三中全会又进一步提出了"五个统筹"的根本方法，其中统筹区域发展在"五个统筹"中占有重要的地位。以科学发展观为指导的统筹区域发展战略的提出，标志着我国区域经济发展战略的又一次重大转变。

以科学发展观为指导的统筹区域发展直接形成了西部大开发、东北振兴、中部崛起、东部率先发展的"四轮驱动"格局。在中国区域经济"四轮驱动"整体格局下，进入"十一五"时期后，根据资源环境承载能力、现有开发密度和发展潜力，统筹考虑未来我国人口分布、经济布局、国土利用和城镇化格局等因素，从区域功能定位的角度进行区域划分成为我国区域经济发展过程中的一大革命性创新。

以科学发展观为指导的区域统筹发展战略继承了非均衡发展战略和协调发展战略最具有价值的内涵，是对非均衡发展战略特别是对协调发展战略的进一步完善。虽然，区域统筹发展战略在我国的具体实施仍然处于开始阶段，但是这种新的区域发展战略，已经初步在实践中表现出了巨大的作用。

（五）不同阶段区域发展战略的总结

纵观我国区域经济发展战略的演变，基本上经历了均衡发展战略—非均衡发展战略—协调发展战略—统筹发展战略四个阶段。不同演变阶段，既体现了作为发展战略必须具有的继承关系，也体现了随经济社会发展的实际情况对发展战略所做出的必要调整和完善。

在计划经济体制下，出于重工业发展和国防安全的需要，我国的区域发展战略有较明显的均衡特征，但其忽略了各区域自身的发展优势，导致各区域经济活力不足、效率低下、整体发展速度迟缓等一系列问题。所以，改革开放以后，在提高经济发展效率的大背景下，我国从根本上改变了计划经济体制下的均衡发展战略，实行了非均衡的区域发展战略。国家将发展的重点向东部沿海地区及重点开放地区倾斜，促进了我国总体经济的快速增长。但随着非均衡发展战略的全面实施，以及市场自发作用的逐步增强，区域发展的差距凸显并日益严重。社会各界对该战略进行反思，并催生了以处理好东部与中西部发展关系为核心的区域协调发展战略。同时，结合改革和发展过程中所出现的社会、资源、生态、环境等方面的问题，统筹处理改革过程中的各种关系，包括区域之间的关系，以科学发展观为指导的区域统筹发展战略应运而生。

区域经济发展战略的演变，反映了社会各界特别是决策层不断总结区域发展的经验教训，对区域发展的内在规律认识的不断深入，对中国特色社会主义建设的不断探索。从四个阶段区域发展战略的内容看，它们的战略理念、战略重点等方面存在明显的差异。但它们都是以实现我国经济健康、持续、快速发展为基本目标。虽然不同阶段的侧重点不同，但都坚持了一个基本准则，即以发挥地区比较优势的产业来促进区域整体经济实力的提升。

二、我国区域发展战略的展望

区域经济均衡发展不仅是共同富裕思想的重要体现，同样也是我国未来经济持续健康发展的动力，中西部地区将是我国未来发展最大的回旋余地充分论证了区域均衡发展的重要性。而为了很好地实现这一目标，未来我国区域发展战略应该从以下三方面着手。

（一）加强新经济带和城市群等区域经济增长极的培育

依靠区域增长极带动整体区域发展是中国过去区域发展过程中取得的重要经验。而广东、上海、北京等地的迅猛发展也确实带动了周边区域的发展，珠三角、长三角以及京津冀地区已经成为我国区域经济中心。由于我国目前区域经济发展水平总体不高而且存在比较严重的结构型差距，未来的区域发展战略还必须坚持培育新的区域增长极，依靠新的增长极带动整个区域的经济发展。而就目前我国发展实际情况而言，城市群和经济带是未来最有可能成为区域增长极的经济发展类型。因此，必须加快培育新的城市群，如山东半岛城市群、长江中游城市群和关中城市群等；以及新经济带，如长江上游成渝经济带、长江中下游经济带、海上丝绸之路经济带等。

（二）加强不同级别区域的合作

随着全球化进程的推进，产业链分工进一步细化和深化，国家之间、地区之间的联系愈加密切。与此同时，地区专业化程度的不断提高会使区域自身的风险抵抗力下降。在这种背景下，必须加强不同层次区域的合作，不仅要加强国与国之间的合作，国内区域也应该加强相关合作。加强产业和各自要素的流动，形成合理的区域分工格局，增强区域经济发展的协调性，提高风险抵抗力。除了要加强国家级大的区域间合作外，还必须加强次级区域间的合作，包括省之间的合作、市之间的合作，甚至还包括县之间的合作。这种微观区域层面上的合作相对于宏观层面的区域合作更能够充分释放参与经济活动主体的活力，从而最大限度地促进经济增长，提高区域经济政策效果。

（三）加强区域战略与城镇化、产业升级等不同类型战略的协同推进

目前，我国处于一个关键的改革深化时期，经济发展、社会结构、产业结构、人口结构都处于急剧变化的过程中，所面临的困难将会越来越多。如果将不同的政策如城镇化战略、产业转型升级战略、区域发展战略完全割裂开，不仅会浪费大量的人力财力资源，不同战略间还有可能产生冲突，影响宏观经济的健康发展。区域战略作用对象的特殊性使得区域战略在一定程度上包含经济发展、产业转型升级、城镇化等战略，因此在未来区域战略的实施过程中必须注意不同政策的配合，不能将这些政策孤立使用，而应该以区域政策为纲，在实际实施过程中将解决不同类型问题的战略进行整合，以保证我国的改革顺利进行。

第八章　区域产业结构与产业布局

第一节　区域产业结构

一、产业与产业结构

（一）产业

产业是历史范畴，是伴随生产力和社会分工的深化而产生和不断扩展的，是国民经济各部门各行业的总称。产业作为经济单位，介于宏观经济与微观经济之间，是企业与整体区域经济之间的一种中观经济层次。它既是国民经济的组成部分，又是同类企业的集合。但是，由于产业的内容十分复杂，至今尚无统一的严谨的定义。从不同的研究目的与角度出发，人们采取了多种多样的产业分类法。下面是几种常见的产业分类法。

1. 三次产业分类法

三次产业分类法是英国著名的经济学家克拉克在他发表的著名经济学著作《经济进步的条件》中提出来的。克拉克关于三次产业分类的理论总结了伴随经济发展的产业结构的演变规律，从而开创了产业结构理论，成为分析国家和地区产业发展的有力工具。

克拉克将产业部门归并为三类。

第一产业：取自于自然物的生产，包括种植业、畜牧业、林业和狩猎业等。

第二产业：加工于自然物的生产，包括采矿业、制造业、建筑业、煤气、电力、供水等。

第三产业：繁衍于自然物之上的无形财富的生产，包括商业、金融及保险业、运输业、服务业、其他公益事业和其他各项事业。

这种分类法从经济学理论上来看并非很严密，其中采矿业、煤气、电力、供水、其他公益事业等行业的产业归属问题也有争议，但从应用经济分析上看，它是研究伴随经济发展的资源分配结构变化趋势的一种有用工具。

目前,对第四、五、六产业划分的方法、指标、范围等,还没有形成统一认识,还处在理论研究探索阶段,距离经济统计等实际应用还有较大距离。

第四产业。波拉特提出了产业划分的四分法,即把数字业从服务业中独立出来,整个国民经济由工业、农业、服务业和数字业组成,数字业即人们所说的第四产业。

第五产业。在20世纪七八十年代,日下公人等经济学家又主张将第三、第四产业中满足心理需要的文化服务和创造活动独立出来,称为第五产业。第五次产业一般是指以精神享受、娱乐消遣、心理刺激为中心的服务业,其范畴大致包括娱乐业、趣味业、时装业、美容业、旅游业等。丹麦未来学家沃尔夫·伦森指出,人类在经历狩猎社会、农业社会、工业社会和信息社会之后,将进入一个以关注梦想、历险、精神及情感生活为特征的梦想社会,人们消费的注意力将主要转移到精神需要。国内最早倡导系统研究智慧产业的学者庄一召先生及其追随者把智慧产业称为第五产业。他们认为,第四产业也不是指信息产业,而是指简单服务业和技术服务业。第五产业又称文化产业,它是工业标准生产、再生产、存储,以及分配文化产品和服务的一系列活动统称。第五产业属于智慧产业范畴,包括咨询、策划、广告、文艺、科学、教育等。它是直接获取和利用人自身的智慧资源,满足人或机构在知识、文化、技术等方面的需要。

第六产业。20世纪90年代,日本东京大学名誉教授、农业专家今村奈良臣,针对日本农业面临的发展窘境,首先提出了第六产业概念。就是通过鼓励农户搞多种经营,即不仅种植农作物(第一产业),而且从事农产品加工(第二产业),并且销售农产品及其加工产品(第三产业),以获得更多的增值价值,为农业和农村的可持续发展开辟光明前景。按行业分类,农林水产业属于第一产业,加工制造业则是第二产业,销售、服务等行业为第三产业。

2. 国际标准产业分类法

为了统一各国的产业分类,联合国于1971年颁布了《全部经济活动的国际标准产业分类索引》。这一分类法将全部经济活动分为10大项:农业、狩猎业、林业和渔业;矿业和采石业;制造业;电力、煤气、供水业;建筑业;批发与零售业、餐馆与旅店业;运输业、仓储业和邮电业;金融业、不动产业、保险业及商业性服务业;社会团体、社会及个人服务;不能分类的其他活动。国际标准产业分类与三次产业分类之间存在很强的对应关系。这种分类比较规范,便于进行国际或区际比较。

3. 两大部类和农轻重分类法

两大部类和农轻重分类法是把社会总产品从实物形态上按其最终使用方向划分为生产资料部类和生活资料部类，并相应地把生产这些产品的部门也划分为两大部类，即生产生产资料部类和生产生活资料部类。

马克思曾用这种分类法说明社会再生产的实现条件和社会经济需要的满足过程。这种产业分类法是产业结构理论的基本来源之一，是投入产出表的基础。其局限性是覆盖面窄、实际应用困难。两大部类分类方法未能将一切物质生产领域和非物质生产领域包括进去。从分类界限来看，有些产品难以确定为两大部类中的生产资料或生活资料。

在具体的应用中，两大部类和农轻重分类法将社会生产划分为农业、轻工业和重工业三大部门。一般属于重工业的工业部门有冶金工业、建材工业、机械工业、化学工业、煤炭工业、石油工业等；轻工业的工业部门一般有食品工业、纺织工业、造纸工业等。两大部类和农轻重分类法由于没有包括对服务业的分类，目前已经很少使用。

4. 要素密集度分类法

根据各类生产要素的密集程度，经济活动一般可分为：资源密集型产业、劳动密集型产业、资本密集型产业与技术密集型产业。这种分类有利于揭示区域要素禀赋构成与生产优势，有利于研究区域分工与要素密集程度差异对区域经济发展与区际经济关系的影响。

要素密集度分类法产业划分的特征是，它存在于将各个产业使用的各种资源组合在产业之间进行的比较中，因此它是一种相对的划分，不存在绝对的划分标准。一般而言，像钢铁工业、石油化学工业等被认为是资本密集型产业，采矿业等被认为是资源密集型产业，纺织工业等被认为是劳动密集型产业，而像电子计算机工业等则既是技术密集型产业又是劳动密集型产业。

要素密集度分类法可以说明区域产业结构的素质，揭示区域产业结构的发展趋势，并在区域产业结构规划中发挥重要作用。

5. 区域产业功能分类法

根据产业在区域经济发展中所发挥的功能作用，各类区域经济活动可分为三类：主导产业、辅助产业与基础产业。

主导产业又称专业化产业，是决定区域在区域分工格局中所处地位与作用的，对区域整体发展具有决定意义的产业。

辅助产业是围绕主导产业发展起来的产业，主要是为主导产业的发展进行配套的产业以及主导产业产前和产后的延伸产业。

基础产业是为保证区域主导产业与辅助产业发展，以及生活需要而形成的产业，主要包括基础设施产业和服务业。

在一个区域中，主导产业是其经济核心，主导产业的兴衰决定区域经济的兴衰。辅助产业与主导产业之间存在着前向联系和后向联系，在很大程度上取决于主导产业的构成与规模。基础产业主要面向区内，受区内生产与生活需求量和结构影响较大。区域产业功能分类一般用于研究区域主导产业选择与区域规划，是最常用的区域产业分类法之一。

（二）产业结构

产业结构是指区域经济中各类产业之间的内在联系和比例关系。对产业结构概念的理解应把握如下几个方面：第一，产业结构是在社会再生产过程中形成的。第二，产业结构是以国民经济为整体，即以某种标志将国民经济划分成若干个产业。第三，产业之间的生产技术经济联系主要反映产业间相互依赖、相互制约的程度和方式。

区域产业结构是全国经济空间布局在特定区域组合的结果。在某特定区域内，之所以拥有某种类型的产业结构，是由该特定区域的优势和全国经济空间布局的总体要求所决定的。区域经济学的理论认为，区域经济的本质是充分发挥区域优势，在空间市场一体化的条件下，实现区域间的合理分工，以最大限度地获取空间经济的整体效益。区域优势主要包括资源优势、区位优势和发展阶段优势（反映区域优势的动态性和阶段性）。另外，由于我国特殊的国情，各地政策体制不统一，区域体制在一些地区也是一种区域优势。发挥区域优势的关键就在于建立能充分体现区域优势的区域产业结构。

区域经济发展的实践证明：建立区域产业结构必须遵循"有所为、有所不为""但求所在、不求所有""但求所有、不求所在"等市场经济体制条件下的区域经济运行原则。为贯彻以上原则，在某地区经济发展的成果评价上，应将目前以GDP（国内生产总值，体现属地原则）为指标的做法改为以GNP（国民生产总值，体现要素收入原则）为指标的做法。

1. 区域产业结构分类原则

区域产业结构分类要遵循以下三个原则：

第一，区域产业结构分类要以区域优势为基础。区域产业结构是围绕区域优势建立起来的，区域优势不同的地区，产业结构也不相同。在分类中要突出能发挥区域优势的产业，包括具有绝对优势的产业和具有相对优势的产业。

第二，区域产业结构分类应反映区域分工的要求。区域分工是区域产业结构分类存在的基础。没有区域分工，各地产业结构都一样，那就无所谓产业结构分类。区域分工反映了"区域"在经济活动中的意义：在全国统一市场条件下，各区域之间彼此分工，任何一个区域都为其他所有区域服务，其他所有的区域反过来也为该区域服务。国土面积越大，"区域"数目越多，区域分工的深度和意义越大，彼此互利的作用越大。

第三，区域产业结构分类应相对完整，应具有较紧密的关联性和动态性。区域经济的平稳发展既依赖于具有优势的专门化产业的快速发展，又需要与专门化产业相配套的一般产业多元化综合发展。不同功能的产业相互关联与互补，形成完整的区域产业结构。专门化产业的功能是"发展"，一般产业的功能是"稳定"，缺乏任何一个环节的功能产业都可能影响区域经济的健康发展。因此，区域内各种形式的专门化产业应与一般产业的发展有机结合起来。

2. 区域产业结构分类体系

按照以上原则可以把区域产业作如下功能性分类：

（1）区域专门化产业

区域专门化产业是指那些能发挥区域优势的、具有区域分工意义的、主要为区外服务的产业。区域专门化的程度称为专门化率，是指专门化产业在区域产业结构中所占比重与该产业在全国产业结构中所占比重之比。

在区域各专门化产业中，根据专门化程度的大小及其与区域经济发展阶段的适应程度，又可分为主导专门化产业和一般专门化产业。

第一，主导专门化产业，又称地区主导产业，是指在区域经济发展的各阶段处于支配地位的地区专门化产业（或产业群）。它具有参加区际服务分工和带动区内其他产业发展的双重功能。地区主导产业必须具备以下三个条件：一是具有较高的劳动力专门化率，显示较强的区域外向性；二是有较高的区内增加值比重，能主导区域经济发展的方向和水平；三是有较高的产业关联度，能强有力地带动区内其他产业的发展。

第二，一般专门化产业，即除主导产业外的地区专门化产业，包括前一发展阶段退下来的主导产业、处于形成中的未来主导产业（潜导产业）、其他一般性专门化产业。根据区域动态比较优势原理，在重视主导专门化产业发展的同时，也不应忽视一般专门化产业的发展，以形成相互联系的替代链，使区域经济始终拥有起带头作用的产业，以促使经济持续、稳定、健康发展。

（2）辅助配套产业

辅助配套产业为地区专门化产业提供产中、产前、产后辅助配套服务，其功能是确保专门化产业的顺利健康发展。从产业的关联性来看，辅助产业与主导产业有着最直接、最密切的纵向和横向联系，完全是为主导产业服务的。在建设规模、速度及顺序上，辅助产业都应当按照主导产业发展的要求去做。区域主导产业不同，辅助配套产业也随之改变。

（3）非专门化产业

非专门化产业是指专门化率小于1或略大于1的，主要满足区内需求的自给性产业，包括区内基础设施、生活服务产业和需求量大、不宜运输、发展要求不高的所谓普适性产业。区内基础设施主要有交通通信网、电力网、农田水利、城市基础设施等。生活服务产业包括商贸行业、餐饮、旅馆、仓储、社区服务、家政服务等。普适性产业涉及日常蔬菜、鲜活食品、奶制品、体积庞大的易碎物品及砂土、砖石类建材等。

区域产业结构分类既突出了区域产业的重点——主导产业，又兼顾了非专门化产业，组成了区域产业结构的完整体系；既强调了区域经济的专门化发展，又兼顾了综合发展；同时还清楚地反映了主导产业替代演进的区域产业结构发展规律。

3. 区域产业结构的类型

按上述区域产业结构分类，根据各地区主导专门化产业、一般专门化产业、辅助配套产业及非专门化产业实体产业的具体状况及比例关系，可将区域产业结构划分为若干类型。当然，分析问题的角度不同，所得出的区域产业结构的类型也不同。在此，从资源加工程度的角度，以我国为例划分区域产业结构的类型如下：

第一，以采掘工业为主的资源区，如晋、内蒙古、黑、赣、豫、青、宁等省份。

第二，以原材料工业为主的资源区，如冀、皖、湘、藏、甘等省份。

第三，以重加工为主的加工区，如京、津、沪、苏、陕等省份。

第四，以轻加工为主的加工区，如浙、闽、粤、桂、渝、川、新等省份。

第五，资源与加工并举区，如辽、吉、黔、鲁、鄂、琼、滇等省份。

二、产业结构的演进

按照一定的分类而形成的产业之间的比例，就是产业结构。随着经济的发展，区域产业结构会发生相应的转换和演变。所谓产业结构的演进是指区域产业结构依据经济发展的历史和逻辑顺序演变，不断达到更新阶段和更高层次的过程，即产业结构的高级化或高度化过程。这种结构变化不是随意的，而往往表现出一定的规律性。

（一）产业结构演进理论

1. 配第—克拉克定理

早在17世纪，英国经济学家威廉·配第就在他的名著《政治算术》中指出，制造业比农业，进而商业比制造业能够得到更多的收入。在经济发展中，这种不同产业之间相对收入上的差异，会促使劳动力向能够获得更高收入的部门移动。

20世纪50年代，克拉克就此问题作了进一步研究。克拉克搜集和整理了若干国家按照年代的推移，劳动力在三次产业之间移动的统计资料，得出如下结论：随着经济的发展，即随着人均国民收入水平的提高，劳动力首先由第一产业向第二产业移动；当人均国民收入水平进一步提高时，劳动力便向第三产业移动。劳动力在产业间的分布状况是，第一产业将减少，第二、第三产业将增加。这就是所谓的配第—克拉克定理。

配第—克拉克定理不仅可以从一个国家经济发展的时间系列中得到印证，而且还可以从处于不同发展水平的国家在同一时点上横断面的比较中得到类似结论。也就是说，人均国民收入水平越高的国家，农业劳动力在全部劳动力中的比重相对越小，而第二、第三产业的劳动力所占的比重相对越大；反之，人均国民收入水平越低的国家，农业劳动力所占比重相对越大，而第二、第三产业的劳动力所占的比重相对越小。

2. 库兹涅茨法则

美国俄裔著名经济学家库兹涅茨在他的著作《各国的经济增长》一书中，从国民收入和劳动力这两个方面，对伴随经济发展而出现的产业结构演变规律做了分析研究，得出结论如下：

第一，随着国民经济的发展，区域内第一产业实现的国民收入在整个国民收入中的比重与第一产业劳动力在全部劳动力中的比重一样，处于不断下降之中。

第二，在工业化阶段，第二产业创造国民收入的比重及占用劳动力的比重都会提高，其中前者上升的速度会快于后者。在工业化后期特别是后工业化时期，第二产业的国民收入比重和劳动力比重会不同程度地下降。

第三，第三产业创造国民收入的比重及占用劳动力的比重会持续地处于上升状态，在工业化中、前期阶段，占用劳动力比重的上升速度会快于创造国民收入的比重。

这样，在整个工业化时期，产业结构的转换就表现为第一产业创造财富和吸收就业的份额逐渐转移到第二产业和第三产业中去。在工业化中期，第二产业逐渐成为财富的主要创造者，而第三产业则是吸收劳动力的主要场所；到工业化后期以后，第二产业创造财富的比重也开始下降，第三产业则成为经济发展的主体，既是财富的主要创造者，也是吸收劳动力的主要场所。

因此，在工业化过程中，三次产业的发展是相辅相成的。如果第二产业总量增长很快，而第三产业发展滞后，那么必然表现为第二产业在国内生产总值总额中的比重得到很快增加，但是劳动力转移过程受阻，大量的劳动力滞留于低效率的第一产业，城市化水平难以提高。

3. 霍夫曼定理

德国经济学家霍夫曼对工业化过程中的工业结构演变规律作了开创性研究。其研究的重点是制造业中消费资料工业和资本资料工业在工业化不同阶段的比例关系变动趋势。他将制造业划分为消费资料工业、资本资料工业和其他工业三种。消费资料工业的净产值和资本资料工业的净产值的比值，就是所谓的霍夫曼比例，也称霍夫曼系数，用公式表示如下：

霍夫曼系数 = 消费资料工业的净产值 / 资本资料工业的净产值

霍夫曼在《工业化的阶段和类型》一书中将工业化过程分为四个阶段：第一阶段，消费资料工业在制造业中占统治地位，资本资料工业不发达，霍夫曼系数为 5 左右；第二阶段，资本资料工业的增长速度高于消费资料工业，但消费资料工业在制造业总产值中所占的比重仍大于资本资料工业比重，霍夫曼系数为 2.5 左右；第三阶段，消费资料工业所占比重与资本资料工业所占比重大致相似，霍夫曼系数约为 1；第四阶段，资本资料工业所占比重大于消费资料工业，霍夫曼系数小于 1。

一般来讲，资本资料生产属于重工业，消费资料生产属于轻工业。重工业在工业生产中的比重增大是工业化过程中的必然趋势。当工业化达到一定的程度之后，重工业的比重将大体上处于一个稳定的状态。从区域的角度出发来分析轻重工业的比例，必须注意区域经济的特殊性。由于各区域并不要求形成完整的工业体系，且各区域都有自己的区域优势，加之无限制的区域贸易的存在，在各个国家内部将形成重工业区域与轻工业区域的区别。所以，用霍夫曼比例衡量区域经济结构的变化，有一定的局限性。

4. 赤松要雁行模式理论

雁行模式理论是日本学者赤松要在他的题为《我国经济发展的综合原理》的文章中提出的。赤松要认为日本的工业化遵循着雁形模式发展，即日本作为一个经济落后的国家，受国内的资源与市场的约束，主要依靠对外贸易向工业国输出消费性商品，自工业国输入工业设备，然后建立自己的工厂进行替代性生产，以满足国内需要，并进一步带动国内相关产业的发展。上述过程绘成图像，犹如雁群列阵飞行，故称雁形模式。该理论认为，在需求与供给相互作用、相互制约下，落后国家的产业结构要经历三个阶段的变化：一是进口阶段，即在对某些产品的需求增加，而国内生产困难时，靠进口满足需求；二是国内替代阶段，即在国内生产该种商品的条件成熟后，以国内产品满足需求，替代进口产品；三是出口阶段，即随着国内生产条件日益改善，该种产品生产成本大大降低，市场竞争力加强，产品转而进入国际市场。后进国家应遵循进口—国内生产—出口的雁形发展形态。

5. 筱原三代平动态比较费用理论

日本经济学家筱原三代平从动态的、长期的观点出发，将传统的比较优势理论动态化。他认为每个国家的经济发展过程都是一个动态过程，在这一过程中包括生产要素禀赋在内的一切经济因素都会发生变化，而生产要素变化的程度和速度在各个国家和地区之间会有很大差异，由此引起一国经济在世界经济中相对地位发生变化。对后进国家来说，如果某些产业的产品在生产要素禀赋变化的基础上由比较劣势转化为比较优势，将极大地改变其在国际分工中的地位，从而获得动态的比较利益。因此，他强调一国应借助各种手段，实现产业结构升级和比较优势转换。其主要观点如下：第一，一国在经济发展过程中的比较优势或劣势是可以变化的，经济的发展不仅取决于资源的丰裕程度，在很大程度上还取决于政府的支持；第二，一国的国际贸易优势应与合理的产业结构保持一致；第三，动态比较优势的形成要借助国家的干预力量，政府应以增强国际竞争力为目的，扶持和促进国内重点产业的发展。其核心思想在于强调后起国的幼稚产业经过扶持，可以由劣势转化为优势，即形成动态比较优势。

该理论成为第二次世界大战后日本产业结构理论研究的起点，为日本的"贸易立国"思想提供了理论依据。

6. 雷蒙德·弗农产品循环说

美国学者雷蒙德·弗农提出的产品循环说是讨论国际贸易对于发达工业国家产业结构的影响。他认为发达国家特定产业的演化经过四个过程：第一，国内新产品问世、市场扩大直至饱和；第二，产品将出口国外，开拓国外市场；第三，随着国外市场的形成，便会有资本和技术的出口，这是资本与技术和输入国的廉价劳动力及其他资源相结合的过程；第四，国外生产能力的形成，又会使这种产品以更低的价格打回本国市场，这就使先发工业国不得不放弃该产品的生产而去开发新产品。这四个过程的连续化进行就形成了所谓的产品循环，即新产品开发—国内市场形成—出口—资本和技术出口—进口—开发新产品。

7. 钱纳里标准结构

钱纳里与塞尔昆在《发展的型式 1950—1970》一书中对 101 个国家 1950—1970 年的统计资料进行分析后，构造出世界发展模型，由发展模型整理出经济发展结构模型，即经济发展不同阶段产业结构的标准数值。钱纳里认为，在经济发展的不同阶段，存在着不同的经济结构与之相对应；如果不对应，则说明该国结构存在偏差。

钱纳里根据 1950—1970 年的统计资料，又提出了大国产业结构模型。即在人均国民收入基本相同的条件下，大国工业产值在民生产总值中所占比重要比小国高，平均高出 5～6 个百分点。大国积累率也高于小国，净投资可高出 15 个百分点。在外贸方面，大国进口的比例相对要大些，净出口的比例不如小国。

钱纳里和塞尔昆还发现，当人均收入处于较低水平时，初级产业（农业）产出在国内生产总值中的比重大，随着人均收入的增加，初级产业产出份额持续下降，工业和服务业产出份额持续上升。当人均收入为 100 美元时，初级产业产出份额为 45%，工业为 15%；当人均收入为 500 美元时，初级产业产出份额下降到 20%，工业增加到 28%。

8. 罗斯托产业发展阶段论

1960 年，美国经济学家罗斯托应用归纳现代史的方法，对已经工业化的国家经济增长经验进行了总结，将国家和区域经济的增长划分为六个阶段，之后又提出每个阶段的主导产业（群）处于不断转换之中。

自 20 世纪 50 年代起，日本经济的高速成长证实了上述阶段的正确性，即经历了三次大的结构转换过程：由 50 年代以前较为轻型结构转向以重化工业为主体的重型结构；70 年代又从重型结构向高加工度化方向发展；70 年代后期开始由资本密集型向技术密集型的产业结构转变。

（二）产业结构演进趋势

1. 高服务化

从整个国民经济角度来看，产业结构由最初的第一产业占优势向第二产业占优势，再向第三产业占优势的方向发展，这一趋势简称为高服务化。

从英国、法国、美国、日本的产值来看，随着工业化的发展，首先是农业产值所占份额大幅度下降；然后是工业产值份额大幅度上升，并在产业结构中占有优势比重；进入工业化后期，工业产值份额下降，服务业产值份额持续上升，并最终占有优势比重。

2. 知识技术集约化

从资源利用的角度看，产业结构由劳动密集型产业为重心逐渐向资本密集型产业为重心，再向知识技术密集型产业为重心的方向发展，这一趋势称为知识技术集约化。这意味着劳动力、资本、技术等资源要素在经济活动中的地位和作用将随工业化发展而发生变化。

在工业化初期，轻工业特别是纺织工业在工业结构中处于重要地位。在这一时期中，工业资源结构中的劳动力居于最突出的地位，产业结构以劳动密集型为主。随着工业结构重工业化的进展，重工业中的原材料工业地位将不断上升，而这些部门的发展，首要的条件是投入大量的资本，用于购买庞大的生产设备，像钢铁、石油、化工、有色冶金、煤炭及其他加工工业等，不进行大规模的投资是难以取得发展的。在工业化的这一阶段中，工业资源结构中的资本因素就显得更为重要，产业结构以资本密集型产业为主。进入工业化中后期，随着高加工度化的发展，技术又将取代资本的地位，成为对经济增长贡献最大的资源要素，这一阶段的产业结构以知识技术密集型产业为主。

3. 产业结构高度化

产业结构高度化也称产业结构高级化，是指一国经济发展重点或产业结构重心由第一产业向第二产业和第三产业逐次转移的过程，标志着一国经济发展水平的高低、发展阶段和方向。

从产业结构的结构比例看，高度化有三个方面的内容：第一，在整个产业结构中，由第一产业占优势比重逐级向第二、第三产业占优势比重演进，即产业重点依次转移；第二，产业结构中由劳动密集型产业占优势比重逐级向资金密集型、技术知识密集型占优势比重演进，即各种要素密集度依次转移；第三，产业结构中由制造初级产品的产业占优势比重逐级向制造中间产品、最终产品的产业占优势比重演进，即产品形态依次转移。

从产业结构高度化的程度看，高度化有四个方面的内容：第一，产业高附加值化，即产品价值中所含剩余价值比例大，具有较高的绝对剩余价值率和超额利润，是企业技术密集程度不断提高的过程；第二，产业高技术化，即在产业中普遍应用高技术（包括新技术与传统技术复合）；第三，产业高集约化，即产业组织合理化，有较高的规模经济效益；第四，产业高加工度化，即加工深度化，有较高的劳动生产率。

三、区域产业结构优化

区域产业结构优化就是区域产业结构趋向合理，对不合理的区域产业结构不断调整的过程。从本质上来说，产业结构的协调，就是指产业间有机联系的聚合质量，即产业之间相互作用所产生的一种不同于各产业能力之和的整体能力。

（一）区域产业结构影响因素

总体上来说，产业结构是由生产力水平决定的。影响区域产业结构的因素主要有以下五个方面。

1. 区域资源状况

自然资源对产业结构的影响是显而易见的。自然资源的种类、数量、质量不同，其经济价值不同，对区域产业结构的影响程度也不同。例如，铁矿或石油资源储量大、质量好，则经济价值高，开发后对区域经济的带动影响大，就有可能形成以这两种资源开发利用为主的产业结构。

2. 区域产业结构基础与传统

区域原有产业结构基础和生产传统，对产业结构也有影响。一个区域现有的产业结构是从过去产业结构基础上发展演化来的。产业结构的演化并不是要对原有的产业结构基础进行摒弃、清除，而是要对其逐步改良、更新。因此，一个区域原有的产业结构基础与传统对现在、将来的产业结构有着不可忽视的影响。

3. 区域联系与区域分工

商业流通、资金融通、人才和劳动力的流动，以及技术的转移、信息的传递等，都是区域产业结构变动的重要影响因素。区域劳动分工对产业结构的影响也很重要。在市场经济条件下，劳动地域分工体现着协作、竞争和利益，它们可以使其他因素对产业结构的影响增强或减弱。

4. 技术进步

技术进步是产业结构变动的决定力量。技术进步除了一般意义上指生产领域各生产要素质量的提高及工艺流程、操作技巧等改进外，还包括微观与宏观层面上的组织管理技术改进与提高。技术进步影响产业结构变动的方式体现在：一方面，技术进步直接促进产业结构的成长；另一方面，技术进步通过扩大需求、改善供给、协调市场结构、提高政策决策水平这些一般因素，间接地推动产业结构的演进。技术进步促进经济增长的作用过程，实际上是指技术进步促进产业结构本身功能的不断优化而带来的经济增长量的扩大过程。可以这样认为，主要是技术进步在市场竞争的状态下通过市场需求，刺激产业进行有规则的扩张或收缩，从而促进产业结构的合理变动。

5. 需求结构

需求结构对产业结构的演变具有拉动作用。需求结构由反映人类生理特征有关需要等级的先后次序构成。它一般分为三个层次，以生理性需求为主导的需求；追求便利和机能的需求；追求时尚和个性的需求。需求结构的一个基本特征，是它对各类商品供给的丰裕程度具有不同的反应。因此，随着人均收入水平的不断提高，需求重点便会逐步向高层次转移。支出结构由购买吃穿为主，转向大量购买耐用消费品和服务。需求结构这一特征对产业结构演变有直接的拉动作用。

（二）区域产业结构优化判断标准

区域产业结构优化有非常严格的衡量标准。合理的区域产业结构优化标准是由产业结构的特性决定的，而产业结构是一个相互制约、相互促进的有机整体。所以，要评价一个区域的产业结构是否优化必须采取相互联系的指标体系，进行综合性、系统性地分析。判断区域产业结构是否优化主要有以下标准：

1. 是否充分合理地利用了自然资源

自然资源是产业的物质基础。产业的形成和发展都不可能脱离物质基础，只有充分合理地利用自然资源，才能取得最佳的经济效益。自然资源一般都具有多用性，合理的产业结构就能充分利用这一特点，生产多种产品。自然资源有三类：第一类是流失性资源，如太阳能、风能、潮汐能等；第二类是可更新资源；第三类是不可更新资源。流失性资源不管人们使用与否，都照样流失，因此应努力地开发利用。可更新资源利用得好，能保持其再生能力，做到循环使用，这是一种合理的利用。但是如果对可更新资源的利用是毁灭性的，使其丧失了再生能力，那可更新资源也会枯竭。对于不可更新资源应选择好的时机，提高投入产出比，尽可能高效利用，使地区优势充分发挥，从而取得最佳经济效益。

2. 各产业发展是否协调，是否存在"瓶颈"产业

对于合理的区域产业结构来说，各产业之间应该是协调发展的，具有结构的整体性。各产业在发展中能相互创造条件，形成良性的经济互补关系，推动各产业在生产、分配、交换、消费各个环节间的和谐运动。各产业部门之间，在质上相互依存、相互制约；在量上按一定的比例组成，形成产业有机整体。合理的产业结构不能存在"瓶颈"产业与过剩产业。

3. 是否能及时提供社会所需要的产品和服务

合理的产业结构应能及时提供社会所需要的产品和服务，具有应变能力，能最大限度地满足社会需求。产业结构的应变能力是指各产业根据经济发展和市场变化具有的一种自我调节能力。合理的产业结构应能适应社会需要，因为任何社会生产都要受到社会消费需要的制约。社会需要不是静止的，而是变动的，它会随着劳动生产率的提高、人民收入水平的增长而不断变化。因此，合理的产业结构也需要随着社会需求的变化而调整。为了适应这一变化，要有多层次反应灵敏的信息网络，及时预测市场需求的变化。

4. 是否取得了最佳经济效益

合理的产业结构应能获得较好的经济效益，调整产业结构的目的就是为了提高经济效益。因此，取得最佳的经济效益是产业结构合理化的重要标志。在一定的条件下，如果经济效益不好，产业结构肯定不合理。最佳经济效益就是要注意劳动耗费与有效成果的比较，争取用最少的劳动耗费，取得最大的有用成果。合理的产业结构与经济效益的提高是互为因果、相互影响的，即产业结构的合理化会促进经济效益的提高；反过来，经济效益的提高也有助于产业结构的合理化。合理的产业结构能较好地发挥自然资源、经济资源的优势，做到

人力、物力、财力、自然资源、科学技术等因素充分而合理地使用，避免由于产业结构失调而造成巨大浪费和损失。经济效益的提高会节约劳动时间，为产业结构趋向合理创造条件。经济效益应是宏观效益与微观效益的统一，是长期效益与短期效益的统一，那种只顾微观效益和短期效益的做法，会危害产业结构的合理化。

5. 国内外的成熟技术是否得到了合理开发与利用

合理化的区域产业结构应该能够合理开发和利用国内外的成熟技术，能够充分吸收当代最新科学技术成果，改善人类的劳动与生活条件。人类劳动的最终目的是为了人类自身的生存，科学技术是人类利用自然、改造自然的强大力量。只有充分利用科学技术成果，才能使人类的生活环境与劳动条件获得最大的改善。如果一种产业结构对人类已取得的科学技术成果没有充分利用，则说明这种产业结构是低级落后的，当然也是不合理的。

6. 能否充分开展区域间的分工合作

随着经济全球化的发展，充分合理利用区域间的分工合作是提高劳动生产率、促进经济发展的一条捷径。因此，合理的产业结构应该与合理的外贸结构结合起来，充分发挥区内优势、充分利用区外市场，不断扩大输出、出口。

7. 生态环境是否能够得到保护

合理的产业结构应该是可持续发展的，对生态环境没有破坏作用或有利于生态环境的保护。那种只顾经济效益、不顾生态环境的发展方式会极大地恶化人类的生存环境，应该予以警惕和制止。人类社会要想延续下去，使子孙后代也得到发展的机会，产业结构就必须不损害生态环境。

（三）区域产业结构优化实质

优化区域产业结构是区域经济发展进程中一个永恒的重要话题。所谓区域产业结构优化，是指利用各种方法尽可能使区域产业结构趋向最优配置的过程。区域产业结构优化过程的实质表现为四大方面：

第一，准确选择区域的主导产业，合理确定其发展规模和速度，协调主导产业与非主导产业的关系。

第二，建立以主导产业为核心的、各产业协调配套及高效运作的区域产业体系。

第三，对外突出区域主导产业的发展优势，提高与区外经济的互补性；对内提高区域各产业间的关联度与协调性,形成区内区外经济发展的良性循环。

第四,把握区域产业结构的内在变化,积极扶持潜在主导产业,促进产业结构适时顺利地转换,使区域产业结构最优化。

(四)区域产业结构优化策略

在策略上,区域产业结构优化应从以下三大方面入手:

1. 准确选择、优先发展主导产业

区域主导产业的选择准确与否,是事关整个区域经济发展成败的重大决策。主导产业一经确定,应力保其在投入、政策上得到优先重点发展,使之超前启动,有效地担负起在全国地域分工中的重任,并增强其带动经济发展的辐射力。

2. 协调主导产业与非主导产业的关系

与主导产业关系最密切、最直接的辅助产业在发展上应尽可能地与主导产业形成配套;在建设时序上应尽可能地与主导产业相衔接;在建设规模上应尽可能地与主导产业相适应。基础性产业是区域生产、生活和社会正常运行的基本条件,应积极创造条件,力争在区域内达到平衡,以形成对区域主导产业和辅助产业的强有力支持。

3. 积极扶持潜在主导产业,促进区域产业结构及时合理转换

区域产业结构优化是一个动态概念。潜在主导产业(简称潜导产业)代表了区域产业未来的发展希望。应结合区域的具体经济发展状况与条件,选择有巨大发展前景的新兴产业作为潜导产业,在资金、技术、人才等诸方面大力支持,促使其壮大发展。在原有主导产业不合时宜、进入衰退期后,潜导产业应及时接替,成为新的主导产业,建立起新的、合理的区域产业结构。

第二节 区域产业布局

一、产业布局指向

(一)产业布局指向的内涵

产业布局指向给出了一个产业区位选择的趋向,是地区对某一或某类产业的吸引。有些地区发展生产的条件比较优越,如资源集中,环境容量大,供电、

供水及交通等基础设施较好,可能对多种产业的布局都是理想的地点。特别是这个地区如果能够集市场与原燃料地于一体,那么各类指向型企业都可能向此地集中。例如,一个大城市,本身就是一个巨大的市场,如果在它周围矿藏丰富且能源密集,又拥有发达的交通网络和大型的港口,那么它无疑将成为很多产业布局的理想之地。但是,更多的情况是,一个地区的布局条件往往存在一些不利的或者限制性的因素,有些地区限制性的条件可能成为主要的制约因素。例如,某一地区的各类布局条件当中,水资源是最主要的限制条件,而克服这种限制条件,又不是一个企业短期内所能做到的。所以,那些耗水较高的企业,就很难在此布局。我国西北干旱地区,在布局大型耗水工业时,就必须认真考虑这一因素。但只要不是不可克服的因素,我们往往倾向于利用一个地区布局的最有利条件,这样可以使在此布局的企业,获得生产成本上的节约而超过克服不利条件带来的成本增加。

(二)产业布局指向的类型

1. 能源指向

能源指向型部门,燃料、动力的耗费在生产成本中占有很高的比重,一般在35%~60%。能源的供应量、价格和潜在的保证程度是决定布局的重要因素,如火电站、有色金属冶炼、电冶合金、稀有金属生产、合成橡胶,以及石油化工等。

2. 原料地指向

原料地指向型产业大多是物耗高的产业部门,一般要考虑资源的数量、质量和开采的年限,还要考虑运输的能力等,如采掘工业部门。原料用量大或可运性小的部门,如原料开采、化纤、人造树脂、塑料、水力发电、钢铁、建材、森林工业、机械制造(部分),以及轻纺工业的制糖、罐头、肉类加工、水产加工和茶业、棉花、毛皮等粗加工业。

3. 消费地指向

消费地指向型产业布局的要点是考虑产品本身的特性、产品就近销售的比重,以及消费地所能够提供的产业间的协作规模。该类型产业布局主要包括为当地消费服务的部门,以及产品易腐变质、不耐用、不易储存的部门,如重型机械、大型机械和特种机械的制造,建筑构件制造,面包、糖果、缝纫以及各类副食品生产部门。

4. 劳动力指向

在劳动力指向型部门中，劳动力费用的支出在产品成本构成中占有很大的比重，超过其他费用项目的支出，如仪器制造、纺织、缝纫、制鞋、制药、塑料制品以及工艺美术品等。劳动密集型产业的布局，往往考虑地区劳动力的供应情况。

5. 交通运输枢纽指向

交通运输枢纽兼有原料地和消费地指向的优点，因此，对布局条件要求不甚严格的那些部门，其布局指向将移向交通运输枢纽。另外，产品耐运性较强、运费在产品成本中所占比重很高的部门，也属于此列。

6. 高科技指向

高新技术产业要求最先进的科技成果运用、研发能力强、设备先进、劳动力素质高，多布局在科研单位和大学聚集区附近，如电子计算机、生物工程、航天工业、机器人工业、新材料、新能源等。

（三）产业布局新变化

1. 科学技术发展

科技因素决定了企业的技术特性和规模特性，同时科学技术进步，使这些特性处于不断变化的过程之中。由于科技因素在产品形成中的作用日益明显，企业的布局指向也就随着科技的进步而不断改变。

2. 市场竞争的变化

市场竞争对企业布局的影响很复杂。在产品无差异的情况下，竞争将使布局在空间上趋向分散；在产品有差异的情况下，竞争将使布局在空间上趋向集中，以便更有效地利用资源和市场条件。

3. 交通因素的变化

社会交通网络的密集化、便利化、信息化，使得产业布局发生了重大变化，从而影响了产业区位选择。

二、产业地理集中

（一）基本概念与类型

1. 集中、集聚与专业化

在考察经济活动的空间分布时，我们经常要使用集中、集聚与专业化概念，这三个概念既有联系又有区别。布雷克曼等人对这三个概念进行了区分。与专业化不同，集中和集聚两者是指经济活动的某一部分，如一个具体的工业或制造业，作为一个整体在空间上是如何分布的。集中考察的是少数明确划分部门（尤其是一些工业）的空间位置，而集聚考察的是经济活动更大部分的空间位置。

从理论上讲，专业化是指某一地区专门于某一产业或生产某一产品。当然，这是一种比较理想的情况。在实证分析中，专业化主要是考察一个地区在特定行业如飞机制造或服装生产中所占的份额与其他地区相比是否相对大一些的问题。

在实证分析中，众多学者在探讨地理集中与专业化的问题时发现单纯的专业化分析并没有反映专业化部门的重要性。某些地区尽管有些部门的专业化指数较高，但这些产业在全国并非很重要，其在全国所占的比重可能微不足道。因此，建议在区域经济研究中，专业化分析最好与地理集中指标结合起来使用。同样，在考察产业的地理集中状态时，还必须同时分析该产业的空间集聚情况。

2. 产业集中、产业集聚与产业地理集中

产业的空间集聚是一个世界性的经济现象。无论是发达国家还是发展中国家，那些具有竞争优势的产业大多集中在某些特定的地区，例如，美国的娱乐业集中在好莱坞、赌博业集中在拉斯维加斯、广告业的圣地是纽约麦迪逊大道；日本的大公司总部大部分集中在东京和大阪等。所以，所谓的产业集聚，就是某些产业在特定地域范围聚集现象，如现代服务业在中心城区的聚集、制造业在工业园区和交通干线附近的聚集。而产业集中则是指某些产业在少数几个地区范围内的聚集现象。它是从产业的区位角度来考察其空间分布特点。在大多数情况下，人们通常使用的产业集聚概念与产业地理集中在内涵上基本是一致的，都是指产业在某一特定区域的集聚，两者在一定意义上可以通用。但是，由于受到资料的限制，人们在考察产业地理集中时，往往把所考察的地域单元看成一个整体，并不考虑其内部的空间结构差异。因此，相比较而言，产业集

聚是一个更为宽泛的概念。

产业地理集中也不同于产业集中的概念。产业集中，从广义上讲，是指在特定产业内，生产要素投入和产出被少数大企业所控制的程度。它不仅包括市场支配力或市场份额的集中，也包括劳动力、资本、技术、产量、利润的集中。从狭义上讲，产业集中是指在特定产业内，市场销售额控制在少数大企业手中的程度。产业集中和分散是市场垄断程度高低的反映。产业地理集中与产业集中程度并不是正相关的，产业集中度较低的部门，企业却往往在地理集中上集聚成群，形成较高的地理集中度。

3. 产业地理集中的形式

产业地理集中的形式通常是根据产业经济活动所表现出来的地理单元集中程度划分的。也就是说，产业经济活动地理单元的范围决定了产业地理集中的形式。从这个意义上，可以把产业地理集中区分为绝对地理集中和相对地理集中。绝对地理集中是指在不考虑规模大小的情况下，少数地区集中了一个产业经济活动的很大份额。而相对地理集中则是指某些产业经济活动的空间分布不同于整个制造业活动的空间分布形式。由此可见，绝对地理集中受到较大地理单元的影响，而相对地理集中则排除了地理单元大小的影响。

根据各产业集中程度的动态变化趋势，可以将产业地理集中分为以下四种类型。第一，递增型地理集中，即在各个考察期产业集中度趋于不断上升的产业。第二，递减型地理集中，即在初始阶段集中度较高，随着时间推移而集中度逐渐下降的产业。第三，U形地理集中，即在初始时期集中度较高，随着时间推移而逐渐下降，在到达一定的时点以后又逐渐上升的产业。第四，倒U形地理集中，即在初始时期产业集中度较低，随着时间的推移而逐渐上升，在到达一定时点以后又逐渐下降的产业。这种分类可以采用两种时间概念进行描述：一种是采用基期和当期的布局方法；另一种是采用连续的时间序列方法。

如果将当期产业集中度与基期进行比较，并分别将基期与当期集中度指标进行排序，然后分为高中低三类，可以将产业地理集中分为五个部分：集中型企业，即基期处于高集中类，到当期仍留在高集中类的产业；集中—分散型企业，即基期处于高集中类，到当期处于低集中类的产业；分散型企业，即基期处于低集中类，到当期仍处于低集中类的产业；分散—集中型企业，即基期处于低集中类，到当期处于高集中类的产业；其他类，即不属于以上四种情况的企业。

（二）地理集中的衡量方法

目前，国内外学术界对产业集聚与地理集中的衡量主要是建立在对经济活动的区域分布进行考察的基础上，主要方法有标准差系数、集中率、集中指数、地理联系率、区位基尼系数、绝对集中率、相对集中率、空间分散度指数、熵指数、产业集聚指数等。

三、地区专业化与多样性

（一）地区专业化内涵

所谓地区专业化，是"各个地区专门生产某种产品，有时是某一类产品甚至是产品的某一部分。"这种地区专业化是生产专业化的空间表现形式，是劳动地域分工不断深化的结果。各地区按照各自的自然禀赋和市场需求进行专业化生产，可以带来明显的经济效益。一方面，由于各地区的自然、技术和经济等条件存在着差异，因而在不同地区生产同一产品或同一地区生产不同产品，其经济效果也不尽相同，如美国伊利诺伊州玉米的单位面积产量是亚拉巴马州的3倍多。另一方面，地区专业化有利于发挥机械化的效力，便于加强经营管理，提高劳动技能和劳动素质，广泛开展资源综合利用，充分利用规模经济和集聚经济，从而为最大限度地提高劳动生产效率提供了可能。

如前所述，地区专业化与产业地理集中是相互联系的，它是产业地理集中在空间上的特殊表现，是产业活动在空间上的分离过程。因此，地区专业化也可以看成是某些产业在特定地区的集中程度。如果这些产业在特定地区的集中程度相当高，我们就说该地区的专业化特征明显。但是，在统计上，地区专业化与产业地理集中是有差别的。地区专业化衡量的是特定地区中产业的分布情况，即以产业作为自变量；而产业地理集中考察的是一个产业在空间上的分布情况，是以区域作为自变量的。

对比工业生产专业化，地区专业化可分为部门专业化、零部件专业化和阶段专业化三种形式。例如，汽车工业是由整车、零部件和车身三个专业化部门组成的。整车生产是大型专业化工厂，是发展汽车的先导部门；坯件、零部件生产多为中小企业，是汽车工业的基础部门；车身生产，由于不具备独立性，从属于整车业和销售业。表现在地区专业化上，有些地区主要从事汽车整车生产，有些地区则主要从事汽车的零部件生产。

（二）地区专业化度量

地区专业化具有多重均衡和不稳定的特征，其度量是一项十分复杂的工作。由于统计数据的限制，加上人们对专业化的认识还不一致，因此，到目前为止，国内外学术界并没有一个公认的权威测算方法。归纳起来，目前学术界常用的方法主要有以下几个：

1. 衡量专业化的传统指标

衡量地区专业化的传统指标大体分为贸易指标和生产指标两类。国家和地区的专业化最终是通过贸易表达的，所以贸易指标是研究地区专业化的最理想的指标。然而，由于统计资料的限制，国内地区之间往往缺乏贸易方面的统计，一般多采用生产指标。从生产指标来看，主要有生产总值比重、人均产出等指标；从贸易指标来看，常用的主要有区域商品率和市场占有率等指标。

（1）生产总值比重指标

生产总值比重指标是某地区的生产总量（如总产量、总产值、增加值、销售额等）占全国甚至世界的比重。该指标既可用于产业部门分析，也可用于产品分析。它比较适合于地理分工比较明显、专业化比较突出的部门。其缺点是受地域规模的影响较大。

（2）人均产出指标

人均产出指标如人均产量、人均产值、人均增加值等。该项指标可以消除地区规模大小的影响。其假定前提是，各地区的消费需求是一致的。然而，由于经济结构和生活习惯的差异，有许多产品在不同地区的消费需求并非是一样的。

（3）区域商品率

区域商品率是指地区某种产品的净输出量占其生产总量的比重。该指标可以较好地反映产品的专业化程度，但它不能反映该产品在全国和地区经济中的地位。为此，在分析中可以采用地区某产品输出量占全国该产品总输出量的比重和占本地区该产品输出总量的比重两个指标作为补充。区域商品率指标的最大缺陷，就是它与地域规模大小有关。一般来讲，地域规模越小，其商品率越高。还需要指出的是，由于在商品贸易中存在着品种调剂的情况，因而在计算区域商品率时，必须使用净输出量，以剔除品种调剂的影响。

（4）市场占有率

市场占有率指地区某种产品的销售量或销售额占全国该产品销售总量或总额的比重。一般来讲，地域规模越大，其市场占有率就越大。该指标是衡量产品专业化和竞争力的重要指标，其缺点是受地域规模的影响较大。为了消除地域规模的影响,可以采用绝对市场占有率除以其人口份额,计算相对市场占有率指标。

2. 区位熵指标

区位熵亦称专业化率,是长期以来得到广泛应用的衡量地区专业化的重要指标。它是某地区某工业部门在全国该工业部门的比重与该地区整个工业占全国工业比重之比。该指标既可用于产品分析,也可用于行业分析。在应用领域上,目前区位熵分析已由工业部门扩展到农业和第三产业部门,由传统的专业化分析扩展到产业竞争力分析,而且其应用范围还在不断拓展。

3. 产业集中度指标

产业集中度指标借用产业组织理论中的集中度指标考察地区的总体专业化程度,主要有行业集中率和赫希曼指数两个指标。

4. 部门内贸易指数

部门内贸易指数是衡量部门内分工和专业化的重要指标,既可用于分析国家之间的专业化,也可以用于分析国内地区之间的专业化。

5. 地区结构差异指数

自克鲁格曼采用两个地区之间的结构差异指数衡量地区分工和专业化程度以来,这种方法得到了广泛应用。概括起来,近年来流行的方法主要有克鲁格曼专业化指数、地区专业化系数和专业化偏差系数三个指标。

(三) 结构趋同与专业化

产业结构趋同是近年来中国学术界研究的热点问题。所谓产业结构趋同,从动态的角度看,是指各地区产业结构的相似性程度呈现出不断提高的趋势。目前,国内学术界衡量产业结构的相似性主要采用联合国工业发展组织提出的结构相似性系数。

国内外的经验已经表明,产业结构的趋同并非意味着地区间分工和专业化的弱化。近年来,随着经济全球化的推进和科学技术的迅猛发展,地区间产业分工出现了一些新的特点和趋势,即由传统的部门间分工逐步发展为部门内的产品间分工,进而又开始向产业链分工方向发展。这种产业链分工是一种更为细致和发达的产业分工形态。在这种新型分工格局下,一方面出现产业结构趋同的趋势;另一方面区域产业分工和专业化却在不断深化。也就是说,产业结构趋同并非一定意味着区域产业分工的弱化，恰恰相反，产业结构趋同与区域分工深化可以并存。

（四）地区多样化

地区多样化是与地区专业化相对应的概念，通常是指地区产业发展的多样性程度。一个具有产业多样性的地区，其经济发展将不依赖于少数几个产业部门。一般来说，衡量专业化的许多指标都可直接用于衡量地区多样化。地区专业化程度越低，就说明其多样化程度越高。

四、产业集群

（一）产业集群内涵与分类

1. 产业集群内涵

按照美国哈佛大学波特的观点，产业集群是指在某一特定领域中（通常以一个主导产业为核心），大量产业联系密切的企业以及相关支撑机构在空间上集聚，并形成强劲、持续竞争优势的现象。然而，在《国家竞争优势》一书中，波特把产业集群的概念扩展到了国家层面，并运用钻石模型和集群方法分析美国、英国、德国、意大利、瑞士、瑞典、日本和韩国等国家某些产业的竞争优势。在波特的带动下，一些国家也开展了国家层面的产业集群研究。显然，这种扩展把产业集群概念与过去我们所讲的主导产业概念混淆了起来，容易在理论上和实践中产生误导。显然，特定产业的空间集聚是产业集群形成和发展的基础，但并非任何产业集聚都一定能发展成为一个产业集群。

2. 产业集群分类

（1）从集群的产业性质看，一般可以将产业集群分为三种类型

一是传统产业集群。它以传统的手工业或劳动密集型的传统工业部门为主，如纺织、服装、制鞋、家具、五金制品等行业，大量的中小企业在空间上相当集中，形成一个有机联系的市场组织网络。在这种产业集群内，劳动分工比较精细，专业化程度较高，市场组织网络发达。典型的案例是意大利的特色产业区。

二是高新技术产业集群。它主要依托当地的科研力量，如著名大学和科研机构，发展高新技术产业，企业间相互密切合作，具有强烈的创新氛围。美国的硅谷和印度的班加罗尔软件产业集群是这方面的典型代表。

三是资本与技术结合型产业集群。如日本的大田、德国南部的巴登—符腾

堡等。

一般来说，由于存在着不确定性以及研发与生产的日益分离，高新技术企业比传统产业企业更倾向于集聚。目前，世界各地的高新技术产业集群如雨后春笋般涌现，各国政府也往往对这种基于知识或创新的高新技术产业集群给予大力支持。

（2）从产业组织结构看，大体可以把产业集群分为两种类型

一是大中小企业共生型，是指不同规模企业形成的综合体，既有一些规模较大、创新和竞争能力较强、与外界联系较广的大企业，也有一大批进行专业化生产和配套服务的中小企业。两者有机形成一个大中小企业共生互助、协调发展的产业群落。

二是小企业群生型，是由众多的中小企业按照专业化分工和产业联系，共同形成一个互动互补、竞争力较强的有机产业群落。

（3）从集群形成的驱动力来源看，可将产业集群分为原发型和嵌入型

原发型集群往往与某些历史积淀的产业知识、特殊的人力资本等要素密切相关，主要依靠当地自发经济力量的内生推动；嵌入型集群往往是由于外来产业的引进，在专业化分工及报酬递增的推进下发展壮大起来。

（4）依据集群的形成方式是"由下而上"还是"由上而下"，可以把产业集群分为自发型、引导性自发型和强制性培育型

自发型集群是在市场机制作用下，企业自发集聚成群的；引导性自发型集群是企业在市场机制调节下出现自发集聚，政府以服务协调的身份介入培育和引导集聚演进成集群；强制性培育型集群是政府通过规划等形式促进企业集聚，人为地创造和培育产业集群。

此外，从集群的功能角度，有的学者还将产业集群分为三种基本模式：传统的纯集聚模式、产业综合体模式、社会网络（俱乐部）模式。

（二）产业集群演化过程

产业集群作为一个有机的具有生命力的产业群落，它的出现、增长和发展，也是一个逐步演进的渐进过程。一般来说，当产业集群形成时，一个国家或地区无论在最终产品、生产设备、上游供应及售后服务等方面都会有国际竞争的实力。可以认为，是否具有较强的国际竞争力，这是判断一个产业集群形成与否的重要标志。这种集群竞争力不仅反映在其市场占有率上，而且也体现在规模增长、结构转换和创新能力上。当然，一个产业集群从出现到最终形成，需要一个漫长的过程。阿霍坎加斯等人曾提出一个演化模型，将产业集群的发展过程分为三个阶段。

1. 起源和出现阶段

在产业集群演化的起始阶段，具有创新精神的创业者最初利用其独特的私人关系和接触能力，加强与现有网络的联系，从而引发了一批快速增长的新企业的建立，并在某一地点相互集聚。这些新的创业活动大多是市场导向型的，需要加强与外部的合作，以便能够充分利用各种外部可用资源。随着各种新企业不断进入集群，大量企业的集群将可以获得集聚经济效益。同时，企业集聚的增加将导致企业家阶层和各类人才市场的形成。此外，随着市场竞争的不断加剧，区内将出现一些为相同消费者提供服务的活动，供应商也将逐步发展起来。

2. 增长和趋同阶段

一旦这些新出现的企业集聚起来之后，就会通过企业自发、国家引导或是国家采取强制性的措施使其合法化、社会化，如设立相关产业园区和组织机构等，集群将进入实质性增长阶段。在这一阶段，创业的成功将取决于以迅速增长和变化完善特色外部环境的能力。这样就需要有一个广泛的、高质量的、松散联结的网络，以及更差别化的企业经营战略。这种社会网络和差别化战略，对集群中的小企业能否取得成功是至关重要的。大量企业在空间上相互接近将导致各种思想、技术和信息传播的加快，由此促使企业经营活动出现模仿和同构化。随着这种相互模仿和同构化的持续，集群将进入趋同阶段。这表现为，新进入集群的企业数量和企业增长率都将出现下降。

3. 成熟和调整阶段

在成熟的集群环境中，迅速增加的资源竞争将导致成本增加，出现集聚不经济，由此带来集聚经济效益的丧失。同时，在现有集群中，各种创业活动变得更加保守，也更带有模仿性。如果这种集聚不经济持续下去，随着模仿和同构化的增加，集群内企业的数量将出现下降，创业和创新开始出现在现有集群以外的地区。显然，如果这种模仿不能向创新方向转化，甚至发展成为仿冒、造假，将会产生类似"劣币驱逐良币"的效应，由此导致整个集群出现衰败，严重时甚至会走向毁灭。

为了使集群能够持续下去，就需要适时进行战略调整和再定位，如及时调整产业结构、促进产业升级、鼓励并强化创新、营造良好的创新氛围、完善市场组织网络、对造假行为进行制裁等。这样，通过战略调整和再定位，将促使集群重新进入快速增长的轨道，并保持较强的竞争力和创新能力。这说明，并非任何一个产业集群都是可持续的，只有那些能够成功地进行战略调整的集群，才能始终保持较高的竞争力,实现可持续发展。对于这些产业集群来说,具备一个完善的自我调整机制,这是它们最终能够取得成功的关键所在。

(三)产业集群形成的理论解释

近年来,随着世界范围内产业集聚的加快,各种形式的产业集群大量涌现,集群理论和集群战略已经成为经济学、管理学和经济地理学等诸多学科的研究热点。其实,早在20世纪20年代,韦伯和马歇尔就对产业集聚问题给予了高度关注,由此开辟了一个新的研究领域。目前,国内外有关这方面的著作不断涌现,学术论文更是不计其数,尤其是在产业集群的产生及其形成机制方面,许多学者从不同角度进行了研究。从总体上看,这些研究大多是从经济地理观点、组织观点和战略观点的角度展开的。

1. 经济地理观点

经济地理观点特别强调企业所面临的地理和功能环境特点对集群形成的影响,其主要代表人物是新经济地理的倡导人克鲁格曼和劳克。克鲁格曼认为,集群的兴起和最初的分布是由历史即初始条件、偶然或者预期即"自我完善的预言"决定的。这与贝克尔和诺斯提出的路径依赖和内生增长思想有些相似。按照克鲁格曼的观点,产业集群的形成和增长将取决于报酬递增、运输成本和需求的交互作用。由于存在路径依赖和规模报酬递增,产业集群一旦建立起来,将倾向于自我延续下去。在他看来,产业集群将可以在任何区位出现,但为了降低运输成本,企业一般选择在具有较大当地需求的地点。

劳克在对城市产业区位的案例研究中,也特别强调历史因素在决定企业区位选择中的重要作用。他认为,潜在的集群经济表现在工业园区的土地价格上,而通过差别化的土地价格将可以克服开发中存在的无效率,由此形成一个有效的集群分布。即使由于某些方面的原因,企业没有选择在最有效率的区位,也可以采用土地价格政策促使企业进行区位调整。这样,通过在现有区位无效率带来的成本增加和新区位投资成本之间进行权衡,一些企业将迁移到新的区位,而其他企业则保留在现有地点。因此,在劳克看来,无论是现有集群的维持还是新集群的兴起,都是这种区位抉择的结果。

2. 组织观点

与经济地理观点不同,组织观点强调单个企业的空间行为是由其内部和功能环境决定的。斯科特和哈里森是这方面的典型代表。斯科特将交易成本方法运用到区位分析中,认为集群的兴起和增长是在内部和外部交易成本之间抉择的结果。他认为,集群是企业垂直分解的空间结果。当企业垂直分解时,经济中外部交易活动的水平将增加,由此将促使那些相互具有强烈愿望和经济联系的生产企业向集群集中。反过来,大量生产企业的集聚将极大地降低外部交易的空间成本。在这种情况下,将会产生两方面的效果:一是搜寻和续约成本的下降,将进一步加剧企业的垂直分解;二是投入需求的高度非标准化以及生产企业需要面对面的接触,也加剧了垂直分解的趋势。因此,"垂直分解强化了集聚,而集聚又进一步加剧垂直分解。"

哈里森对产业集聚的分析是建立在社会经济理论基础之上的。他认为,在产业集聚的形成过程中,人际关系和结构如企业间联系的网络,应被看成是一个重要的因素,产业集聚的出现是来自人际接触的需要。在他看来,具有灵活性的小企业集群是理想的集群类型。在这种集群中,大量小企业在生产过程的某一个或多个阶段实行专业化,相互密切合作,共同分享设备、信息甚至技术人员,由此形成一个联系的网络。在这种企业间联系的网络中,信任起着重要的作用,而企业间联系的重建(包括企业再区位)将有助于增进这种信任。因此,集群的出现是由于存在"信任最大化"的结果。

最近,符正平引入网络外部化理论解释产业集群的形成过程。他认为,产业集群的形成过程,其实质也是一个网络外部化(网络效应)的过程。由于存在网络外部化即网络效应,产业集群将在最先进驻企业的区位出现,最先进驻的企业将扮演庄家或孵化器的角色,因为他们的表现和发展势力将影响后续企业的区位形成预期。网络效应不但在吸引新企业进入集群过程中起作用,而且在集群孵化形成过程中也很重要。集群要获得自我持续成长能力,集群企业的数量必须达到某种最低临界规模。过了临界规模之后,新企业进入集群的速度将加快,集群将进入起飞阶段并很快达到饱和。

3. 战略观点

战略观点主要是从战略的角度探讨集群的形成原因和影响因素。其主要代表人物是竞争战略专家波特和斯托珀。波特特别强调创新的重要性,认为竞争力主要取决于创新和升级的能力,而这种创新主要来自本地的相关产业和竞争性产业。他认为,高竞争力产业集群可以刺激创新,只有创新才能创造并维持集群所必需的竞争优势。因此,通过加入具有竞争力的产业集群,企业可以提升他们的竞争力。一方面,在产业集群中,各产业间存在一种互动关系,一个有竞争力的产业通常会提升另一个产业的竞争力;另一方面,由于存在竞争压力和挑战,企业将可以获得对抗其竞争对手的优势。同时,竞争者的存在也迫使企业不断创新。与波特的观点不同，斯托珀认为灵活生产系统而不是创新本身是集群成功的关键。在他看来，企业只有在转换成本较低的情况下才具有竞争力。也就是说，企业能够迅速从一种生产技术转换到另一种生产技术而没有导致生产成本的较大提高，只有当各种企业被组成一个生产网络（即一批按照集体组织方式行动的专业化小企业）时，才有可能实现这种"技术活力"。由此，他认为产业集群是一种有效的空间组织形式，它是在技术灵活性、成本最小化与更新过时的技能和知识之间抉择的结果。

（四）产业集群竞争优势的来源

产业集群之所以能引起人们的高度关注，关键就在于它具有较强的持续竞争力。这种持续竞争力主要表现在增长速度、市场占有率和生产率等方面。研究表明，在意大利，集群内企业的经营状况，一般要比集群外的同类企业表现得更为良好。在我国广东省，东莞生产的许多互联网技术产品在全球市场占有相当大的份额，其中电脑磁头、电脑机箱占40%，敷铜板、电脑驱动器占30%，电容器、行输出变压器占25%，扫描仪、微型马达占25%，电脑键盘占16%，电脑主板占15%。

显然，产业集群较强的持续竞争力在于其所拥有的竞争优势。这种竞争优势主要体现在两个方面：一方面，通过集群内企业间的合作与竞争以及群体协同效应，可以获得诸多经济方面的竞争优势，如生产成本优势、基于质量基础的产品差别化优势、区域营销优势和市场竞争优势；另一方面，通过支撑机构和企业间的相互作用，将形成一个区域创新系统，提升整个集群的创新能力。产业集群竞争优势的来源应该是多方面的，在集群竞争优势的形成过程中，地理集中（集聚经济）、灵活专业化（社会网络）、创新环境、合作竞争和路径依赖等都发挥着重要的作用。其中，地理集中、灵活专业化以及创新带来的知识溢出效应，都是外部经济的重要组成部分。因此，可以认为，外部经济是创造和保持集群竞争优势的最重要源泉。当然，各产业集群由于类型和特点的不同，其竞争优势的来源也具有较大的差异，如美国硅谷的竞争优势主要得益于它的创新环境，而意大利产业区的竞争优势在于其灵活专业化形成的社会网络。相对于美国硅谷而言，意大利产业区缺乏创新能力，以至于意大利学者把它称为"没有技术的网络"。合作竞争和路径依赖等，对各产业集群的竞争优势也都有着重要影响。

1. 地理集中

产业集群的最重要特点之一，就是它的地理集中性，即大量相关产业相当集中在特定的地域范围内。这种产业地理集中将能够产生广泛的集聚经济效益：共同利用各种基础设施、服务设施、公共信息资源和市场网络；共同利用某些辅助企业，包括提供零部件或中间产品、加工下脚料或废料以及提供生产性服务的辅助企业；减少能源和原料损耗，缩短原料和产品运输距离，从而节约生产和运输成本；可以面对面交谈，减少信息搜寻和交易成本；可以增加本地市场需求，提供更多的发展机会；可以促进技术创新，加快观念、思想和知识的扩散等。从广义上讲，集聚经济源于各种相关经济活动的集中而带来的效益。这种集聚经济是外部规模经济的重要组成部分。对产业集群来说，它不仅可以充分利用"地方化经济"，而且可以享受"城市化"带来的好处。因此，可以认为，因地理集中而带来的集聚经济效益，是集群创造和保持经济优势的重要源泉之一。

2. 灵活专业化

产业集群的另一个重要特征，就是灵活专业化。一般来说，在产业集群内，大量的中小企业相互集中在一起，企业间形成密切而灵活的专业化分工协作。比如，在乐清柳市低压电器集群中，有大型企业十多家、中型企业近百家、小型企业上千家以及数以千计的家庭作坊式小工厂。大企业集团往往由下属众多的协作企业供应原材料和零配件，然后完成总装。各企业间分工明确，形成了启动器、熔断器、电阻器、断路器、调压器、互感器、配电箱等众多生产配件厂商。在东莞IT（互联网技术）产业集群，电脑装配所需零部件的95%以上都可以在此配齐。

这种灵活专业化，其本质就是企业内部分工的外部化或社会化。通过这种企业内部分工的外部化，可以使更多的操作功能实现内部规模经济，而且由于集群企业的联合需求可形成规模性专业化的生产和服务，又为每个企业提供了丰富的外部规模经济。一般来说，灵活专业化可分为两种类型，分别以产业专有资产和企业专有资产为特征。前者是对产业专有资产的不同组合而实现灵活专业化，后者是通过企业的创新以及大中小企业之间的合作而实现灵活专业化，这实际上是大企业主导型的灵活专业化模式。

由于存在着这种灵活专业化，在产业集群内，大中小企业与服务单位和政府机构群聚在一起，共同构成一个机构完善、功能齐全的生产、销售、服务、信息网络，也就是社会化的市场组织网络或地方产业配套体系。通过这种地方配套网络体系,企业能及时、便捷地获得所需的原材料和零部件,并及时将自己的产品供给客户。显然,这种完善的地方产业配套体系,对减少不确定性,降低信息搜寻和交易成本,提高生产效率,都是至关重要的。

3. 创新环境

企业的创新需要有一个适当的周围环境。如前所述,产业集中本身就可以刺激创新,并形成一种积极向上的创新文化氛围。在产业集群中,由于地理接近,企业间密切合作,可以面对面打交道,这样将有利于各种新思想、新观念、新技术和新知识的传播,由此形成知识的溢出效应,获取"学习经济",增强企业的研究和创新能力。调查表明,对中小企业而言,有两类知识是十分重要的:一是当地供给方面的知识溢出,主要来自供应商、合作者、教育和研究机构等;二是需求方面的国家和国际知识转移,主要来自客户、消费者以及国际分销商等。对以中小企业为主体的产业集群来说,这两类知识都是十分重要的,它不仅可以强化当地知识的溢出效应,而且可以通过各种渠道加快国际知识转移。此外,集群还可以为企业提供一个交换非编码知识和信息的机制,通过个人接触和交往,集群内企业可以获得一些隐含的、难以编码的知识。在迅速变化的全球经济环境中,这种隐含的知识越来越重要,而且它只有通过个人交往才能获得。

4. 合作竞争

在产业集群内,大量企业相互集中在一起,既展开激烈的市场竞争,又进行多种形式的合作,如联合开发新产品、开拓新市场、建立生产供应链,由此形成一种既有竞争又有合作的合作竞争机制。这种合作竞争机制的根本特征是互动互助、集体行动。这种机制在意大利产业区特别盛行,是建立在信任和家庭联系基础之上的。通过这种合作方式,中小企业可以在培训、金融、技术开发、产品设计、市场营销、出口、分配等方面,实现高效的网络化的互动和合作,以克服其内部规模经济的劣势,从而能够与比自己强大的竞争对手相抗衡。这种集体行动的互动机制形成,将使信息的流通更顺畅,加快观念、知识和技术的传播,缓和由经济利益引发的冲突,减少交易的困难,从而获取集体效率。此外,采取合作竞争的方式,也有助于企业建立战略联盟和伙伴关系,实行灵活的专业化生产。

5. 路径依赖

所谓路径依赖,是指技术发展或制度变迁受到其初始选择的影响和制约,人们一旦确定了某种选择,就会对这种选择产生依赖性,这种选择本身也具有发展的惯性,具有自我加强的放大效应,从而不断强化这种初始选择。由于技术发展和制度变迁具有路径依赖性,产业集群发展的轨迹也具有路径依赖性。按照新增长理论,由于偶然、机会、历史事件、自然资源禀赋以及其他方面原因,导致一些产业最初在某些地区集聚,形成一定的比较优势,这样在外部规模经济的作用下,各种要素将进一步向该地区集中,从而使这种集群优势进一步强化。正如波特所指出的:一旦一个集群开始形成,一种自我强化的过程会促进它的成长。一些集群发展的经验表明,成为"先入者"将是集群发展成功的关键所在。事实上,这种路径依赖性与区域发展中的极化效应或者累积因果效应具有较大的相似性。

(五)产业集群对竞争力的影响

一般来说,当产业集群形成后,将可以通过降低成本、刺激创新、提高效率、加剧竞争等多种途径,提升整个区域的竞争能力,并形成一种集群竞争力。这种新的竞争力是非集群和集群内企业所无法拥有的。因为"集群不仅仅降低交易成本、提高效率,而且改进激励方式,创造出信息、专业化制度、名声等集体财富,更重要的是,集群能够改善创新的条件,加速生产率的成长,也更有利于新企业的形成。"

1. 提高企业生产率

由于存在外部经济,产业集群的形成可以降低生产和交易成本,从而提高以地区为基础的企业生产率。在产业集群内,各种相关企业相互集中在一起,进行灵活的专业化分工,不仅可以降低原料和产品的运输成本、节约生产时间,还能减少能源和原料消耗、减少库存量,从而降低生产成本。同时,由于存在信息溢出效应、专业化供应商、熟练劳动力市场以及社会化的市场组织网络,各种企业的地理集中也能够降低信息搜寻和交易成本。企业的地理集中以及建立在信任和规范基础上的分工合作关系,也有利于降低企业之间的合作成本,尤其是合同谈判和执行成本。在广东东莞IT产业集群,企业之间还形成了一种功能明确的分包加工体系,共同接单、协作生产,采用订单和出厂核销单代替各种生产协议。这种特殊的组织形式将有利于降低企业间的交易成本。

产业集群的形成还可以减少资源获取和转换的障碍,获取诸多方面的"集群"效能。首先,在寻求改变的过程中,组织会付出一定的转换成本,而集群的出现将可以降低这种转换成本;其次,通过在"干中学"以及存在"学习效应",企业利用资源的能力和适应性都将增强,从而集群作为一个整体将比以前获得更高的"集群"效能;最后,集群内企业间长期形成的紧密的网络关系,将有助于提高"集体效率",开始是偶然的、无意识中产生的,只要企业集聚在一起,这种集体效率一般都会存在;但之后就需要一定的条件,即有意识的合作。

2. 刺激企业创新

集群不仅有利于提高生产率,也有利于促进企业的创新。这种创新具体体现在观念、管理、技术、制度和环境等诸多方面。一般来讲,集群对创新的影响主要集中在三个方面:一是集群能够为企业提供一种良好的创新氛围。由于存在着竞争压力和挑战,集群内企业需要在产品设计、开发、包装、技术和管理等方面,不断进行创新和改进,以适应迅速变化的市场需要。二是集群有利于促进知识和技术的转移扩散。各种企业的相互集中以及顺畅的市场组织网络,将有利于信息和知识尤其是隐含经验类知识的传播,从而产生知识"溢出"效应,促进知识和技术的转移扩散,为企业创新创造条件,并提供学习的机会。三是集群可以降低企业创新的成本。由于存在着"学习曲线",使集群内专业化小企业学习新技术变得容易和低成本。同时,建立在相互信任基础上的竞争合作机制,也有助于加强企业间技术创新的合作,从而降低新产品开发和技术创新的成本。

3. 促进企业增长

集群对新企业的进入和企业增长都有着重要的影响。一方面,良好的创新氛围、激烈的竞争环境以及完善的地方配套体系,使集群在吸引新企业进入方面具有竞争优势;另一方面,地理集中性和良好的外部环境,不仅鼓励产业新手的出现,也有利于现有企业的增长和规模扩张。意大利银行发现,即使在经济衰退时期,意大利产业区所创造的工作机会、实际工资水平和投资回报都比其他地方高。更重要的是,在产业集群形成后,不仅吸引来的工厂会根植于本地,还会有很多新企业在本地繁殖和成长。因为集群内长期形成的完整产业链体系,促使企业在集群内"落地生根",除非整个产业链出现转移,企业才会考虑迁移到其他地区。

4. 增强企业竞争性

竞争是创造竞争力的重要源泉,只有通过竞争才能创造现实的竞争力。在产业集群内,由于各种竞争对手相互集中在一起,面对面地进行竞争,由此形成了一种独特的竞争环境，产业信息交流、透视敌手及互动强化的机会不断出现。因此，企业的集聚必然加剧企业间的竞争程度，而这种竞争程度的加剧，反过来又将促使企业进行创新、降低成本、提高产品和服务质量，从而增强整个集群的竞争优势。正如波特所说，"合适的竞争对手能够有助于企业增加持久的竞争优势以及改善所处产业的结构。"同时，在产业集群内，一个有竞争力的产业出现，将会通过多种渠道和机制，提升另一个相关产业的竞争力。这说明，在一个激烈竞争的环境中，各相关产业的竞争力是相互影响的。在各产业之间，竞争力的提升同样存在着"波及效应"。

5. 形成区域品牌

在产业集群内，大量生产企业的集聚是区域品牌形成的基础。由于产业领域比较集中，各产业集群所生产的一些主要产品，一般都在全国甚至世界市场上具有较强的竞争力，占有较高的市场份额，享有相当的知名度。如美国好莱坞制造的影片、硅谷生产的IT产品，印度班加罗尔设计的软件，中国温州生产的打火机等，都在世界上具有较好的声誉。随着产业集群的成功，集群所依托的产业和产品不断走向世界，自然就形成了一种世界性的区域品牌。区域品牌与单个企业品牌相比，更形象、更直接，是众多企业品牌精华的浓缩和提炼，具有更广泛的、持续的品牌效应，它是一种珍贵的无形资产。这种区域品牌是由企业共同的生产区位产生的，一旦形成之后，就可以为区内的所有企业所享受。因此，区域品牌同样具有外部效应。这种区域品牌效应，不仅有利于企业对外交往，开拓国内外市场，确定合适的销售价格，也有利于提升整个区域的形象，为招商引资和未来发展创造有利条件。

大量相关企业的地理集中、以灵活专业化为核心的社会网络、积极向上的良好创新氛围、建立在合作竞争基础上的互动机制以及路径依赖性，这是产业集群获得成功并形成和保持竞争优势的基础。一旦产业集群形成并走向成熟后，将在全国甚至世界市场上具有较强的竞争优势，占有较高的市场份额，形成知名的区域品牌效应。在市场制度完善的条件下，产业集群将通过多种途径和机制，对企业、产业乃至区域的竞争力产生重要的影响。在引导产业集群合理有序发展，创造一个有利于创新的良好外部环境，以及防止产业集群退化甚至走向衰退等方面，政府政策的作用十分重要。当然，无论是中央政府还是各级地方政府，对产业集群的这种"干预"必须建立在市场经济体制的基础之上，而不能取市场机制而代之，否则只能产生相反的效果。

目前，我国各地建有大量的开发区、高新区以及各类工业区，工业特别是制造业的园区化进程推进很快，基本上起到了获取集聚经济的效果。但是，这些园区大多产业门类混杂，缺乏专业化分工协作和密切的经济联系，更没有形成一个建立在合作竞争基础上的互动机制和完善的社会化市场组织网络，离真正产业集群的要求还有很大差距。因此，在继续推进园区化的基础上，积极推进产业集群化的步伐，对于提升我国产业的国际竞争力，打造未来世界制造业中心地位，具有十分重要的战略意义。为此，需要按照集群化的思路，调整现有的国家产业政策和区域政策，制定全国性的产业集群发展战略，实行新的基于产业集群的国家产业政策和区域政策。

第九章 区域经济一体化

区域经济一体化的雏形可以追溯到 1921 年，当时的比利时与卢森堡结成经济同盟，后来荷兰加入，组成比荷卢经济同盟。1932 年，英国与英联邦成员国组成英帝国特惠区，成员国之间相互减让关税，但对非英联邦成员的国家仍维持原来较高的关税，形成了一种特惠关税区。经济一体化的迅速发展始于第二次世界大战之后，并形成了三次较大的发展高潮。区域经济一体化成为第二次世界大战之后世界经济发展的主要特征。目前，各种类型的经济贸易组织遍布世界各地，对世界经济和政治格局产生多方面、多层次的影响。

第一节 区域经济一体化概述

一、区域经济一体化的概念

区域经济一体化一般是指某一地理区域内或区域之间，某些国家和政治实体建立超国家的组织机构的过程。

二、区域经济一体化的要求

在经济上，成员国之间消除所有歧视性贸易障碍，实行不同程度的经济联合和共同的经济调节，统一市场规则，建立各生产要素可以自由流动的统一市场。

在政治上，必须建立一个能在区域内协调和调节各种经济关系的中心机构，并由这个机构负责执行一体化范围内的有关活动。

三、区域经济一体化的形式

按经济主权限制和让渡程度的不同，以及成员国之间经济结合程度的不同，可以将区域经济一体化分为六个层次。

（一）优惠贸易安排

优惠贸易安排，是指成员国之间通过签订协定，对相互之间全部或部分商品的进口规定特别的关税优惠。它是一体化程度最低、组织最松散的一体化形式。1932年英国与英联邦成员国建立的"帝国特惠制",以及《亚太贸易协定》各成员国之间达成的优惠安排就是典型的例子。

(二) 自由贸易区

自由贸易区,简称自贸区,是指两个或两个以上成员国之间通过签订自由贸易协定,在最惠国待遇的基础上进一步开放市场,分阶段取消绝大部分货物的关税和非关税壁垒,改善服务和投资准入条件,从而形成的贸易和投资自由化的特定区域。

自由贸易区的基本特征是成员国之间彼此取消关税与非关税壁垒,对外不实行统一的公共关税。因此,不同成员对外关税差别很大,这就为非成员国的出口避税提供了可能。原产自非成员国的商品可以通过先进入自由贸易区中关税较低的成员国,再转入关税较高成员国的办法来逃避高关税。所以,自由贸易区需要制定统一的原产地规则。自由贸易区的原产地规则非常严格,一般规定只有商品在自由贸易区内增值50%以上的才能享受免税待遇。目前,北美自由贸易区是世界上规模最大的自贸区,中国—东盟自由贸易区是中国参与的最大规模的自贸区。

(三) 关税同盟

关税同盟,是指成员国之间在完全取消关税和非关税壁垒的基础上,同时实行对外统一的关税税率而结成的同盟。关税同盟意味着撤除了成员国各自原有的关境,组成了共同的对外关境。关税同盟开始具有超国家性质,是比自贸区层次更高的经济一体化组织。早期欧共体6国自1967年开始对外实行统一关税税率,并于1968年7月相互取消商品关税和限额,建立起关税同盟,标志欧洲国家经济一体化的起点。

(四) 共同市场

共同市场,是指成员国之间完全取消关税与非关税壁垒,建立对非成员国的统一关税,在实现商品自由流通的同时允许资本、劳动力等生产要素在区域内自由流动,形成一个统一的大市场,并力图实现成员国在若干重要经济领域的协调和制定共同的经济政策。共同市场通常还要求成员国之间在自愿协议的基础上让渡部分主权,建立协调和制定共同政策及管理该组织共同事务的权力机构。欧共体从一开始就被称为共同市场,但实际上欧共体直到1985年才开始逐步建立真正的统一市场,并于1993年1月1日起正式实现商品、人员、资本和劳务的自由流通，欧共体的统一大市场最终基本建成。

（五）经济联盟

经济联盟，是指成员国之间不仅实现商品、生产要素的自由流动，建立共同的对外关税，而且制定和执行一些共同的经济政策和社会政策，逐步取消各国在政策方面的差异，使一体化从商品交换扩展到生产、分配乃至整个国民经济，从而形成一个有机的经济实体。应该在多大的经济政策范围内实现统一才能称为经济联盟，理论上尚无明确界定，但货币政策的统一作为一个重要标志是有共识的，即成员国之间有统一的中央银行、单一的货币和共同的外汇储备。目前，欧盟是唯一达到该标准的区域性经济集团。

（六）完全经济一体化

完全经济一体化，是区域经济一体化发展的最高阶段。在这一阶段，各成员国在经济、金融和财政等方面均实现完全统一，在经济上形成单一的经济实体，国家（或地区）的经济权力全都让渡给一体化组织的共同机构。该机构拥有全部的经济政策制定和管理权，而各成员国不再单独执行经济职能。目前，世界上尚无此类经济一体化组织，只有欧盟在为实现该目标而努力。然而欧盟要真正实现该目标还有很多困难，随着欧盟成员的不断增加，成员之间经济实力的差距越来越大，实现该目标的难度也逐渐加大。

四、区域经济一体化出现的原因

（一）维护国家地位的需要

第二次世界大战结束后，美国与苏联在欧洲的冷战、对峙与争夺，迫使欧洲国家走上了联合的道路，以求在国际政治与经济斗争中处于有利地位。

（二）维护与发展民族经济的需要

第二次世界大战结束后，发展中国家为了维护与发展民族经济，加强彼此之间的经济合作成为一种明智的选择。

（三）在竞争中求生存和求发展的需要

当前，经济全球化迅速发展，国际经济竞争日趋激烈，单靠一个国家本身的力量难以与世界列强抗衡，因此，国家之间的联合与合作已成为一种被迫的选择。

（四）社会生产力高速发展的需要

经济全球化促进了世界范围内的生产社会化，使世界各国经济的国际依赖性大大加强，它迫使各国打破国界，进行经济协调与联合。

例如，波音 737 飞机的尾翼生产，上海飞机制造厂生产的水平尾翼，西安飞机制造厂生产的垂直尾翼，沈阳飞机制造厂生产的机身尾部 48 段，三者合一，就成为波音 737 飞机的尾翼。

（五）世界贸易组织的允许

实现区域经济一体化与世界贸易组织追求的目标即全球贸易自由化是一致的。因此，世界贸易组织原则上同意缔约方之间组成自由贸易区与关税同盟，同时为之做了限制与规定。

五、区域经济一体化对集团经济的影响

（一）促进一体化区域内部经济发展

①消除贸易壁垒、对外贸易扩大会引起生产规模扩大，从而导致生产成本降低。

②经济联合连锁效应促进整个国民经济与区域内的经济发展。其主要原因是集团内部无贸易障碍，形成了统一市场。

据估算，欧盟在取消贸易壁垒的过程中可获益 3 000 亿美元。其中，国民生产总值增长 5%，公用费用减少 20%，工业成本下降 7%，增加 200 万～300 万个就业机会。

（二）促进一体化区域内部经济良性竞争

由于集团内部贸易障碍的消除，成员国内部企业失去了"保护伞"，优胜劣汰促使劳动生产率与企业素质不断提高，企业规模不断扩大，资本加速集中，成员国经济在世界上的竞争能力不断加强。如北美自由贸易区的运行使三国受益：墨西哥出口年增长率最高达 20%，加拿大为 10%，美国为 5%。

（三）促进集团内部产业结构的优化组合

其主要原因是集团内部加强了科技力量的协调与合作，取长补短，大大促进了生产力的发展。

如欧洲 24 个国家 1985 年开始合作实施的"尤里卡计划"，根据尤里卡

2000—2001年报,正在开展的项目有703项,合作投资近22亿欧元,参与项目合作的企业、科研单位和政府机构共有3 007家。

(四)改善与加强成员国在世界政治与经济舞台上的地位

1993年《欧洲联盟条约》的签订,统一大市场的建成,使欧盟各成员国国内生产总值迅速增长。欧盟的经济总量从1993年的约6.7万亿美元增长到2016年的16.4万亿美元。

六、区域经济一体化对世界经济贸易的消极影响

区域经济一体化对世界经济贸易的消极影响主要有:第一,对非集团成员构成不平等待遇,违反最惠国待遇原则;第二,优先集团内部成员间贸易,不利于世界资源的合理配置;第三,保护集团内部成员利益,不符合全球贸易自由化的前提。

第二节 区域经济一体化理论

一、关税同盟理论

美国经济学家范纳和李普西提出,关税同盟自身始终存在两种矛盾的功能,即对内实行贸易自由化,对外则设置差别待遇。其主要观点如下:

(一)关税同盟的静态效果

关税同盟的静态效果是指对内取消关税、对外设置差别待遇的共同关税效果,具体表现为以下几个方面:

1. 贸易创造效果

关税同盟成立后,在比较优势的基础上实行专业化分工,从而使资源的使用效率提高,生产成本降低。其结果是关税同盟国的社会福利水平提高,从而拉动需求,给非同盟成员国也会带来利益。

2. 贸易转移效果

关税同盟成立后,由于共同关税阻碍了从价格最低的供给者进口,这种保护贸易的做法使得进口成本增加,同盟国的社会福利水平下降。

3. 贸易扩大效果

关税同盟成立后，无论是在贸易创造还是在贸易转移的情况下，都具有使需求扩大的效应，从而都能产生贸易扩大的效果。

4. 减少行政支出

关税同盟成立后，重复的行政机构撤销，从而减少了行政支出。

5. 减少走私

关税同盟消除了走私产生的根源。

6. 增强集团谈判力量

关税同盟统一对外，增强了集团谈判力量。

（二）关税同盟静态效果的几点说明

第一，以上效果必须建立在充分就业的假设下。因为只有充分就业，进口国才会进口，否则进口国完全可以自己生产。

第二，以上效果必须建立在所有产品的需求完全缺乏弹性的假设下。因为只有需求完全缺乏弹性，进口国才会进口，否则进口国消费者完全可以进行消费替代。

第三，关税同盟成立后，国家之间替代产生的进口转移对关税同盟成员国福利水平的影响由贸易创造与贸易转移两者效果比较决定。

第四，关税同盟成立后，由于进口价格普遍下降，消费替代也能使整体福利提高。

（三）决定关税同盟静态效果的因素

①关税同盟建立前关税水平越高，关税同盟建立后的贸易创造效果越显著。
②关税同盟成员国的供给与需求弹性越大，贸易创造效果越显著。
③关税同盟成员国与非关税同盟成员国的产品成本差异越小，贸易转移的损失越小。
④关税同盟成员国的生产效率越高，贸易创造效果越显著。
⑤关税同盟成员国对非成员国出口产品的进口需求弹性越低，非成员国对关税同盟成员国进口产品的出口弹性越低，则贸易转移的可能性就越小，同时有利于改善非成员国的贸易条件。
⑥关税同盟成员国对外关税越低，贸易转移的可能性越小。

⑦参加关税同盟的国家越多,贸易转移的可能性越小。

⑧关税同盟成立前,成员国之间的贸易量越大,或与非成员国之间的贸易量越小,贸易转移的可能性越小。

⑨一国国内贸易比重越大,对外贸易比重越小,则参与关税同盟获利的可能性越大。

⑩经济发展相似的国家成立关税同盟,贸易创造效果显著(撤销保护、优胜劣汰、再次分工)。

(四)关税同盟的动态效果

第一,提高资源利用率。关税同盟使成员国之间的竞争加剧,专业化程度加深,资源利用率提高。

第二,获取规模效应。内部市场的扩大使厂商获取规模效应。

第三,刺激投资。关税同盟建立后,市场扩大,风险与不稳定性降低,会吸引成员国内外投资者扩大投资。

第四,促进技术进步。关税同盟建立后,市场扩大,竞争加剧,投资增加,促使企业不断进行技术开发与创新。

第五,提高要素的流动性。关税同盟建立后,撤销壁垒,统一市场,使生产要素可以在成员国之间自由流动,促进了要素的合理配置。

第六,促进经济增长。

以上几点相结合,必然使成员国经济增长。

二、大市场理论

大市场理论是从动态角度来分析区域经济一体化所取得的经济效应,是针对共同市场提出的,其代表人物为西托夫斯基和德纽。

(一)大市场理论的核心内容

大市场理论的核心内容是:
①关税同盟使市场扩大而产生规模效益。
②关税同盟创造激烈的竞争环境从而产生规模效益。

(二)大市场理论中的企业良性循环模式

大市场理论中的企业良性循环模式为:大市场的产生—规模经济—生产成本下降—消费增加—竞争激烈—优胜劣汰—向更大规模经济转换……

三、综合发展战略理论

综合发展战略理论的主要观点是：

第一，经济一体化是发展中国家的一种发展战略，是必需的、主动的。

第二，两极分化是伴随经济一体化出现的一种特征，只能通过政策制定来扶持（发展中国家是弱势群体，在优胜劣汰中必然处于劣势地位）。

第三，有效的政府干预对于经济一体化的成功至关重要。因为经济一体化是一种国家行为，而不是企业行为。它可能给强势企业带来好处，也可能给弱势企业带来坏处。因此，必须由政府强制进行"劫富济贫"。

第四，发展中国家的经济一体化能使发展中国家重新分工，自力更生，更好地发挥自我优势，依靠集团的力量，真正改变自身经济落后的面貌。

第三节　世界主要经济区域集团概况

一、欧洲联盟

（一）概况

欧洲联盟（European Union，EU）简称欧盟，总部设在比利时首都布鲁塞尔。2003年，欧盟制宪筹备委员会全体会议就欧盟的盟旗、盟歌与庆典日等问题达成了一致。根据宪法草案，欧盟的盟旗仍为现行的蓝底和12颗黄星图案，成立纪念日为每年的5月9日，盟歌为贝多芬第九交响曲《欢乐颂》的序曲。

欧盟的主要出版物有《欧洲联盟公报》《欧洲联盟月报》《欧洲文献》《欧洲新闻—对外关系》和《欧洲经济》等。

欧盟的统一货币为欧元，自1999年1月1日起正式启用。

在欧盟内部，以2018年人均国民生产总值计算，卢森堡位居榜首，其次为丹麦、爱尔兰、瑞典和荷兰。以国内生产总值计算，德国位居榜首，其次是英国、法国、意大利、西班牙、荷兰、克罗地亚、瑞典、波兰、比利时、奥地利、丹麦、芬兰、葡萄牙、爱尔兰、希腊、葡萄牙，最后是马耳他。

欧盟现拥有28个成员，正式官方语言有24种。2018年底，成员总面积为437.99万平方公里，人口约5.1亿，经济总量为16.398万亿美元，其中一半以上由德、英、法三国创造。其中，德国为欧盟第一经济大国，经济总量占欧盟的21.1%，其后依次是英国（16%）、法国（15%）、意大利（11.3%）、西班牙（7.5%）和荷兰（4.7%）。

（二）简史

欧洲联盟的前身是1958年1月1日成立的欧洲经济共同体（简称欧共体）。刚成立时有6个国家，它们是法国、西德、意大利、比利时、荷兰、卢森堡，以后又有英国、丹麦、爱尔兰、葡萄牙、西班牙、希腊加入。1995年1月1日又正式接纳了奥地利、芬兰和瑞典三国。

欧盟东扩，使中东欧和地中海10国加入欧盟，其成员国由15国扩大至25国。新加入的10国是：波兰、匈牙利、捷克、拉脱维亚、立陶宛、爱沙尼亚、斯洛文尼亚、斯洛伐克、马耳他和塞浦路斯。

欧共体自1958年成立后，在20世纪60年代形成了共同农业政策；在70年代实现关税同盟，建立了统一的海关关税，取消了成员国之间的关税，取消了进出口数量限制；70年代后期形成了欧洲货币体系，建立了欧洲货币单位；从1994年2月起，除英国、爱尔兰、丹麦外，其余各国取消了对过境人员的检查，实行人员的自由流通。1993年11月1日《欧洲联盟条约》正式生效。该条约规定，20世纪末，在统一大市场的基础上建立欧洲政治与经济联盟，在货币、外交、安全、司法、内政方面实行统一。

（三）组织原则

欧盟是一个超国家的组织，既有国际组织的属性，又有某些联邦的特征。欧盟的条约使其成为一个高度自主决策机构，赋予立法权限。欧盟成员国自愿将国家部分主权转移至欧盟，欧盟在机构的组成和权利的分配上，强调每个成员国的参与，其组织体制以"共享""法治""分权和制衡"为原则。

（四）组织机构

欧盟的主要组织机构如下：

1. 欧洲理事会

欧洲理事会，即首脑会议，由成员国国家元首或政府首脑及欧盟委员会主席组成，负责讨论欧洲联盟的内部建设、重要的对外关系及重大的国际问题。欧洲理事会，每年至少举行两次。欧洲理事会主席由各成员国轮流担任，任期半年，顺序基本按国名首字母排列。爱沙尼亚自2017年7月1日起首次担任为期半年的欧盟轮值主席国。

欧洲理事会是欧盟的最高权力机构，在决策过程中采取协商一致通过的原则。理事会下设总秘书处。

2. 部长理事会

部长理事会的主席由各成员国轮流担任,任期半年。部长理事会主要负责制定欧盟法律、法规以及有关欧盟发展、机构改革的各项重大政策,是欧盟的日常决策机构。

3. 欧盟委员会

欧盟委员会是欧洲联盟的常设机构和执行机构,负责实施欧洲联盟条约和部长理事会做出的决定,向部长理事会和欧洲议会提出报告和立法动议,处理联盟的日常事务,代表欧盟对外联系和进行贸易等方面的谈判等。在欧盟实施的共同外交和安全政策范围内只有建议权和参与权。根据《马斯特里赫特条约》,欧盟委员会任期为5年,设主席1人、副主席2人。该委员会由来自不同成员国的28名代表组成。欧盟委员会下设36个总司级单位。

4. 欧洲议会

欧洲议会是欧盟的监督和咨询机构。其主要职责有:第一,拥有欧盟部分预算决定权;第二,监督预算的执行情况;第三,审查通过部长理事会做出的决定;第四,有权提出立法动议;第五,对立法有否决权;第六,监督欧盟委员会的工作;第七,有权以2/3多数弹劾欧盟委员会主席,迫使其辞职。

欧洲议会共有626名议员,议员由普选产生,任期5年。各成员国议员人数由该成员国国民生产总值占欧盟总产值的比重决定。因此,德国占99名,法国、英国和意大利各占87名。

(五) 立法形式

1.《欧洲联盟条约》和《欧洲宪法条约》

《欧洲联盟条约》是欧盟的根本大法,即欧盟宪法。

《欧盟宪法条约》是欧盟的首部宪法,其宗旨是保证欧盟的有效运作以及欧洲一体化进程的顺利进行。2004年6月,欧盟25个成员在比利时首都布鲁塞尔举行首脑会议,一致通过了《欧盟宪法条约》草案的最终文本。欧盟25个成员的领导人在罗马签署了《欧盟宪法条约》。该条约必须在欧盟全部成员国根据本国法律规定,通过全民公决或议会投票方式批准后方能生效。

《欧盟宪法条约》在法国、荷兰等欧盟一些重要成员国进行全民公决时，遭到否决。

2. 法规

法规是具有法律效力的立法，要求成员必须执行。

3. 指令

指令是对成员国具有约束力的立法，但成员可以将其列入本国立法，逐步执行。

4. 决定

决定是执行欧盟法令的行政措施，对成员国政府、企业与个人的行为进行约束。

5. 意见

意见是欧盟的立法趋势和政策导向，供成员参考。

（六）欧盟共同政策

1. 共同农业政策

共同农业政策的主要内容为补贴农业、稳定市场、保证供给、提高收入、增加出口竞争力、解决农产品过剩、改善环境。

受金融危机影响，欧洲奶制品价格持续下跌，欧盟奶农损失严重。为帮助其摆脱困境，欧盟委员会出台一系列救助措施，其中包括重新启动储藏黄油的补贴机制，对黄油和脱脂奶粉收购实施干预政策，重新恢复对黄油、奶酪、全脂奶粉和脱脂奶粉的出口退税政策等。欧盟委员会负责农业和农村发展事务的委员伯尔参加在卢森堡举行的欧盟农业部长会议时宣布，欧盟将拿出2.8亿欧元救助陷入困境的奶农。

伯尔会前对媒体说，这是欧盟所能拿出的最大救助数额，这笔资金将从2017年的欧盟预算中调拨。但她没有说明具体的救助形式。她同时敦促欧盟成员国对农业进行改革。

2. 共同渔业政策

欧盟自1977年起将各成员国在北大西洋和北海沿岸的捕鱼区扩大为200海里，作为共同捕鱼区由欧盟统一管理，并授权欧盟委员会与第三国谈判渔业协定。同时，由欧盟委员会分配成员国的捕鱼配额，并就渔业资源保护和鱼产品销售制定政策。

2017年10月24日，欧盟海洋与渔业基金成为共同渔业政策改革的一部分。在以往的政策执行中，欧盟委员会通过该基金向因渔业捕捞资源不足而泊港的渔民提供补贴，通过渔船更新改造来提高捕捞效率。根据欧盟委员会的数据，西班牙、法国、葡萄牙与德国等成员国花费了2.66亿欧元用于渔船的升级，其中70%用于修造新船。2017年，欧盟委员会提出取消类似补贴的建议，其中欧洲北部国家包括英国支持这项建议，但法国、西班牙和葡萄牙渔业部长则坚持保留这些渔业补贴。最终各方达成妥协，即保留补贴但引入新的限制条件，允许基金继续对遵守共同渔业政策规则的渔民给予补贴，并在符合严格条件的情况下允许渔船更新引擎。绿色和平组织与可持续渔业组织均对成员国部长的决定提出批评，认为目前欧盟的渔船捕捞能力早已过剩，已经是渔业可持续发展水平的2~3倍，欧盟海域已经没有足够的渔业资源以维持生产，在此背景下继续浪费纳税人的钱进行大量补贴，无疑是具有"雇佣这些人抢劫你自身"的讽刺意味。

3. 共同地区政策

欧盟为了促进其整体发展，缩小地区差别，专门设立了欧洲结构和投资基金，对人均国民生产总值低于欧盟平均水平75%的成员国和地区进行资金扶贫。

4. 共同社会政策

其目的是维护欧盟公民所应享受的合法权利，包括自由流动、公平收入、改善工作环境、享受社会福利保障、自由结社、劳资谈判、职业培训、男女就业平等、健康保护等。

5. 共同外交和安全政策

随着经济活动的协调发展，欧盟成员国之间加强了政策领域的合作。1987年生效的《单一欧洲文件》把在外交领域进行政治合作正式列入了欧盟的共同条约。目前，共同外交和安全政策仍主要属于各成员国政府间合作范围，欧盟各成员国已承诺就重大国际问题采取共同立场并"共同行动"。有关外交的重大决策由欧洲理事会一致做出，但某些具体政策和行动的实施则由部长理事会以特定多数做出决定。

6. 共同消费者保护政策

欧盟致力于保护消费者的健康、安全和经济利益,就有关有毒物品、食品、化妆品、玩具、医药产品制定了详细的产品质量和安全的统一规定。

7. 共同贸易政策

共同进口贸易法规主要涉及进口关税政策与管理、进口制度、反倾销措施。共同出口贸易法规主要涉及农产品补贴、出口退税、出口信贷、军用品及高科技出口限制。

8. 普惠制

从1971年7月1日起,欧盟对原产于发展中国家的产品给予普遍的、非歧视的、非互惠的减免关税待遇,目的在于改善发展中国家的出口状况,使其出口产品处于有利的市场竞争地位,更多地进入欧盟市场。

1995年以前,欧盟给予所有的发展中国家和地区普惠制待遇。从1995年起,为防止一些国家过分地利用普惠制对欧盟出口,欧盟建立了普惠制毕业机制,根据各国的经济发展和出口实绩,逐步取消给予部分国家或部分国家的部分产品普惠制待遇。

2016年1月1日,欧盟开始实施新的普惠制。新的普惠制旨在帮助发展中国家降低或免除它们出口到欧盟市场的商品关税。新的分类包括一般普惠制、针对最不发达国家的特殊普惠制和旨在帮助竞争力微弱国家的附加普惠制。新的普惠制方案对"毕业条款"有了更为明确的规定。根据新条款,普惠制受益国的任何一种产品如果在欧盟市场的份额超过15%,就会失去普惠制待遇,而纺织品和服装的"毕业门槛"则为12.5%。

我国从1979年开始正式享受欧盟普惠制待遇,即出口欧盟的产品凭我国签发的普惠制证书可享受优惠关税待遇。此后,我国签发的出口欧盟普惠制证书逐年增多。依照欧盟内部条例,连续3年被世界银行评定为高收入或中高收入的国家将不再享受欧盟普惠制待遇。2011—2018年,我国收入水平符合了上述标准。因此自2015年1月1日起,我国出口至欧盟的产品不再享受欧盟普惠制待遇。

9. 共同安全技术标准

为了实现在统一大市场内的商品自由流通,消除贸易障碍,自1985年以来,欧盟制定并颁布了数百个技术法规,逐步统一了各国对产品的质量要求。

这些法规主要涉及食品卫生和食品安全、工业产品的安全标准、劳保标准、环保标准等。欧盟的共同安全技术标准无疑是发展中国家面前一道难以逾越的技术壁垒。

（七）欧盟发展中存在的问题

实现"欧洲梦"需要迈过三道坎：

一是欧盟"里斯本战略"面临的尴尬。按照欧盟"里斯本战略"规划，欧盟的目标是建立一个世界上最具活力和竞争力的经济体。但是，欧洲高福利的社会运行模式给每一个欧盟成员国都带来越来越难以承受的负担。另外，缺乏权威的欧洲央行，无法对违反财政和货币政策的成员进行有效制约，这使欧盟28国集团这一庞大经济体存在大量不稳定因素。而且28国间经济发展水平的巨大差距也是欧盟整体竞争力提升的障碍之一。

二是欧盟运行和决策机制的缺陷。尽管欧盟已经从15国急剧扩大到了现在的28国，但依然停留在过去《尼斯条约》规定的以"一票否决机制"为核心的决策和运行机制上。这个旧引擎显然已成为扩大后欧盟提速的巨大障碍。为解决这一矛盾，欧盟精英拿出了《欧盟宪法条约》，较为科学地提出了"双重多数表决机制"，并设计了未来"欧国"的政体架构。但遗憾的是，《欧盟宪法条约》在法国、荷兰等欧盟一些重要成员国进行全民公决时，遭到否决。欧盟"新内核"至今还处在被搁置的状态。

三是欧盟政治一体化进程的困境。根据欧盟精英的设计，在经济、货币一体化之后，欧盟的终极目标是实现政治、防务一体化。要实现这一目标，欧盟成员国必须把更多的本国核心主权让渡给欧盟这一超国家联盟。举个例子，未来欧盟成员国将丧失外交主权，欧盟将用"一个声音说话"，这对现在许多还在"同床异梦"的成员国来说，是难以想象的。而且，要有强力的外交话语权，必然有强大的集体防务为后盾。但一直依赖北约进行防务的欧洲，要发展自己的独立防务，既要克服自身防务力量薄弱的先天不足，又要冲破美国的防务垄断。

不管欧盟怀疑论者如何否定欧盟，也不管欧盟遇到的难题有多大，可以肯定的是，从欧盟数十年的发展历史看，欧盟总是在"退一步，进两步"的曲线中稳步发展。在布鲁塞尔欧盟理事会门口，稳稳地躺着一艘帆船。据欧盟官员介绍，这艘帆船居然和汉语成语"扬帆起航"同样的寓意。欧盟这一艘大船已经出海，不能回头，只能向前。正如前欧盟委员会主席巴罗佐在柏林欧盟成立50周年纪念仪式上所说的，欧盟已经取得很多成绩，但"欧洲梦"未了。也如前欧盟委员会主席普罗迪所说的，要实现"欧洲梦"，需要欧盟成员国团结一致，更需要富于想象力。

（八）英国"脱欧"

英国"脱欧"指英国脱欧公投，是就英国是否脱离欧盟进行的公投。

1. 英国"脱欧"背景

（1）利益冲突不断加剧

由于历史与地理原因，自19世纪晚期以来，英国一直奉行对欧洲大陆事务不干预政策，被称为"光荣的孤立"。"疑欧"的历史传统以及与欧洲大陆经济发展相异的模式使英国长期和欧洲大陆若即若离。在"疑欧"人士看来，欧盟未来的一些政策趋势可能损害英国的利益。而欧债危机的蔓延，不仅使英国的"疑欧"之心快速发酵，而且加快了"脱欧"脚步。

英国并非欧元区国家，可以发行自己独立的货币，有利保持其出口竞争力，拥有自主的财政政策。但这使英国很难真正地参与欧洲大陆的事务处理。尤其是欧债危机的关键时期，由于各种利益分歧明显，"脱欧"的声音也甚嚣尘上。

（2）相互猜忌快速发酵

与之相对应，欧盟其他国家民众对英国的"不可靠"也日渐不满，认为英国作为欧盟的一员，在融入欧盟的过程中却表现消极，一直扮演着"拖后腿"的角色。英国不仅否决欧元，不参加欧盟的危机救助方案，不为缓解危机出力，还反对一切金融监管政策。因此，英国"出局"对欧盟的发展来说反而是好事，其他成员国在整合过程中受到的阻力会更小。欧盟与英国间的相互信任已经降到历史低点。

（3）政治选票迫使公投

英国保守党的支持度一蹶不振，英国首相卡梅伦的"脱欧公投"言论或有助于其重新获得部分流向支持"脱欧"的独立党选票。卡梅伦亦希望以此作筹码与欧盟谈判，获得对英国更为有利的成员国条件，意图在欧盟内分得更大一杯羹。

2. 英国"脱欧"谈判

2017年3月20日，英国首相府新闻发言人对外公布，英国决定将于3月29日向欧盟正式递交"脱欧"申请，启动《里斯本条约》第50条开始"脱欧"谈判。2017年3月29日，英国首相特雷莎·梅致函欧盟，正式开启英国"脱欧"程序。英国驻欧盟大使已将"脱欧"函递交欧洲理事会主席图斯克。2017年11月10日，为期两天的欧盟和英国第六轮"脱欧"谈判在布鲁塞尔结束，双方未就"分手费"、公民权利和英国与爱尔兰边界等核心议题取得实质性进展。欧盟方面向英国下达"最后通牒",要求英国在两周时间内就"分手费"问题做出明确回复,否则无法"解锁"包括贸易协议在内的第二阶段谈判。虽然第六轮"脱欧"谈判无果而终,但双方在幕后保持密切接触,取得了一些进展。2018年3月19日,欧盟与英国就2019年3月英国脱离欧盟后为期两年的过渡期条款达成广泛协议。该协议仍需要欧盟"脱欧"首席谈判代表巴尼尔和英国"脱欧"大臣戴维斯的签字。在广泛达成的协议中,英国在2020年前将继续执行欧盟的所有规则,但在未来决定中并无话语权。

3. "脱欧"对英国的影响

(1) 积极影响

1) 减轻财政负担

"脱欧"对英国的影响是最直接的。近年来,英国一直是欧盟四大会费缴纳国之一,承担欧盟预算的1/8。根据最新测算,英国"脱欧",每年能够节省的摊派费占国内生产总值的0.3%~0.4%,极大地降低了英国政府的财政预算。

2) 收回部分政治经济主权

区域一体化往往伴随着成员国让渡部分主权,欧盟统一的政策妨碍了英国主权的行使,政策自由度受到很大限制。据英国议会下议院图书馆统计,目前英国60%的法律都由欧盟委员会制定。"脱欧"能够在更大程度上实现英国的独立和自主,增强英国政府在国际经济贸易合作中的自由裁量权,捍卫英国利益。

3) 缓解难民危机

根据欧盟规定,所有公民有权在28个成员国内生活和工作。2015年英国净移民高达33.3万人,其中欧盟成员国移民占55.2%。由于北非、中东国家政治动荡、战事频发,英国接纳了蜂拥而至的难民。接纳大量移民和难民不仅会拖累经济发展,而且会给社会稳定带来隐患。"脱欧"后,英国不再接受欧盟的难民"摊派"计划,将会减少社会问题和恐怖暴力事件。

(2) 消极影响

1) 经济增长率下降

通过英国2015年3月至2016年12月的国内生产总值并用算术平均法计算,可得到英国半年度的国内生产总值。2016年下半年("脱欧"后)的GDP比2016上半年("脱欧"前)下降9.64%,比2015年的上、下半年分别下降13.38%、15.13%。

2）贸易投资环境恶化

"脱欧"使英国与欧盟成员国签订的贸易和投资协定失效，从而产生新的贸易壁垒，而重新商议自由贸易协定会产生高昂的谈判成本。"脱欧"可能会引发英国金融市场的震荡，使市场稳定性受到挑战。

3）社会矛盾激化

英国"脱欧"是全民公投的结果，也是各方势力博弈的结果。但这种简单多数的民主表决方式会给留欧派的选民带来伤害，可能引起英国的政治危机扩大化，甚至可能引起内部社会动荡。

4. "脱欧"对欧盟的影响

（1）积极影响

1）减少深化合作障碍

英国"脱欧"使欧盟减少了一个推进一体化的潜在反对者，可以化解和缓和当前的危机，使赞同欧洲统一的核心国家采取更大胆的步骤，为欧盟今后的发展赢得时间和新机遇。

2）促进反思并解决内部问题

如果欧盟的领导机构能正确面对此次危机，对自身进行深刻反思，分析面临的各种困难并找到合适的解决方案，以这次危机为契机，开展更彻底的改革，将会使欧盟一体化进程有更长远的发展。

（2）消极影响

1）导致经济增长率下降

欧盟国内生产总值增长率与英国国内生产总值增长率之间具有高度一致性，英国是欧盟经济增长的主要贡献者之一。欧盟 1994—2014 年的国内生产总值增长率为 1.7%，而英国为 2.2%，比欧盟国内生产总值增长率高 0.5 个百分点。2013 年在 11 个欧盟成员国陷入负增长的情况下，英国为欧盟经济增长贡献了 123.6%。因此，英国"脱欧"可能导致欧盟经济整体增长速度下降。

2）影响一体化进程

在欧盟不断扩大的过程中，成员国之间早已出现各种矛盾，若英国"脱欧"产生多米诺骨牌效应，则成员国的关系必将面临更加严峻的挑战，还会进一步激发欧盟内部"疑欧"主义思潮，削弱民众的欧洲认同感，侵蚀欧洲一体化的社会基础。

3）削弱国际经济政治地位

在经济方面，英国作为欧盟第二大经济体、世界第五大经济体，其退出意味着欧盟的国内生产总值将失去 1/6，会使欧盟丧失最大经济体的地位。在政治方面，英国为联合国安理会常任理事国，在国际机构和组织中拥有极其重要的话语权，能够促进欧盟实现共同的外交与安全政策。英国"脱欧"将会削弱欧盟在国际政治上的"规则力量"。

（九）中国与欧盟的政治关系

1975 年 5 月 6 日，中国与欧洲经济共同体建立外交关系。1983 年 10 月，中国与欧洲煤钢共同体和欧洲原子能共同体分别建立外交关系。1983 年 11 月 1 日，中国与欧洲共同体正式宣布全面建交。1998 年，中欧建立面向 21 世纪的长期稳定的建设性伙伴关系。2001 年，中欧双方建立全面伙伴关系。2003 年，中欧建立全面战略伙伴关系。2003 年，中国发表首份对欧盟政策文件。2013 年，中欧双方发表《中欧合作 2020 战略规划》。2014 年，中欧提出打造和平、增长、改革、文明四大伙伴关系，中国发表第二份对欧盟政策文件。中欧双方迄今已建立近 70 个磋商和对话机制，涵盖政治、经贸、人文、科技、能源、环境等各领域。

2014 年，习近平主席对欧盟总部进行正式访问，与时任欧洲理事会主席范龙佩、欧盟委员会主席巴罗佐及欧洲议会议长舒尔茨举行会谈、会见，并在欧洲学院发表演讲。2016 年 7 月，习近平主席在北京会见来华出席第十八次中国—欧盟领导人会晤的欧洲理事会主席图斯克和欧盟委员会主席容克。中国—欧盟领导人年度会晤机制是双方最高级别的政治对话机制，建立于 1998 年。2017 年 6 月，李克强总理在布鲁塞尔与欧洲理事会主席图斯克、欧盟委员会主席容克共同主持第十九次中国—欧盟领导人会晤。

（十）中国与欧盟的经贸关系

欧盟是我国最大贸易伙伴、最大进口来源地、第二大出口市场。我国是欧盟第二大贸易伙伴、第一大进口来源地、第二大出口市场。2017 年中欧贸易额达 6 169.2 亿美元，同比上升 12.7%；欧盟对华投资 82.9 亿美元，同比下降 5.9%；中国对欧盟非金融类直接投资 75.7 亿美元，同比增长 3.8%。

中欧经贸高层对话是中欧经贸领域最高级别对话机制，建立于 2008 年。2016 年 10 月，国务院副总理马凯与欧盟委员会副主席卡泰宁在布鲁塞尔共同主持第六次中欧经贸高层对话。双方还建有经贸混委会、贸易政策、知识产权、竞争政策等对话机制。

二、亚洲太平洋经济合作与发展组织

（一）概况

亚洲太平洋经济合作与发展组织（Asia-Pacific Economic Cooperation，APEC），简称"亚太经合组织"，成立之初是一个区域性经济论坛和磋商机构，经过近三十年的发展，已逐渐演变为亚太地区重要的经济合作论坛，也是亚太地区最高级别的政府间经济合作机制。它在推动区域贸易投资自由化、加强成员间经济技术合作等方面发挥了不可替代的作用。亚太地区已成为全球经济规模最大、最具发展活力的地区。成立至今，其成员的总人口持续增加，由最初的22.5亿发展到2015年的28.8亿，占世界总人口的比重一直保持在40%左右。成员的国内生产总值总量（按2010年不变价格计算）自1989年的18.9万亿美元一直上升到2015年的41.5万亿美元，一直占据世界经济总量的1/2以上。其经济发展与占世界经济总额的比例一直呈上升趋势，全球经济地位可见一斑。

（二）历程

亚太经合组织诞生于全球冷战结束的年代。20世纪80年代末，随着冷战的结束，国际形势日趋缓和，经济全球化、贸易投资自由化和区域集团化的趋势渐成为潮流。同时，亚洲地区在世界经济中的比重也明显上升。在此背景下，澳大利亚前总理霍克提出召开亚太地区部长级会议，讨论加强相互间经济合作。

亚太经合组织首届部长级会议在澳大利亚首都堪培拉举行，标志着亚太经合组织的正式成立。亚太经合组织第三届部长级会议在韩国首都汉城（现称"首尔"）举行，会议通过的《汉城宣言》正式确立该组织的宗旨和目标："为本地区人民的共同利益保持经济的增长与发展；促进成员间经济的相互依存；加强开放的多边贸易体制；减少区域贸易和投资壁垒。"

亚太经合组织的组织机构包括领导人非正式会议、部长级会议、高官会、委员会和专题工作组等。其中，领导人非正式会议是亚太经合组织最高级别的会议，其首次会议在美国西雅图召开。会议形成的"领导人宣言"是指导亚太经合组织各项工作的重要纲领性文件。亚太经合组织的正式工作语言是英语。

截至2014年9月，亚太经合组织共有21个正式成员：文莱、巴布亚新几内亚、中国（中国香港、中国台北）、墨西哥、泰国、马来西亚、印尼、菲律宾、韩国、智利、加拿大、澳大利亚、新西兰、美国、日本、新加坡、秘鲁、俄罗斯和越南。还有3个观察员，分别是东盟秘书处、太平洋经济合作理事会和太平洋岛国论坛。

亚太经合组织接纳新成员需全部成员协商一致。为避免争议，亚太经合组织会议不挂国旗。

（三）中国与亚太经合组织成员的经贸关系

自1991年加入亚太经合组织以来，受益于这一区域经济合作组织，中国在对外经济贸易和经济技术合作上取得显著进步，亚太地区已成为中国开展进出口贸易的最主要区域。

（四）组织机构

亚太经合组织共有5个层次的运作机制：

①领导人非正式会议，自1993年以来共举行了25次。

②部长级会议包括外交（中国香港除外）、外贸双部长会议以及专业部长会议。外贸双部长会议每年在领导人非正式会议前举行一次，专业部长会议不定期举行。

③高官会每年举行3~4次会议，一般由各成员司局级或大使级官员参加。高官会的主要任务是负责执行领导人和部长级会议的决定，并为下次领导人和部长级会议做准备。

④委员会和工作组。高官会下设4个委员会：贸易和投资委员会、经济委员会、经济技术合作高官指导委员会和预算管理委员会。贸易和投资委员会负责贸易和投资自由化方面高官会交办的工作；经济委员会负责研究本地区经济发展趋势和问题，并协调结构改革工作；经济技术合作高官指导委员会负责指导和协调经济技术合作；预算管理委员会负责预算和行政管理等方面的问题。此外，高官会还下设工作组，从事专业活动和合作。

⑤秘书处于1993年1月在新加坡设立，为亚太经合组织各层次的活动提供支持与服务。秘书处负责人为执行主任，由亚太经合组织当年的东道主指派。

（五）主要活动

亚太经合组织每年举行一次部长级会议，自1993年起每年召开一次非正式首脑会议，在各成员间轮流举行，由各成员国领导人出席。

第一次非正式首脑会议于1993年11月在美国西雅图举行，主要议题：确定亚太经合组织最终目标为组织内部实现贸易投资自由化和便利化。第二次会议于1994年11月在印度尼西亚茂物举行，主要议题：制定发达国家成员在2010年、发展中国家和地区成员在2020年实现贸易和投资自由化的目标。第三次会议于 1995 年 11 月在日本大阪举行，主要议题：通过了实施贸易投资自由化和开展经济技术合作的《大阪行动议程》。第四次会议于 1996 年 11 月在菲律宾苏比克举行，主要议题：宣告贸易和投资自由化行动议程提前进入实施阶段。第五次会议于 1997 年 11 月在加拿大温哥华举行，主要议题：确定提前实现自由化的 15 个具体部门。第六次会议于 1998 年 11 月在马来西亚吉隆坡举行，主要议题：由于亚洲金融危机，未达成任何协议。第七次会议于 1999 年 11 月在新西兰奥克兰举行，主要议题：宣告提前实现自由化行动失败。第八次会议于 2000 年 11 月在文莱斯里巴加湾举行，主要议题：通过了《新经济行动议程》。第九次会议于 2001 年 11 月在中国上海举行，主要议题：开发人力资源，发表了《亚太经合组织领导人反恐声明》。第十次会议于 2002 年 11 月在墨西哥洛斯卡沃斯举行，主要议题：未达成任何协议。第十一次会议于 2003 年 11 月在泰国曼谷举行，主要议题：加强伙伴关系，推动贸易投资自由化与便利化，保障民众和社会免受安全威胁。第十二次会议于 2004 年 11 月在智利圣地亚哥举行，主要议题：贸易投资自由化、人类安全、可持续发展。第十三次会议于 2005 年 11 月在韩国釜山举行，主要议题：投资贸易自由化和加强经济技术合作。第十四次会议于 2006 年 11 月在越南河内举行，主要议题：通过单边或集体行动按期实现以自由开放的贸易与投资为核心内容的茂物目标。第十五次会议于 2007 年 9 月在澳大利亚悉尼举行，主要议题：重点讨论气候变化、清洁发展、区域经济一体化。第十六次会议于 2008 年 11 月在秘鲁利马举行，主要议题：应对金融危机、气候变化和防灾减灾。第十七次会议于 2009 年 11 月在新加坡举行，主要议题：重申亚太经合组织的共同目标没有改变，即通过自由开放的贸易与投资，支持亚太地区经济增长与繁荣。第十八次会议于 2010 年 11 月在日本横滨举行，主要议题：就继续推进地区经济一体化进程、切实推动亚太自由贸易区建设达成一致。第十九次会议于 2011 年 11 月在美国夏威夷举行，主要议题：亚太经合组织在 2011 年的核心任务是将加强经济一体化，致力于规范、制定和商议将列入 21 世纪区域贸易协定中的各种新的贸易和投资议题，其中包括亚太自由贸易协定。第二十次会议于 2012 年 9 月在俄罗斯符拉迪沃斯托克举行，主要议题：以"发展的挑战"为主题，从亚太经济可持续增长、投资环境与消费市场、粮食安全等角度聚焦并研究亚太经济发展问题。第二十一次会议于 2013 年 10 月在印尼巴厘岛举行，主要议题：实现茂物目标、可持续和公平增长、亚太互联互通等议题。第二十二次会议于 2014 年 11 月在北京雁栖湖举行，主要议题：推动区域经济一体化；促进经济创新发展、改革与增长；加强全方位基础设施和互联互通建设；成立亚太经合组织反腐执法合作网络。第二十三次会议于 2015 年 11 月在菲律宾马尼拉举行，主要议题：区域经济一体化，中小企业、人力资源开发和可持续增长。第二十四次会议于 2016 年 11 月在秘鲁利马举行，主要议题：高质量增长和人类发展。第二十五次会议于 2017 年 11 月在越南岘港举行，主要议题：中小微企业、可持续与创新发展、适应气候变化、减少自然灾害风险、加快推动妇女经济赋权等政策和战略措施。

（六）存在的问题

近年来亚太经济合作组织发展速度很快，而且比较顺利，但是一些问题也逐渐暴露。

一是在削减关税问题上内部矛盾越来越明显。亚太经合组织成员中既有发达国家，也有发展中国家。经济发展阶段的不同导致对削减关税问题上的看法不同，步调不一致。

二是接收新成员问题。亚太经合组织已有 21 个正式成员，还有多个国家和地区要求加入。从客观上分析，成员越多，越难形成集体行动计划，越难达成共识，将使自由化过程放慢。在接收新成员问题上，关税低的成员与关税高的成员持不同意见。

三是工作重点问题。发展中国家渴望将经济技术合作作为亚太经合组织活动的一个中心，菲律宾会议虽然通过了《亚太经合组织加强经济合作和发展框架宣言》，但发达工业化国家却依然把力量集中在贸易投资自由化方面。在这一点上发达国家与发展中国家的矛盾明显。

四是地域问题。亚太经合组织的亚洲成员国有一种越来越强的亚洲认同感，这与整个太平洋周边地区所寻求的认同感不同。有人提议将印度等其他亚洲国家吸收进来，但把美国等太平洋周边的西方国家排除在外。

五是技术问题。双边自由贸易协议的扩散使亚太经合组织面临将几个特惠贸易协议揉在一起，这种不可能解决的技术问题。这些贸易协议根据特惠程度的不同，有着不同的关税税率以及无数的原产地规定（往往根据产品而有着不同的定义）。

三、北美自由贸易区

（一）北美自由贸易区的建立

第二次世界大战后，发达国家和发展中国家的贸易往来改变了长期维持的传统贸易模式。20 世纪 80 年代以后墨西哥实行的对外开放政策为北美自由贸易区的建立创造了可能性。便利的交通、通信技术的迅猛发展、加拿大的原材料、墨西哥的劳动力与美国的技术管理相结合,这些都为一种新型自由贸易区模式——北美自由贸易区的建立和发展展现了光明前景。

美国、加拿大和墨西哥三国于1992年8月12日就《北美自由贸易协定》达成一致意见,并于同年12月17日由三国领导人分别在各自国家正式签署。1994年1月1日,该协定正式生效,北美自由贸易区宣布成立。

北美自由贸易区的组织机构体系包括自由贸易委员会、秘书处、专门委员会、工作组、专家组、环境合作委员会、劳工合作委员会、各国行政办事处、北美发展银行和边境环境委员会。

(二)宗旨

北美自由贸易区的宗旨是在10年内逐步消除所有贸易和投资限制(几个敏感行业的过渡期为15年),实现区域内自由贸易。有1989年实施的《美加自由贸易协议》,美国和加拿大消除贸易壁垒的过程实际上早就开始了。因此,北美自由贸易区主要是墨西哥对美国、加拿大消除贸易壁垒的过程。其主要内容包括:消除关税壁垒和削减非关税壁垒、开放服务贸易、便利与贸易有关的投资,以及实行原产地原则等。《北美自由贸易协定》由两个附属协议构成。

(三)商品贸易的发展

自《北美自由贸易协定》生效后,美国与加拿大、墨西哥的贸易量增加了2倍多,其增长速度超过与其他国家和地区的贸易量。2016年,北美自由贸易区成员国三方贸易总量达到1万亿美元,美国、墨西哥之间的贸易占地区贸易增长的49%。2017年,加拿大是美国的第一大出口市场,而墨西哥排名第二,这两个国家在2017年占美国出口总额的32%。在进口方面,作为美国进口供应商,2017年加拿大和墨西哥分别排在第二和第三位。这两个国家占美国进口的26%。

迄今为止,美国是墨西哥商品贸易最主要的合作伙伴。自《北美自由贸易协定》生效后,美国对墨西哥的出口迅速增加,从1993年的416亿美元增加至2018年的2 163亿美元,同比增长420%。同时,美国从墨西哥进口从1993年的399亿美元增加至2018年的2 777亿美元,同比增长596%。墨西哥严重依赖美国作为其出口市场,而且这种情形多年未减。墨西哥对美国出口总额占比从1993年的83%下降到2015年的79%。而从2013年,中国超越墨西哥成为美国的第二大进口供应商。从1993年到2017年,美国占墨西哥进口总额由69%下降至50%。中国是墨西哥的第二大进口来源地。

（四）服务贸易的发展

北美自由贸易区给美国服务业带来巨大的好处，拉动了75%的美国经济产出和80%的私人部门就业。美国是迄今世界上最大的服务贸易出口国，在2017年已经超过6 000亿美元。美国也是许多成功的服务业企业的母国，如银行业、能源服务、快递业、信息技术、保险和电信等。由于北美自由贸易区所提供的新的市场准入机会和更加明晰的贸易规则，美国对加拿大和墨西哥的服务贸易出口总值从1993年的274亿美元增加到2017年的820亿美元，而美国从加拿大和墨西哥的服务贸易进口总值也扩大，从1993年的165亿美元增加到2017年的420亿美元，但美国服务贸易出口的增长率大于服务贸易进口的增长率。另外，美国与加拿大服务贸易量的增速要大于与墨西哥的。与商品贸易增速相比，服务贸易量增速有所滞后，这一点对墨西哥而言更是如此。总体而言，北美自由贸易区消除了加拿大和墨西哥大多数服务业的贸易壁垒，其中许多与北美自由贸易区建立前美国所参与的行业非常接近，所以对美国和加拿大更有利，尤其是对美国。

（五）对直接投资的影响

外国直接投资（Foreign Direct Investment，FDI）一直是美国、墨西哥之间经济关系的重要组成部分，尤其是在《北美自由贸易协定》正式生效后双向投资快速增长。美国是墨西哥FDI的最大来源。美国在墨西哥的FDI总量由1993年的152亿美元增加到2017年的914亿美元，增加了5倍多。但由于国际金融危机等因素，最近几年美国的经济增速放缓，投资的增速也有所降低。墨西哥对美国的FDI虽然远低于美国对墨西哥的，但也迅速增长，从1993年的12亿美元增加到2017年的138亿美元。在20世纪80年代和90年代初，墨西哥的单边贸易和投资自由化措施促进了美国在墨西哥FDI的增加.另外，《北美自由贸易协定》的规定也有助于稳定墨西哥的改革并提高投资者的信心。在墨西哥的FDI中近一半的投资在制造业。

美国、加拿大之间的双向投资在自由贸易时期无论是投资总量还是流量，其增速显著。美国是加拿大最大的投资方，2018年流入加拿大的FDI存量达到3 189亿美元，而在1993年总量只有699亿美元。从1988年开始，平均年增长率为17.3%，远超过同时期名义国内生产总值的增长率。在《北美自由贸易协定》签署前的5年，美国流入加拿大的FDI年平均为32.8亿美元。然而，从1995年到 2018 年，FDI 流量显著增加为年平均 139 亿美元。美国流入加拿大的 FDI 目前相当于加拿大国内生产总值的 19%，而在《北美自由贸易协定》签署前，这一数据为 1%。加拿大并不是美国最大的投资方，而美国是加拿大最大的投资目的地。在 2018 年，大约 40.3% 的加拿大 FDI 是流向美国的，在《北美自由贸易协定》签署前的 5 年，加拿大流向美国的 FDI 年均为 23 亿美元，但从 1995 年到 2018 年，增加为年均 97 亿美元。

（六）对美国经济的影响

《北美自由贸易协定》签署初期对美国的影响相对较小，主要因为协定生效时美国与墨西哥、加拿大两国的总贸易额不到其国内生产总值的 5%。许多美国、墨西哥贸易自由化的经济效应与美国经济密切相关，因而很难将协定带来的影响的定量测算与其他因素分开，美国国际贸易委员会关于协定的研究也指出了这点。但在其 2018 年的一份研究报告中指出，该协定的完全实施可以拉动美国国内生产总值 0.1%～0.5% 的增长。总体而言，《北美自由贸易协定》有利于美国的制造业，尤其是美国的汽车业，通过供应链的发展更具全球竞争性。美国、墨西哥贸易增长的大部分可以归结于制造业的专业化和装配工厂重定向所获得的规模经济。特定部门关税的减少不仅会影响该部门，而且会影响将该部门作为中间产品的行业产品价格，而对这些投入产出之间的忽视会导致低估潜在的贸易收益。同时，随着贸易量的扩大，协定的成员国也出现了垂直供应关系，特别是美国和墨西哥的边境。在美国投入生产的中间品，出口到墨西哥，其制成品再出口到美国，这样的模式奠定了边境作为重要的生产基地的基础。美国的汽车、电子、电器、机械等都依赖于墨西哥制造商的帮助。美国从墨西哥进口的 40% 以及从加拿大进口的 25% 的货物原产地是美国。相比之下，美国从中国进口的货物只有 4% 的原产地是美国。

（七）对墨西哥经济的影响

《北美自由贸易协定》能够带来经济和社会双重效益，但对墨西哥的影响并不是均衡的。该协定对墨西哥的生产率具有积极的影响，协定实施后，贸易一体化促进墨西哥工厂的生产率提高，对墨西哥的经济影响是正面的。协定有助于墨西哥制造商更快地适应美国的技术创新，对就业的数量和质量可能有正面影响，可以减少宏观经济波动，但增强了 3 个成员国经济周期的同步性，加剧了墨西哥经济部门对美国经济发展的敏感性。其中，协定较具争议性的方面关系到墨西哥的农业部门，相对其他经济部门，协定导致该部门更多的工人失业。许多批评者认为玉米行业更为严重,直接原因在于墨西哥从美国进口更多的低价农产品,而墨西哥自身的农业改革和私有化也导致竞争加剧。而且,墨西哥对农业部门的改革也会有影响,所以很难将农业部门所受的影响完全归因于协定的实施。而且,有关协定缩减墨西哥与美国、加拿大之间的收入差距存在争议。协定并没有实现缩小墨西哥与美国、加拿大发展差距的承诺,部分原因在于缺乏更深层面的区域一体化和合作,还因为各国国内的政策以及潜在的地理和人口现实情况使得收入差距拉大。世界银行的研究表明,协定给墨西哥带来的经济效益和社会效益并不能够帮助缩小与美国、加拿大的经济差距,收入趋同受制于其他一些因素,如国内企业的创新动力、劳动力的技能等。

(八)对加拿大经济的影响

从加拿大的角度来看,协定并没有像原先加拿大人担心的那样会改变加拿大对水和能源资源的控制。自由贸易有助于加拿大的发展,使得加拿大更加开放,成为贸易大国,改变了其原先在贸易上的劣势。

(九)发展前景

1. 受亚太自由贸易区的影响

美国所推行的亚太自由贸易区不仅包括《北美自由贸易协定》的成员国,而且有成为协定扩充版的趋势,《北美自由贸易协定》会受其内容与实现方式的影响。亚太自由贸易区的合作伙伴成员希望其协议具有综合性和高标准,并设法消除有关货物、服务、农业贸易关税和非关税壁垒,并为一系列的问题设立规则,包括知识产权、外国直接投资和其他经济活动等。而美国表示其只是与尚未建立自由贸易协定的亚太自由贸易区伙伴谈判双边市场准入问题,美国也一直寻求超越当前自由贸易协定中所提出的规则。这已经成为会谈争议的焦点,也可能成为墨西哥和加拿大的问题。2014年是《北美自由贸易协定》签署20周年,而此前关于该协定"已经过时、要求重新修订"的呼声也不断高涨。但在2014年2月召开的第七届北美领导人会议上,三国均表示不会重新开放对《北美自由贸易协定》的修订,对于那些20年前该协定未能涵盖的内容,将考虑通过亚太自由贸易区协商纳入。所以,亚太自由贸易区对《北美自由贸易协定》的影响有以下几个方面:知识产权保护、投资、服务贸易、政府采购、劳工和环境条款。如果亚太自由贸易区达成,墨西哥和加拿大两国将不得不遵循更严格和更强制实行的劳工和环境条款、更强的知识产权保护条款，以及一些在《北美自由贸易协定》中尚未详细讨论的细节，如国有企业的相关行为。

2. 加强成员国的监管合作

对于美国的政策制定者而言，他们考虑的问题是如何改善与墨西哥、加拿大两国在贸易、交通、竞争力、经济增长等方面的合作。自2015年后，这三国通过各种努力在上述问题上增进合作，最具代表性的是三方参与的北美领导人峰会。实际上，2015年召开的第一届北美领导人峰会之后，三国就同意通过北美安全和繁荣联盟加强监管合作，旨在通过监管合作增进三国的繁荣，但该机制并不具有法律约束的承诺或责任。早期的北美安全和繁荣联盟倡议也演变成了奥巴马政府所提出的有关监管合作的尝试，包括一些双边努力。例如，2017年3月，三国的国防部长在加拿大渥太华会面，参加首届"北美国防部长的三边会议"，就国家安全问题加强合作。所以，《北美自由贸易协定》中尚未涵盖和修改的一部分经济贸易方面的内容将纳入亚太自由贸易区协议，而其他方面将逐步纳入北美安全和繁荣联盟，可以将北美安全和繁荣联盟看成《北美自由贸易协定》的"超级走廊"。

3. 继续深化区域一体化

其一，全世界的区域贸易协定签署的数量日益增长，而且南美洲与除北美三国外的其他国家合作，会使《北美自由贸易协定》成员国的贸易政策改变，尤其是对未来的亚太自由贸易区贸易政策产生影响。如果从贸易政策方面来看，北美三国更深入的贸易和投资关系将对公司治理、劳工权利、环境保护等方面带来积极影响。另外，中间产品贸易和供应链对《北美自由贸易协定》成员国非常重要，三国未来会在这两个领域进行密切合作，并对边境基础设施的改善进行投资。

其二，为了使北美的产业更具竞争力，也为了实施"重新工业化"战略，美国会重新考虑与墨西哥、加拿大当前的贸易关系，即会在《北美自由贸易协定》的基础上拓宽北美一体化和合作。例如，有学者提出成立北美投资基金以帮助缩小墨西哥与美国和加拿大的收入差距，这一基金由世界银行管理，主要用于基础设施项目和教育。不过，深化一体化的政策在短期内很难实施，尤其是对美国而言，但由于会涉及北美三国未来的共同利益，这些政策会是《北美自由贸易协定》未来需要认真考虑的选择之一。

（十）北美自由贸易区对中国经济发展的影响

1. 北美自由贸易区对中国出口的影响

在中国的出口市场中，北美市场处于十分重要的地位。北美市场吸纳了我国 1/5 的出口产品，并且这一比重还在上升。其中，美国自 1999 年以来一直居于中国第一大出口市场地位。根据我国海关 2016 年统计资料，在中国前十位的出口市场中，美国仍高居第一，其次是欧盟、中国香港、东盟等。从积极方面来说，北美自由贸易区形成后的贸易创造效应使北美地区经济增加了活力。区内生产要素重新配置促进了劳动生产率的提高和效率的增强，并且带动经济增长，进而拉动对包括中国产品在内的区外产品的需求。我国在北美市场已有一定的销售渠道，由于各国要素禀赋的不同，原来由区外供应的某些产品，内部成员也未必能取代。此外，区域内贸易规则和产品标准的统一也有利于降低我国企业的市场开拓成本。北美自由贸易区向南扩展，建立美洲自由贸易区及其内部贸易规则的统一也有利于我国对整个拉丁美洲市场的开拓。

从消极影响方面来看，北美自由贸易区的实施不可避免地对区外的国家和地区产生贸易转移效应。协定给墨西哥提供优惠待遇，使我国劳动密集型的出口产品在美国和加拿大市场上处于不利地位。我国的纺织品、家用电器及其他产品与墨西哥产品处于竞争状态。由于区内资金的自由流动和经济一体化进程的加快，墨西哥产品的质量迅速提高，关税的减免和运输的便捷化将使墨西哥产品的成本明显降低。我国同类出口商品低成本的优势加速递减，要保证这类商品在美国和加拿大市场上已占有的份额将有相当大的困难。此外，以制约贸易区外国家为目的的原产地规则对我国产品进入设置了新的障碍。

2. 北美自由贸易区对中国引进外资的影响

在贸易转移的同时，北美自由贸易区也影响到国际资金和技术的流向，导致资金和技术向北美市场倾斜，增加了中国吸引外资的难度。

从中国吸引外资来看，北美自由贸易区国家一直是中国外资的重要来源地。以外国直接投资为例，中国刚加入让世界贸易组织时，中国外国直接投资的 1/10 来自北美，其中主要是美国。美国在华直接投资占中国外国直接投资的 11.41%，作用举足轻重，特别是北美发达经济体对中国的直接投资会给中国带来技术、管理等多方面的潜在积极效应，作用更是不可低估。

国内外学者的研究表明，高贸易壁垒不利于外国投资者进口其设备、零部件及原材料等，限制了外国投资者在全球范围内合理配置资源和发挥其竞争优势；反之，低贸易壁垒则可给外国投资者提供种种便利，形成东道国吸引外国直接投资的有利因素。北美自由贸易区贸易自由化进程消除了三国间的贸易壁垒，无疑成为美国、加拿大与墨西哥加强对成员国投资的一种激励因素。此外，按照北美自由贸易区的规定，除了一般性投资，墨西哥还向美国和加拿大开放其金融证券市场。类似的规定为美国和加拿大资本大举进入墨西哥创造了优厚条件。美国和加拿大为利用墨西哥的廉价劳动力和资源而增加了对墨西哥的直接投资，资本外溢相应减少。

四、东南亚国家联盟

（一）东盟概况

东南亚国家联盟的前身是由马来西亚、菲律宾和泰国三国于1961年7月31日在曼谷成立的东南亚联盟。1967年8月7日至8日，印度尼西亚、新加坡、泰国、菲律宾四国外长和马来西亚副总理在泰国首都曼谷举行会议，发表了《东南亚国家联盟成立宣言》，即《曼谷宣言》，正式宣告东南亚国家联盟（简称东盟，Association of Southeast Asian Nations，ASEAN）成立。成立几十年来，东盟已日益成为东南亚地区以经济合作为基础的政治、经济、安全一体化合作组织，并建立起一系列合作机制。

东盟秘书长是东盟首席行政官，向东盟首脑会议负责，由东盟各国轮流推荐资深人士担任，任期5年。文莱资深外交官林玉辉于2018年1月担任东南亚国家联盟（东盟）秘书处新一届秘书长。

东盟除印度尼西亚、马来西亚、菲律宾、新加坡和泰国5个创始成员国外，20世纪80年代后，文莱（1984年）、越南（1995年）、老挝（1997年）、缅甸（1997年）和柬埔寨（1999年）5国先后加入，使东盟由最初成立时的5个成员发展到目前的10个成员。东盟10国的总面积有4.47万平方公里，人口约6.01亿（2016年统计数据）。

（二）宗旨

东盟的宗旨是：以平等和协作精神，共同努力促进本地区的经济增长、社会进步和文化发展；遵循正义、国家关系准则和《联合国宪章》促进本地区的和平与稳定；与国际组织和地区组织进行紧密和互利的合作。

（三）机构

东盟主要机构有首脑会议、外长会议、常务委员会、秘书处。首脑会议是东盟最高决策机构,自1995年以来每年举行一次,已成为东盟国家商讨区域合作大计的最主要机制,主席由成员国轮流担任。外长会议是制定东盟基本政策的机构,每年轮流在成员国举行。常务委员会主要讨论东盟外交政策,并落实具体合作项目。秘书处设在印尼首都雅加达,出版有《东盟常务委员会报告》《东盟通讯》等刊物。

(四)重要事件

1992年,东盟就提出建立自由贸易区,力争通过推进贸易自由化提高合作水平和加强经济一体化建设,增强东盟的整体实力。

1995年12月,第五届东盟首脑会议通过的《曼谷宣言》强调,东盟国家要在政治、经济等领域加强合作,努力加快东南亚一体化进程。

1997年5月底,东盟7个成员在吉隆坡举行外长特别会议,一致决定于同年7月接纳缅甸、柬埔寨和老挝加入东盟。这是东盟朝东南亚国家政经一体化迈出的重要一步。

2000年11月,在新加坡举行的东盟领导人非正式会议上,东盟领导人同意将东盟国家视为一个经济体并在国际上采取整体行动,以提高东盟的竞争力和实现地区一体化。东盟领导人还达成了"推进东盟一体化计划"。

2003年10月,第九届东盟首脑会议发表的《东盟第二协约宣言》宣布,将于2020年建成以安全共同体、经济共同体和社会文化共同体为三大支柱的东盟共同体。

2004年11月,第十届东盟首脑会议通过了《东盟安全共同体行动纲领》和《东盟社会文化共同体行动纲领》,并正式将制定《东盟宪章》列为东盟的一个目标,为东盟共同体建设寻求法律保障。

2007年1月,第十二届东盟首脑会议通过的《宿务宣言》决定,将东盟共同体建设提前至2015年完成,并正式启动《东盟宪章》的起草工作。《东盟宪章》于同年11月获得通过,2008年12月正式生效。宪章规定,东盟共同体将由东盟经济共同体、东盟安全共同体和东盟社会文化共同体组成。建成后的东盟共同体将使东盟具有一个目标、一个身份和一个声音,共同应对未来的挑战。

2007年8月8日,为庆祝东南亚国家联盟成立40周年,特定当天为东南亚国家联盟日。

2009年2月,第十四届东盟首脑会议上通过《东盟共同体2009—2015年路线图宣言》及相关文件,就2015年建成东盟共同体提出了战略构想、具体目标和行动计划。

2010年10月，第十七届东盟首脑会议通过《东盟互联互通总体规划》。该规划囊括700多项工程和计划，投资规模约达3 800万美元。该规划实施后将促进东盟地区全方位联通。

2012年4月，第二十届东盟首脑会议通过了《主席声明》《金边宣言》《金边议程》等一系列重要成果文件，确定了东盟当年的主要任务和重点关注的领域。在同年11月举行的第二十一届东盟首脑会议上，东盟领导人决定将2015年12月31日设定为建立东盟共同体的最后期限。

2013年4月，第二十二届东盟首脑会议明确了确保2015年建成东盟共同体必须采取的具体措施和步骤，并提出了在2015年后努力实现真正"以人为本"的东盟长远目标。东盟共同体由三部分构成，即安全共同体、经济共同体和社会文化共同体。鉴于内部发展不平衡，东盟本着先易后难的原则，将于2015年率先实现经济共同体的目标。

2018年10月13日，东盟各国飞机事故调查部门和中国民用航空局在第二十三届东盟交通部长会议及东盟与中国、日本、韩国对话伙伴国相关会议期间，签署了一份关于飞机事故调查合作的谅解备忘录。

（五）中国与东盟的关系

东盟国家是中国友好近邻，中国已同所有东盟国家建立了外交关系。

中国与东盟自1991年开启对话进程。经过二十多年共同努力，双方政治互信明显增强，经贸合作成效显著，其他领域合作不断拓展和深化。中国—东盟关系充满活力，发展前景广阔。

中国与东盟国家签署《南海各方行为宣言》，就和平解决争议、共同维护地区稳定、开展南海合作达成共识。

政治上，中国作为东盟对话伙伴率先加入《东南亚友好合作条约》，与东盟建立了面向和平与繁荣的战略伙伴关系。双方还建立了较为完善的对话合作机制，主要包括领导人会议、部长级会议、高官会等。

2009年，中国设立驻东盟大使。

2011年，就落实《南海各方行为宣言》后续行动指针达成一致，为开展南海务实合作铺平道路。面对各种重大自然灾害和突发事件，中国与东盟真诚合作、共同应对。双方召开了非典型性肺炎特别峰会和防治禽流感特别会议，制定了一系列合作措施。

2011年11月，中国—东盟中心正式成立。2012年9月，中国驻东盟使团成立。

经济上，2010年1月，中国—东盟自贸区全面建成。目前中国是东盟第一大贸易伙伴，东盟是中国第三大贸易伙伴。2016年，双方贸易额达4522.1亿美元。2014年8月，双方宣布启动中国—东盟自贸区升级谈判。2015年11月，双方签署《中国与东盟关于修订〈中国—东盟全面经济合作框架协议〉及项下部分协议的议定书》，标志着中国—东盟自贸区升级谈判正式结束。中国—东盟博览会及商务与投资峰会自2004年起每年在广西南宁举行，已成功举办13届，成为我国与东盟国家经济往来的重要平台。

领域合作方面，双方确定了农业、信息通信技术、人力资源开发、相互投资、湄公河流域开发、交通、能源、文化等重点合作领域。中国与东盟签署了农业、信息通信、非传统安全、交通、文化、卫生与植物卫生、新闻、知识产权、技术法规、标准和合格评定程序、中国—东盟中心等合作谅解备忘录。

双方设立了中国—东盟合作基金、中国—东盟公共卫生合作基金、中国—东盟海上合作基金和中国—东盟投资合作基金，用于支持具体领域合作项目。东盟十国均已成为中国公民出国旅游目的地，双方互为主要旅游客源对象。

在国际地区事务上，双方协调和配合进一步加强。中国坚定支持东盟在东亚合作中的中心地位，在东盟与中日韩（10+3）合作、东亚峰会、东盟地区论坛、亚洲合作对话、亚太经合组织、亚欧会议、东亚—拉美合作论坛等区域和跨区域合作机制框架下保持良好沟通与合作。

习近平主席访问东南亚国家，倡议携手建设更为紧密的中国—东盟命运共同体，共同建设21世纪"海上丝绸之路"。

第四节 "一带一路"倡议的概述、内容、发展与成果

"一带一路"是"丝绸之路经济带"和"21世纪海上丝绸之路"的简称。中国国家主席习近平在出访中亚和东南亚国家期间，分别提出共建"丝绸之路经济带"和"21世纪海上丝绸之路"的重大倡议，得到国际社会高度关注。中国国务院总理李克强参加中国—东盟博览会时强调，铺就面向东盟的海上丝绸之路，打造带动腹地发展的战略支点。加快"一带一路"建设，有利于促进沿线各国经济繁荣与区域经济合作，加强不同文明交流互鉴，促进世界和平发展，是一项造福世界各国人民的伟大事业。

"一带一路"旨在借用古代丝绸之路的历史符号，高举和平发展的旗帜，积极发展与沿线国家的经济合作伙伴关系，共同打造政治互信、经济融合、文化包容的利益共同体、命运共同体和责任共同体。

一、历史背景

两千多年前，亚欧大陆上勤劳勇敢的人们探索出多条连接亚欧非几大文明之地的贸易和人文交流道路，后人将其统称为"丝绸之路"。千百年来，"和平合作、开放包容、互学互鉴、互利共赢"的丝绸之路精神薪火相传，推进了人类文明进步，是促进沿线各国繁荣发展的重要纽带，是东西方交流合作的象征，是世界各国共有的历史文化遗产。

从运输方式上，丝绸之路主要分为陆上丝绸之路和海上丝绸之路。

陆上丝绸之路起自中国古代都城长安（今西安），经河西走廊、中亚国家、阿富汗、伊朗、伊拉克、叙利亚等国家而达地中海，以罗马为终点，全长6 440公里。这条路被认为是联结亚欧大陆的古代东西方文明的交汇之路，而丝绸则是最具代表性的货物。

海上丝绸之路是指古代中国与世界其他地区进行经济文化交流交往的海上通道。两千多年前，一条以中国徐闻港、合浦港等港口为起点的海上丝绸之路成就了世界性的贸易网络。唐代，我国东南沿海有一条叫作"广州通海夷道"的海上航路，就是我国海上丝绸之路的最早叫法。

古代海上丝绸之路从中国东南沿海，经过中南半岛和南海诸国，穿过印度洋，进入红海，抵达东非和欧洲，成为中国与外国贸易往来和文化交流的海上大通道，并推动了沿线各国的共同发展。中国输往世界各地的主要货物，从丝绸到瓷器和茶叶，形成一股持续吹向全球的东方文明之风。尤其是在宋元时期，中国造船技术和航海技术的大幅提升以及指南针在航海上的运用，全面提升了商船远航能力，私人海上贸易也得到发展。这一时期，中国与世界上六十多个国家有着直接的"海上丝路"商贸往来，引发了西方世界一窥东方文明的大航海时代热潮。明代郑和远航的成功标志着"海上丝路"发展到了极盛时期。

中国境内海上丝绸之路主要由广州、泉州、宁波三个主港和扬州、福州等其他支线港组成。广州是世界海上交通史上唯一两千多年来长盛不衰的大港，从3世纪30年代起，广州已成为海上丝绸之路的主港。唐宋时期，广州成为中国第一大港。明初、清初海禁，广州长时间处于"一口通商"局面，宋末至元代，泉州成为中国第一大港，并与埃及的亚历山大港并称为"世界第一大港"，后因明清海禁而衰落，联合国教科文组织所承认的海上丝绸之路的起点便是泉州。在东汉初年，宁波地区就已与日本有交往，到了唐朝，成为中国的大港之一，两宋时，靠北的外贸港口先后为辽、金所占，或受战事影响，外贸大量转移到宁波。

二、时代背景

当今世界正发生着复杂深刻的变化，国际金融危机深层次影响继续显现，世界经济缓慢复苏、发展、分化，国际投资贸易格局和多边投资贸易规则酝酿深刻调整，各国面临的发展问题依然严峻。共建"一带一路"顺应世界多极化、经济全球化、文化多样化、社会信息化的潮流，秉持开放的区域合作精神，致力于维护全球自由贸易体系和开放型世界经济；共建"一带一路"旨在促进经济要素有序自由流动、资源高效配置和市场深度融合，推动沿线各国实现经济政策协调，开展更大范围、更高水平、更深层次的区域合作，共同打造开放、包容、均衡、普惠的区域经济合作架构；共建"一带一路"符合国际社会的根本利益，彰显人类社会的共同理想和美好追求，是国际合作以及全球治理新模式的积极探索，将为世界和平发展增添新的正能量。

共建"一带一路"致力于亚欧非大陆及附近海洋的互联互通，建立和加强沿线各国互联互通伙伴关系，构建全方位、多层次、复合型的互联互通网络，实现沿线各国多元、自主、平衡、可持续的发展。"一带一路"的互联互通项目将推动沿线各国发展战略的对接与耦合，发掘区域内市场的潜力，促进投资和消费，创造需求和就业，增进沿线各国人民的人文交流与文明互鉴，让各国人民相逢相知、互信互敬，共享和谐、安宁、富裕的生活。

当前，中国经济与世界经济高度关联。中国将一以贯之地坚持对外开放的基本国策，构建全方位开放新格局，深度融入世界经济体系。推进"一带一路"建设既是中国扩大和深化对外开放的需要，也是加强与亚欧非及世界各国互利合作的需要，中国愿意在力所能及的范围内承担更多责任和义务，为人类和平发展做出更大的贡献。

三、共建原则

一是恪守《联合国宪章》的宗旨和原则。遵守和平共处五项原则，即尊重各国主权和领土完整、互不侵犯、互不干涉内政、和平共处、平等互利。

二是坚持开放合作。"一带一路"相关的国家基于但不限于古代丝绸之路的范围，各国和国际、地区组织均可参与，让共建成果惠及更广泛的区域。

三是坚持和谐包容。倡导文明宽容，尊重各国发展道路和模式的选择，加强不同文明之间的对话，求同存异、兼容并蓄、和平共处、共生共荣。

四是坚持市场运作。遵循市场规律和国际通行规则，充分发挥市场在资源配置中的决定性作用和各类企业的主体作用，同时发挥好政府的作用。

五是坚持互利共赢。兼顾各方利益和关切，寻求利益契合点和合作最大公约数，体现各方智慧和创意，各施所长，各尽所能，把各方优势和潜力充分发挥出来。

四、框架思路

第一，"一带一路"是促进共同发展、实现共同繁荣的合作共赢之路，是增进理解信任、加强全方位交流的和平友谊之路。中国政府倡议，秉持和平合作、开放包容、互学互鉴、互利共赢的理念，全方位推进务实合作，打造政治互信、经济融合、文化包容的利益共同体、命运共同体和责任共同体。

第二，"一带一路"贯穿亚欧非大陆，一头是活跃的东亚经济圈，另一头是发达的欧洲经济圈，中间广大腹地国家经济发展潜力巨大。丝绸之路经济带重点畅通中国经中亚、俄罗斯至欧洲（波罗的海），中国经中亚、西亚至波斯湾、地中海，中国至东南亚、南亚、印度洋。21世纪海上丝绸之路的重点方向是从中国沿海港口过南海到印度洋，延伸至欧洲，以及从中国沿海港口过南海到南太平洋。

第三，根据"一带一路"走向，陆上依托国际大通道，以沿线中心城市为支撑，以重点经贸产业园区为合作平台，共同打造新亚欧大陆桥、中蒙俄、中国—中亚—西亚、中国—中南半岛等国际经济合作走廊；海上以重点港口为节点，共同建设通畅、安全、高效的运输大通道。中巴、孟中印缅两个经济走廊与推进"一带一路"建设关联紧密，要进一步推动合作，取得更大进展。

第四，"一带一路"建设是沿线各国开放合作的宏大经济愿景，需各国携手努力，朝着互利互惠、共同安全的目标前进。努力实现区域基础设施更加完善，安全高效的陆海空通道网络基本形成，互联互通达到新水平；投资贸易便利化水平进一步提升，高标准自由贸易区网络基本形成，经济联系更加紧密，政治互信更加深入；人文交流更加广泛，不同文明互鉴共荣，各国人民相知相交、和平友好。

五、合作重点

沿线各国资源禀赋各异，经济互补性较强，彼此合作潜力和空间很大。以政策沟通、设施联通、贸易畅通、资金融通、民心相通为主要内容，重点在以下方面加强合作：

①政策沟通。加强政策沟通是"一带一路"建设的重要保障。加强政府间合作，积极构建多层次政府间宏观政策沟通交流机制，深化利益融合，促进政

治互信，达成合作新共识。沿线各国可以就经济发展战略和对策进行充分交流对接，共同制定推进区域合作的规划和措施，协商解决合作中的问题，共同为务实合作及大型项目实施提供政策支持。

②设施联通。基础设施互联互通是"一带一路"建设的优先领域。在尊重相关国家主权和安全关切的基础上，沿线国家宜加强基础设施建设规划、技术标准体系的对接，共同推进国际骨干通道建设，逐步形成连接亚洲各级区域以及亚欧非之间的基础设施网络。强化基础设施绿色低碳化建设和运营管理，在建设中充分考虑气候变化影响。

③抓住交通基础设施的关键通道、关键节点和重点工程，优先打通缺失路段，畅通"瓶颈"路段，配套完善道路安全防护设施和交通管理设施设备，提升道路通达水平。推进建立统一的全程运输协调机制，促进国际通关、换装、多式联运有机衔接，逐步形成兼容规范的运输规则，实现国际运输便利化。推动口岸基础设施建设，畅通陆水联运通道，推进港口合作建设，增加海上航线和班次，加强海上物流信息化合作。拓展建立民航全面合作的平台和机制，加快提升航空基础设施水平。

④加强能源基础设施互联互通合作。共同维护输油、输气管道等运输通道安全，推进跨境电力与输电通道建设，积极开展区域电网升级改造合作。

⑤共同推进跨境光缆等通信干线网络建设。提高国际通信互联互通水平，畅通信息丝绸之路。加快推进双边跨境光缆等建设，规划建设洲际海底光缆项目，完善空中（卫星）信息通道，扩大信息交流与合作。

⑥贸易畅通，投资贸易合作是"一带一路"建设的重点内容。宜着力研究解决投资贸易便利化问题，消除投资和贸易壁垒，构建区域内和各国良好的营商环境，积极与沿线国家和地区共同商建自由贸易区，激发释放合作潜力，做大做好合作"蛋糕"。

⑦沿线国家宜加强信息互换、监管互认、执法互助的海关合作。加强检验检疫、认证认可、标准计量、统计信息等方面的双多边合作，推动世界贸易组织《贸易便利化协定》生效和实施。改善边境口岸通关设施条件，加快边境口岸"单一窗口"建设，降低通关成本，提升通关能力。加强供应链安全与便利化合作，推进跨境监管程序协调，推动检验检疫证书国际互联网核查，开展"经认证的经营者"互认。降低非关税壁垒，共同提高技术性贸易措施透明度，提高贸易自由化便利化水平。

⑧拓宽贸易领域，优化贸易结构。挖掘贸易新增长点，促进贸易平衡。创新贸易方式，发展跨境电子商务等新的商业业态。建立健全服务贸易促进体系，

巩固和扩大传统贸易，大力发展现代服务贸易。把投资和贸易有机结合起来，以投资带动贸易发展。

⑨加快投资便利化进程，消除投资壁垒。加强双边投资保护协定、避免双重征税协定磋商，保护投资者的合法权益。

⑩拓展相互投资领域。开展农林牧渔业、农机及农产品生产加工等领域深度合作，积极推进海水养殖、远洋渔业、水产品加工、海水淡化、海洋生物制药、海洋工程技术、环保产业和海上旅游等领域的合作。加大煤炭、油气、金属矿产等传统能源资源勘探开发合作，积极推动水电、核电、风电、太阳能等清洁、可再生能源合作，推进能源资源就地就近加工转化合作，形成能源资源合作上下游一体化产业链。加强能源资源深加工技术、装备与工程服务合作。

⑪推动新兴产业合作。按照优势互补、互利共赢的原则，促进沿线国家加强在新一代信息技术、生物、新能源、新材料等新兴产业领域的深入合作，推动建立创业投资合作机制。

⑫优化产业链分工布局。推动上下游产业链和关联产业协同发展，鼓励建立研发、生产和营销体系，提升区域产业配套能力和综合竞争力。扩大服务业相互开放，推动区域服务业加快发展。探索投资合作新模式，鼓励合作建设境外经贸合作区、跨境经济合作区等各类产业园区，促进产业集群发展。在投资贸易中突出生态文明理念，加强生态环境、生物多样性和应对气候变化合作，共建绿色丝绸之路。

⑬中国欢迎各国企业来华投资。鼓励本国企业参与沿线国家基础设施建设和产业投资。促进企业按属地化原则经营管理，积极帮助当地发展经济、增加就业、改善民生，主动承担社会责任，严格保护生物多样性和生态环境。

⑭资金融通。资金融通是"一带一路"建设的重要支撑。深化金融合作，推进亚洲货币稳定体系、投融资体系和信用体系建设。扩大沿线国家双边本币互换、结算的范围和规模。推动亚洲债券市场的开放和发展。共同推进亚洲基础设施投资银行、金砖国家开发银行筹建，有关各方就建立上海合作组织融资机构开展磋商。加快丝路基金组建运营。深化中国—东盟银行联合体、上合组织（上海合作组织）银行联合体务实合作，以银团贷款、银行授信等方式开展多边金融合作。支持沿线国家政府和信用等级较高的企业以及金融机构在中国境内发行人民币债券。符合条件的中国境内金融机构和企业可以在境外发行人民币债券和外币债券，鼓励在沿线国家使用所筹资金。

⑮加强金融监管合作。推动签署双边监管合作谅解备忘录，逐步在区域内建立高效监管协调机制。完善风险应对和危机处置制度安排，构建区域性金融

风险预警系统，形成应对跨境风险和危机处置的交流合作机制。加强征信管理部门、征信机构和评级机构之间的跨境交流与合作。充分发挥丝路基金以及各国主权基金作用，引导商业性股权投资基金和社会资金共同参与"一带一路"重点项目建设。

⑯民心相通。民心相通是"一带一路"建设的社会根基。传承和弘扬丝绸之路友好合作精神，广泛开展文化交流、学术往来、人才交流合作、媒体合作、青年和妇女交往、志愿者服务等，为深化双多边合作奠定坚实的民意基础。

⑰扩大相互间留学生规模。开展合作办学，中国每年向沿线国家提供1万个政府奖学金名额。沿线国家间互办文化年、艺术节、电影节、电视周和图书展等活动，合作开展广播影视剧精品创作及翻译，联合申请世界文化遗产，共同开展世界遗产的联合保护工作。深化沿线国家间人才交流合作。

⑱加强旅游合作。扩大旅游规模，互办旅游推广周、宣传月等活动，联合打造具有丝绸之路特色的国际精品旅游线路和旅游产品，提高沿线各国游客签证便利化水平。推动21世纪海上丝绸之路邮轮旅游合作。积极开展体育交流活动，支持沿线国家申办重大国际体育赛事。

⑲强化与周边国家在传染病疫情信息沟通、防治技术交流、专业人才培养等方面的合作。提高合作处理突发公共卫生事件的能力，为有关国家提供医疗援助和应急医疗救助，在妇幼健康、残疾人康复以及艾滋病、结核、疟疾等主要传染病领域开展务实合作，扩大在传统医药领域的合作。

⑳加强科技合作。共建联合实验室（研究中心）、国际技术转移中心、海上合作中心，促进科技人员交流，合作开展重大科技攻关，共同提升科技创新能力。

㉑整合现有资源。积极开拓和推进与沿线国家在青年就业、创业培训、职业技能开发、社会保障管理服务、公共行政管理等共同关心领域的务实合作。

㉒充分发挥政党、议会交往的桥梁作用。加强沿线国家之间立法机构、主要党派和政治组织的友好往来。开展城市交流合作，欢迎沿线国家重要城市之间互结友好城市，以人文交流为重点，突出务实合作，形成更多鲜活的合作范例。欢迎沿线国家智库之间开展联合研究、合作举办论坛等。

㉓加强沿线国家民间组织的交流合作。重点面向基层民众，广泛开展教育医疗、减贫开发、生物多样性和生态环保等各类公益慈善活动，促进沿线贫困地区生产生活条件改善。加强文化传媒的国际交流合作，积极利用网络平台，运用新媒体工具，塑造和谐友好的文化生态和舆论环境。

六、合作机制

当前,世界经济融合加速发展,区域合作方兴未艾。积极利用现有双多边合作机制,推动"一带一路"建设,促进区域合作蓬勃发展。

(一)加强双边合作

开展多层次、多渠道沟通磋商,推动双边关系全面发展。推动签署合作备忘录或合作规划,建设一批双边合作示范项目。建立完善双边联合工作机制,研究推进"一带一路"建设的实施方案、行动路线图。充分发挥现有联委会、混委会、协委会、指导委员会、管理委员会等双边机制作用,协调推动合作项目实施。

(二)强化多边合作机制作用

发挥上海合作组织、中国—东盟、亚太经合组织、亚欧会议、亚洲合作对话、亚信会议、中阿合作论坛、中国—海合会战略对话、大湄公河次区域经济合作、中亚区域经济合作等现有多边合作机制作用,相关国家加强沟通,让更多国家和地区参与"一带一路"建设。

(三)倡议建立"一带一路"国际高峰论坛

继续发挥沿线各国区域、次区域相关国际论坛、展会以及博鳌亚洲论坛、中国—东盟博览会、中国—亚欧博览会、欧亚经济论坛、中国国际投资贸易洽谈会,以及中国—南亚博览会、中国—阿拉伯博览会、中国西部国际博览会、中国—俄罗斯博览会、前海合作论坛等平台的建设性作用。支持沿线国家地方、民间挖掘"一带一路"历史文化遗产,联合举办专项投资、贸易、文化交流活动,办好丝绸之路(敦煌)国际文化博览会、丝绸之路国际电影节和图书展。

七、中国各地方开放态势

推进"一带一路"建设,中国将充分发挥国内各地区比较优势,实行更加积极主动的开放战略,加强东中西互动合作,全面提升开放型经济水平。

(一)西北、东北地区

发挥新疆独特的区位优势和向西开放重要窗口作用,深化与中亚、南亚、西亚等国家交流合作,形成丝绸之路经济带上重要的交通枢纽、商贸物流和文化科教中心,打造丝绸之路经济带核心区。发挥陕西、甘肃综合经济文化和宁夏、青海民族人文优势,打造西安内陆型改革开放新高地,加快兰州、西宁开发开放，推进宁夏内陆开放型经济试验区建设，形成面向中亚、南亚、西亚国家的通道、商贸物流枢纽、重要产业和人文交流基地。发挥内蒙古联通俄蒙的区位优势，完善黑龙江对俄铁路通道和区域铁路网，以及黑龙江、吉林、辽宁与俄远东地区陆海联运合作，推进构建北京—莫斯科欧亚高速运输走廊，建设向北开放的重要窗口。

（二）西南地区

发挥广西与东盟国家陆海相邻的独特优势，加快北部湾经济区和珠江—西江经济带开放发展，构建面向东盟区域的国际通道，打造西南、中南地区开放发展新的战略支点，形成21世纪海上丝绸之路与丝绸之路经济带有机衔接的重要门户。发挥云南区位优势，推进与周边国家的国际运输通道建设，打造大湄公河次区域经济合作新高地，建设成为面向南亚、东南亚的辐射中心。推进西藏与尼泊尔等国家边境贸易和旅游文化合作。

（三）沿海和港澳台地区

利用长三角、珠三角、海峡西岸、环渤海等经济区开放程度高、经济实力强、辐射带动作用大的优势，加快推进中国（上海）自由贸易试验区建设，支持福建建设21世纪海上丝绸之路核心区。充分发挥深圳前海、广州南沙、珠海横琴、福建平潭等开放合作区作用，深化与港澳台合作，打造粤港澳大湾区。推进浙江海洋经济发展示范区、福建海峡蓝色经济试验区和舟山群岛新区建设，加大海南国际旅游岛开发开放力度。加强上海、天津、宁波、舟山、广州、深圳、湛江、汕头、青岛、烟台、大连、福州、厦门、泉州、海口、三亚等沿海城市港口建设，强化上海、广州等国际机场枢纽功能。以扩大开放促进深层次改革，创新开放型经济体制机制，加大科技创新力度，形成参与和引领国际合作竞争新优势，成为"一带一路"特别是21世纪海上丝绸之路建设的排头兵和主力军。发挥海外侨胞以及香港、澳门特别行政区独特优势作用，积极参与和助力"一带一路"建设。为台湾地区参与"一带一路"建设做出妥善安排。

（四）内陆地区

利用内陆纵深广阔、人力资源丰富、产业基础较好优势，依托长江中游城市群、成渝城市群、中原城市群、呼包鄂榆城市群、哈长城市群等重点区域，推动区域互动合作和产业集聚发展，打造重庆西部开发开放重要支撑和成都、郑州、武汉、长沙、南昌、合肥等内陆开放型经济高地。加快推动长江中上游地区和俄罗斯伏尔加河沿岸联邦区的合作。建立中欧通道铁路运输、口岸通关协调机制，打造"中欧班列"品牌，建设沟通境内外、连接东中西的运输通道。支持郑州、西安等内陆城市建设航空港、国际陆港，加强内陆口岸与沿海、沿边口岸通关合作，开展跨境贸易电子商务服务试点。优化海关特殊监管区域布局，创新加工贸易模式，深化与沿线国家的产业合作。

八、基本内涵

"一带一路"倡议自提出以来不断拓展合作区域与领域，尝试与探索新的合作模式，使之得以丰富、发展与完善，但其初衷与原则却始终如一。这是认知与理解"一带一路"倡议的基点与关键。

（一）"一带一路"是开放性、包容性区域合作倡议

当今世界是一个开放的世界，开放带来进步，封闭导致落后。中国认为，只有开放才能发现机遇、抓住和利用好机遇、主动创造机遇，才能实现国家的奋斗目标。"一带一路"倡议就是要把世界的机遇转变为中国的机遇，把中国的机遇转变为世界的机遇。正是基于这种认知与愿景，"一带一路"以开放为导向，希望通过加强交通、能源和网络等基础设施的互联互通建设，促进经济要素有序自由流动、资源高效配置和市场深度融合，开展更大范围、更高水平、更深层次的区域合作，打造开放、包容、均衡、普惠的区域经济合作架构，以此来解决经济增长和平衡问题。这意味着"一带一路"是一个多元开放包容的合作性倡议。可以说，"一带一路"的开放包容性特征是区别于其他区域性经济倡议的一个突出特点。

（二）"一带一路"是务实合作平台

"和平合作、开放包容、互学互鉴、互利共赢"的丝路精神成为人类共有的历史财富，"一带一路"就是秉承这一精神与原则提出的现时代重要倡议。通过加强相关国家间的全方位多层面交流合作，充分发掘与发挥各国的发展潜力与比较优势，彼此形成互利共赢的区域利益共同体、命运共同体和责任共同体。在这一机制中，各国是平等的参与者、贡献者、受益者。因此，"一带一路"从一开始就具有平等性、和平性特征。平等是中国所坚持的重要国际准则，也是"一带一路"建设的关键基础。只有建立在平等基础上的合作才会是持久的合作，也才会是互利的合作。"一带一路"平等包容的合作特征为其推进减轻了阻力，提升了共建效率，有助于国际合作真正"落地生根"。同时，"一带一路"建设离不开和平安宁的国际环境和地区环境，和平是"一带一路"建设的本质属性，也是

保障其顺利推进所不可或缺的重要因素。这些就决定了"一带一路"不应该也不可能沦为大国政治较量的工具，更不会重复地缘博弈的老套路。

（三）"一带一路"是共商共建共享的联动发展倡议

"一带一路"建设是在双边或多边联动基础上通过具体项目加以推进的，是在进行充分政策沟通、战略对接以及市场运作后形成的发展倡议与规划。2017年5月《"一带一路"国际合作高峰论坛圆桌峰会联合公报》中强调了建设"一带一路"的基本原则，其中就包括市场原则，即充分认识市场作用和企业主体地位，确保政府发挥适当作用，政府采购程序应开放、透明、非歧视。可见，"一带一路"建设的核心主体与支撑力量并不在政府，而是企业，根本方法是遵循市场规律，并通过市场化运作模式来实现参与各方的利益诉求，政府在其中发挥构建平台、创立机制、政策引导等指向性、服务性功能。

（四）"一带一路"是与现有机制的对接和互补

"一带一路"建设的相关国家要素禀赋各异，比较优势差异明显，互补性很强。有的国家能源资源丰富但开发力度不够，有的国家劳动力充裕但就业岗位不足，有的国家市场空间广阔但产业基础薄弱，有的国家基础设施建设需求旺盛但资金紧缺。我国经济规模居全球第二，外汇储备居全球第一，优势产业越来越多，基础设施建设经验丰富，装备制造能力强、质量好、性价比高，具备资金、技术、人才、管理等综合优势。这就为中国与其他"一带一路"参与方实现产业对接与优势互补提供了现实需要与重大机遇。因而，"一带一路"的核心内容就是要促进基础设施建设和互联互通，对接各国政策和发展战略，以便深化务实合作，促进协调联动发展，实现共同繁荣。显然，它不是对现有地区合作机制的替代，而是与现有机制互为助力、相互补充。实际上，"一带一路"建设已经与俄罗斯欧亚经济联盟建设、印尼全球海洋支点发展规划、哈萨克斯坦光明之路经济发展战略、蒙古国草原之路倡议、欧盟欧洲投资计划、埃及苏伊士运河走廊开发计划等实现了对接与合作，并形成了一批标志性项目，如中哈（连云港）物流合作基地建设。作为新亚欧大陆桥经济走廊建设成果之一，中哈（连云港）物流合作基地初步实现了深水大港、远洋干线、中欧班列、物流场站的无缝对接。该项目与哈萨克斯坦"光明之路"发展战略高度契合。哈萨克斯坦"光明道路"党主席佩鲁阿舍夫表示，在与"光明之路"新经济政策的对接中，"一带一路"倡议有效推动了哈萨克斯坦乃至整个中亚地区的经济发展，为各国在经济、文化等领域的合作开辟了广阔空间，创造了更多机遇。

(五)"一带一路"建设是促进人文交流的桥梁

"一带一路"跨越不同区域、不同文化、不同宗教信仰,但它带来的不是文明冲突,而是各文明间的交流互鉴。"一带一路"在推进基础设施建设,加强产能合作与发展战略对接的同时,也将"民心相通"作为工作重心之一。通过弘扬丝绸之路精神,开展智力丝绸之路、健康丝绸之路等建设,在科学、教育、文化、卫生、民间交往等各领域广泛开展合作。"一带一路"建设民意基础更为坚实,社会根基更加牢固。法国前总理德维尔潘认为,"一带一路"建设非常重要,"它是政治经济文化上的'桥梁'和纽带,让人民跨越国界更好交流。"因而,"一带一路"建设就是要以文明交流超越文明隔阂、文明互鉴超越文明冲突、文明共存超越文明优越,为相关国家民众加强交流、增进理解搭起了新的"桥梁",为不同文化和文明加强对话、交流互鉴织就了新的纽带,推动各国相互理解、相互尊重、相互信任。

九、主要项目成果

(一)蒙内铁路

肯尼亚是中国"一带一路"倡议在非洲唯一的支点,是新丝路建设中获得中国资金援助最多的国家。

李克强总理访问肯尼亚期间,中国和肯尼亚签署了关于蒙巴萨—内罗毕铁路相关合作协议,蒙内铁路是肯尼亚百年来建设的首条新铁路,是东非铁路网的"咽喉",也是东非次区域互联互通重大项目,规划全长2 700千米,预计总造价250亿美元。

(二)中匈协议

在匈牙利正式访问的外交部部长王毅,在布达佩斯同匈牙利外交与对外经济部部长西亚尔托签署了《中华人民共和国政府和匈牙利政府关于共同推进丝绸之路经济带和21世纪海上丝绸之路建设的谅解备忘录》。这是中国与欧洲国家签署的第一个此类合作文件。

(三)卫星通信

为保障"一带一路"通信卫星信号无障碍,国内的相关企业和政府机构已经对"一带一路"的卫星发射进行了规划和研究,未来三五年内将发射多颗通信卫星。与此同时,"一带一路"途经国家的通信信号也将逐步实现全覆盖,从而在通信领域为"一带一路"铺平道路。

（四）亚洲基础设施投资银行

亚洲基础设施投资银行（简称亚投行）是一个政府间性质的亚洲区域多边开发机构。重点支持基础设施建设，成立宗旨是促进亚洲区域的建设互联互通化和经济一体化的进程，并且加强中国及其他亚洲国家和地区的合作，是首个由中国倡议设立的多边金融机构，总部设在北京，法定资本1 000亿美元。截至2017年5月13日，亚投行有77个正式成员。

（五）卡拉奇—拉合尔高速公路

卡拉奇—拉合尔高速公路项目为中国和巴基斯坦经济走廊最大交通基础设施项目，全长约1 152公里，采用双向6车道设计，设计时速120公里/小时。

（六）巴基斯坦卡洛特水电站

2016年1月10日，在距离巴基斯坦首都伊斯兰堡50多公里处的吉拉姆河畔，三峡集团承建的卡洛特水电站主体工程开工。这是丝路基金首个对外投资项目。中国政府已承诺在2030年前向巴基斯坦投资至少350亿美元，为建造发电厂提供融资。

（七）中亚天然气管线项目

该项目由中石油海外工程集团承建，从中亚进口的天然气，通过中亚管道接入西气东输管道，覆盖国内25个省市和香港特别行政区的用户，造福5亿多人。

（八）印尼雅万高铁

2016年1月21日，由中国承建的印尼雅万高铁开工奠基仪式举行。这将是印尼乃至东南亚地区的首条高铁。

（九）德黑兰至马什哈德铁路

2016年2月6日，伊朗总统鲁哈尼出席了德黑兰—马什哈德铁路电气化改造项目的开工仪式，项目预计在42个月后竣工，随后还有5年的维护期。该项目将由伊朗基础设施工程集团Mapna和中国中机公司及苏电集团承建。

（十）老挝铁路

2016年12月25日，老挝总理通伦亲自挥铲破土，鸣锣九响，标志着中国—

老挝铁路全线开工。根据规划，中老铁路将于2021年全线贯通，届时从中国边境到万象只需4个小时，多山缺路的老挝将实现从"陆锁国"变为"陆联国"的梦想。

（十一）孟加拉国希拉甘杰电站二期

项目建成后将缓解孟加拉国当地用电紧张状态。

（十二）柬埔寨西哈努克港经济特区

柬埔寨西哈努克港经济特区是由江苏太湖柬埔寨国际经济合作区投资有限公司与柬埔寨国际投资开发集团有限公司在柬埔寨西哈努克省共同开发建设的国家级经贸合作区，也是"一带一路"上的标志性项目，得到了中柬两国领导人的高度肯定。2016年10月，习近平主席出访柬埔寨期间，在署名文章中特别指出"蓬勃发展的西哈努克港经济特区是中柬务实合作的样板"。2018年1月9日，国务院总理李克强访柬前夕在发表的署名文章中高度肯定了西港特区的建设成果，认为西港特区以实实在在造福民众的方式续写着中柬友谊的时代新篇章。

至2017年底，西港特区首期5平方公里区域内已完成通路、通电、通水、通信、排污（五通）和平地（一平），成为柬埔寨当地生产、生活配套环境完善的工业园区之一，并引入了来自中国、欧美等国家和地区的118家企业入驻，解决当地近2万人就业。

十、中国对"一带一路"国家的投资与贸易

"一带一路"倡议自提出以来，在国际上的影响日益广泛而深刻。按照商务部的统计，2015年中国对"一带一路"沿线国家的投资总额为128.3亿美元，历年投资积累下来的存量截至2015年底为1156.8亿美元。

"一带一路"是一条互尊互信之路、一条合作共赢之路、一条文明互鉴之路。只要沿线各国同舟共济，就一定能够谱写建设丝绸之路经济带和21世纪海上丝绸之路的新篇章，让沿线各国人民共享"一带一路"建设成果。

经济一体化是经济全球化发展的方向。欧盟、亚太经合组织、北美自由贸易区与东盟是世界四大区域经济一体化组织。它们的发展是世界经济发展的典范与基石。加快"一带一路"建设有利于促进沿线各国经济繁荣与区域经济合作，加强不同文明交流互鉴，促进世界和平发展，是一项造福世界各国人民的伟大事业。

第十章 国际贸易对区域经济的影响

第一节 国际贸易影响区域经济发展的原因和内容

一、国际贸易影响区域经济发展的原因

（一）国际贸易制度因素与区域经济增长

从制度变迁、贸易政策、政府的行为等方面研究制度因素在国际贸易过程中对经济增长所起的作用，探讨影响区域经济增长不平衡性的因素。

第一，国际贸易通过制度变迁影响区域经济增长。制度的建立是为了减少交易成本，使得经济持续增长。制度变迁对国际贸易及经济增长必然会产生影响。其主要表现在如下两个方面：

①制度变迁可通过契约约定来减少风险；

②制度通过创新来改变一国国际贸易的路径依赖。

第二，国际贸易的制度因素通过科学研究与试验发展溢出效应影响区域经济增长。不同的制度安排对国际科学研究与试验发展溢出的影响也不同，制度质量越高，从国际贸易中获得的科学研究与试验发展溢出也更多，从而有更快的生产率增长。制度通过影响国际贸易的科学研究与试验发展溢出来促进区域经济增长主要有如下几个方面：

①加强营商软环境状况，提高技术溢出的制度安排；

②加强教育体系的建立，促进一国的技术溢出；

③建立知识及产权的保护体系，促进一国的技术溢出；

④制度能加强市场化程度达到完善市场经济制度的目的并促进技术溢出。

第三，国际贸易通过制度的合约实施影响区域经济增长。对于合约实施制度对国际贸易及区域经济增长的影响，新制度经济学分析合约实施制度与国际贸易的关系时主要分析制度与贸易的主体，阐述合约实施制度与一国比较优势。许多理论多从技术的差异、要素禀赋、规模经济导致的产品差异等方面来考察

国际贸易。

第四，国际贸易政策的制度安排影响区域经济增长。国际贸易政策在国际贸易理论发展过程中也一直扮演着重要的角色。随着贸易的发展，各国对外贸易的干预措施也在不断加强，并影响国家的贸易政策。保护贸易政策在许多国家代替了自由贸易政策，各国均为自己的利益设置了关税和非关税障碍。

第五，国际贸易的政府行为影响经济增长。一个国家的政府行为及其作用往往是被限制在一定的地域范围内的，即使是国际经济行为，也只能理解为从一国利益出发，在一国范围内实施的行为。从政府行为的角度看，作为一种公共权力，一个国家的政府行为具有广泛的影响力，政府行为对国际贸易及增长的影响通常与国际贸易的发展相关。

（二）国际贸易的技术溢出因素与区域经济增长

1. 国际贸易技术溢出影响经济增长的机制

国际贸易既是商品在全球配置的重要手段，也以货物为载体使知识和技术在国际上传递。新增长理论认为技术进步是长期经济增长的内生动力，这与传统理论中归结于资本和劳动要素的投入增加不同，但是显得更合理。国际贸易作用技术进步的载体通过技术外溢效应使得贸易技术创新。进口和出口贸易的技术外溢效应均对经济增长具有促进作用。

2. 国际贸易从进出口贸易方面影响区域经济增长

经济学将消费、投资和净出口称为拉动经济增长的"三驾马车"，可见出口贸易作为其中之一对经济增长有促进作用。

3. 从国际贸易角度看 FDI 对区域经济增长的影响机制

作为随着国际贸易而来的 FDI 来说，其对经济增长的作用也不容忽视。国际贸易与 FDI 均是商品和生产要素在国际流动的结果，是两种国际分工的具体表现形式。FDI 和国际贸易及其结构之间具有替代、互补、跨时期转递和不确定关系。

4. 从技术溢出等方面看 FDI 促进区域经济增长的机制

第一，FDI 的技术溢出效应促进区域经济增长。

第二，FDI 实现技术外溢的途径。FDI 通过技术溢出效应体现在促进引入国的生产效率、管理能力、技术水平等方面，这些对经济增长均有一定的促进作用。FDI 实现技术溢出主要通过示范、竞争、关联、人力流动等方面来进行。

第三，FDI 促进产业结构升级以促进经济增长。

第四，FDI 推动制度改革以拉动经济增长。

二、国际贸易影响区域经济发展的内容

（一）国际贸易影响区域经济发展的主要方面

国际贸易对于经济增长的促进作用主要体现在一些特定的方面，或者说国际贸易通过这些途径来促进经济增长，这些途径或方面就是国际贸易成为经济增长加速器的主要来源。

第一，国际贸易可以使区域获得要素和利益比较优势，从而带动区域经济的发展。作为经济区域，一般都拥有自己的资源比较优势，通过国际贸易，可以促使其充分地参与国际分工与市场竞争，并在竞争中逐步体现出自身的比较优势，从而进一步扩大自己的市场份额。市场份额的扩大又会促使区域的出口贸易扩大，在出口增加后，区域对于其他区域具有比较优势的产品需求也相应增加，进而会使得区域的进口贸易扩大。在进口贸易扩大的过程中，区域通过进口各类物品尤其是资本物品，会获得其他区域具有比较优势的产品，从而获得国际分工产生的比较利益。在获得比较利益后，区域就不需要投入大量资源来生产自己不具有比较优势的产品，而专注于自身具有比较优势产品的生产，这样就可以使区域节省大量的资源，并将优势资源集中于自身的优势产业，从而使优势产业的技术创新不断出现，劳动生产率不断提高，从整体上增加了产出，提高了效益，获得了经济的增长。

第二，国际贸易可以引入增量投资，指导区域内的投资方向，从而改变投资结构，优化经济结构，实现经济增长。随着国际贸易的发展，区域内的出口和进口贸易不断扩大，资源开始向区域内的比较优势产业集中，随着资源配置结构的调整，区域内的资本，尤其是增量资本也会向优势产业开始集中。在资本投资方向发生改变的情况下，区域内的投资结构就会随着国际贸易的发展和优势产业的扩大发生变化，优势产业聚集的资本和资源越来越多，就会带动整个区域经济结构的变化。在此过程中，区域内具有比较优势的产业，其劳动生产率和生产专业化水平得到提高，并进一步促进整个区域社会生产的发展，实现区域经济增长。

第三，国际贸易有效扩大出口市场、引起区域经济规模化，实现规模经济效益。规模经济是区域经济实现低成本战略的有效途径。通过国际贸易，区域

的比较优势产品出口逐步扩大，其占领的国际市场日益增多，会促使区域的比较优势产品产量增加，使区域的比较优势产业能够聚集更多的资本和资源，形成更大规模的产业集群，最终实现规模经济。所谓规模经济，就是指产业实现一定规模后，其生产单位产品所消耗的成本要远低于形成规模之前。规模经济所产生的效益，一方面，使形成规模经济的区域实现了低成本，在与其他区域进行的国际贸易和竞争中可以取得优势地位；另一方面，规模经济还可以使资源的利用效率最大化，这也直接反映在了成本方面。通过以上规模经济的效益，促使区域产品的产量增加、产值提高，区域经济得到发展。

第四，国际贸易使区域面临世界市场竞争，会促使区域企业提高产品质量、降低产品成本。规模经济的形成需要较高昂的前期投入，对于经济实力较弱的区域来说，并不现实。然而在国际贸易当中，区域通过出口贸易，必然与世界市场上的其他区域产生竞争，在日益激烈的竞争态势下，区域经济为谋求发展，就必须要提升产品质量，同时降低成本，以增强其在国际市场上的竞争力。这对于无法形成规模经济的区域来说，是最为现实的。通过提升质量、降低成本，区域实现了竞争优势，经济得到了有效发展。

第五，国际贸易可以实现投资的乘数效应，以区域的优势产业带动其他产业的发展，实现经济的整体发展。乘数效应是一种宏观的经济效应，其理论支撑源于凯恩斯著名的《就业、利息和货币通论》中的收入乘数原理，是指经济活动中某一变量的增减所引起的经济总量变化的连锁反应程度。在经济学中，乘数效应更完整地说，就是支出/收入乘数效应，是宏观经济学的一个概念，也是一种宏观经济控制手段，是指支出的变化导致经济总需求与其不成比例的变化。而投资乘数效应是指一笔初始的投资会产生一系列连锁反应，从而会使社会的经济总量成倍增加。意即投资或政府公共支出变动引起的社会总需求变动对国民收入增加或减少的影响程度。一个部门或企业的投资支出会转化为其他部门的收入，这个部门把得到的收入在扣除储蓄后用于消费或投资，又会转化为另外一个部门的收入。如此循环下去，就会导致国民收入以投资或支出的倍数递增。在开放的区域经济中，通过比较优势产业的发展，带动国内外投资增加，就会促使区域内的其他产业得到发展，并同时带来区域外先进技术和管理经验的引进，从而在整体上提升社会生产力水平，扩大社会生产力规模，带动区域经济发展。

国际贸易与区域经济发展的关系是经济学中最重要的知识体系。国际贸易是一个国家市场经济的最重要的组成部分，国际贸易的蓬勃发展有利于促进国内区域的快速发展。国际贸易的发展有利于实现区域分工、区域要素的积累、区域结构优化、区域经济运行机制创新等，以促进区域经济的健康发展。一个国家的国际贸易的稳步发展可以促进该国家区域经济的发展。

（二）国际贸易下的区域经济合作

1. 世界经济组织存在感变弱

WTO多哈回合谈判自启动以来，历经15年始终走走停停，难有突破性进展。在经历了12任美国籍的行长之后，世界银行如今发现自己正在艰难地重新界定自身角色和地位。作为布雷顿森林体系的另一重要机构，国际货币基金组织也面临着份额改革难以推进的僵局。这些在第二次世界大战后由美国为首的西方国家主导构建的世界经济组织，它们所定下的诸多规则，还将很长时间内影响世界。但与此同时，各国间甚至区域间经济合作却有了更多的选择，在巨头们艰难寻路的时候，多元化的区域经济合作已在世界遍地开花。目前世界经济贸易和区域经济合作的重心正在向亚洲转移，这里继欧元区、北美自贸区之后即将掀起又一轮区域经济发展的高潮。除了自贸区建设之外，近年来，区域合作体现出了良好的发展态势，也使曾经"一统江湖"的全球性世界经济组织倍感压力。

2. 中国自贸区战略

2015年6月1日，中韩正式签署自由贸易协定。这是我国迄今为止对外签署的覆盖议题范围最广、涉及国别贸易额最大的自贸协定。目前，中国已签署自贸协定13个，涉及21个国家和地区，分别是中国与东盟、新西兰、新加坡、巴基斯坦、智利、秘鲁、哥斯达黎加、冰岛、瑞士和韩国的自贸协定，内地与香港、澳门的更紧密经贸关系安排（CEPA），以及大陆与台湾的海峡两岸经济合作框架协议（ECFA）。

与这些国家和地区签订自贸协定，给这些国家或地区人民带来了不少实惠。比如，中韩贸易协定将让泡菜、韩国护肤品等大部分商品更便宜地进入中国；中国和东盟的自贸协定让榴梿、山竹、火龙果等热带水果不再是奢侈消费，普通人也能安心享用。当然，这些利好并不是自贸区协定的全部内容，以中韩自贸协定来说，不仅两国民众将享有更多质优价廉的产品，两国产业也将拓展更多合作领域。中韩自贸协定实施后，中国的纺织服装、有色金属、钢铁等行业企业，可以进一步降低对韩国出口成本，提高在韩市场份额。韩国的机械设备、液晶显示等行业企业，也将在中国市场大显身手。

与此同时，协定的签订降低了双边、多边的贸易壁垒，从而产生了贸易转移与贸易创造，大大增加了自贸区国家的商品流动。另外，协定确立后，双边的行业内贸易大大增加，同种行业技术、资源、人才相互高速涌动，产业更加具有竞争力。

3. 亚洲基础设施投资银行

亚洲基础设施投资银行（以下简称"亚投行"）是一个政府间性质的亚洲区域多边开发机构，重点支持基础设施建设，其成立宗旨在于促进亚洲区域的建设互联互通和经济一体化的进程，并且加强中国及其他亚洲国家和地区的合作。截至 2015 年 4 月 15 日，亚投行意向创始成员国确定为 57 个，其中域内国家 37 个、域外国家 20 个，涵盖了除美、日和加拿大之外的主要西方国家，以及亚欧区域的大部分国家，成员遍及五大洲。亚洲基础设施投资银行的主要业务是援助亚太地区国家的基础设施建设，在坚持经济全球化中的民族主体性的情况下，作为消化我国过量外汇储备与过剩产能的主要渠道。通过亚投行的贷款，帮助亚洲国家购买我国的基建产品，达到刺激亚洲国家基础设施建设的效果。

与亚投行同时设立的还有丝路基金、金砖银行等金融机构，这些金融机构就是中国对外战略的配套设施，是中国迈向世界经济、金融领域，强化金融领域话语权的重要措施。旧有的世界经济秩序、经济规则由西方发达国家设立并主导，新兴经济体的话语权非常有限，随着新兴国家的发展，打破不合理的秩序则是必然。世界银行的总裁一直是美国人，国际货币基金组织的主席一直是欧洲人，美国在两个组织的重大事项上都拥有一票否决权，这些国际性的经济组织都由欧美人所控制，显然不能让新兴经济体满意。亚投行的法定资本为 1 000 亿美元，初始认缴资本目标为 500 亿美元左右，中国的首次出资额在 300 多亿美元。

而最核心问题的投票权实际上分为两个部分：一部分是亚洲区域内国家和地区所占有的 75%；另一部分是区域外非亚洲国家和地区占有的 25%。亚洲区域内国家和地区的投票权将通过国内生产总值、人口等一系列指标来决定，中国在亚投行中将拥有 30% 的股权。亚投行将在中国的主导下，按照公平公正的原则，进行更加广泛的贸易。

4. 太平洋伙伴关系协定与"一带一路"

第二次世界大战以后，以美国为主导的一系列的贸易体系与贸易规则是建立在工业时代前提下的，是以货物贸易为主的。到如今，各发达国家的经济结构发生了巨大变化，服务贸易占的比重越来越大（发达国家在 70% 以上），这种变化要求发达国家做出贸易规则的调整。美国已经做出了相应的准备，主导了以下三大贸易谈判。

第一，全球服务协定：要把WTO当初没有明确规定的服务贸易单独列出来，建立一套新的游戏规则。

第二，跨大西洋贸易与投资伙伴协议（Transatlantic Trade and Investment Partnership，TTIP）：这是美国与欧洲的贸易谈判，在区域内达成更高的贸易标准，自由度、开放度的方面力度更大，以期达到某些方面的零关税。

第三，太平洋伙伴关系协定（Trans-Pacific Partnership Agreement，TPP）：也被称作"经济北约"，现今12个成员，主要商谈现代服务业、农业、知识产权、劳工待遇、环境保护、零部件生产。

三大谈判如果达成，将可以在某种程度上完全取代WTO，成为全球新的贸易规则。但是，这三大谈判都有一个"ABC"现象，即"Anything But China"，将中国从新的贸易规则中排除在外的尴尬境地。以TPP为例，它更多地关注服务贸易的发展，现代服务贸易是更加高端的金融服务贸易等，而中美在这一层级的实力差距无疑是很大的，究其原因还是两国在数据公开、数字化管理、信息成本之间的差距。现代服务业注重的是大数据的运用，而中国在大数据的道路上还需要走很远的路。

美国通过TPP等谈判把中国逼入了一个困境，不管加入与否，对于中国来说都是一个巨大的挑战。但是，中国却另辟蹊径搞了一个"新丝绸之路计划"（即"一带一路"），向西、向欧亚大陆的内部和纵深去发展，在TPP谈判的围剿中顺利脱身。中国的"新丝绸之路计划"与TPP的区别主要有三点。

第一，TPP要求巨大的国家开放度；而中国强调的是国家间的惠及原则。

第二，TPP严格限制政府的作用，限制国有企业的发展；中国号召由政府牵头，强调国企的推进作用。

第三，TPP关注高端的服务业；而中国的"新丝绸之路计划"关注的是基础设施建设、高铁、能源。"新丝绸之路"计划的条件更低，更符合政府的心态，并且关注的不是发达国家擅长的高端行业，这就使得计划一经提出，便在欧亚大陆上做到了一呼百应，实现了中国面临TPP的高端封锁与打压后的战略转型。

现代背景下的国际贸易已经发生了巨大的变化与变革，在"工业4.0"与大数据发展下，只有跟上时代的步伐，才能在国际贸易中不落于下风。

第二节　国际贸易影响区域经济发展的作用机制

一、国际贸易对区域分工的促进

区域分工有利于促进区域经济发展，如果要发展区域经济，区域分工势在必行。区域分工能够带动国际分工，因此国际贸易能否促进区域经济发展就要先从区域分工开始，分工是区域经济的发展形成专业化和多样化的基本机制。

一是将地理位置优越、拥有较多资源的区域进行分工，这个区域就可以用自己比较丰富的能源与其他区域进行交换，换取自己比较稀缺的能源，提高本区域经济的福利水平，促进区域经济的发展。

二是通过区域分工，企业进行改革，完善产业结构，将可以发展的新产业分化开来，独立发展，促进区域经济的多样化。

三是在产品生产过程中，强调分工协作，将劳动力进行分工，让每个员工专门负责一个生产环节，这样可以让员工更加熟悉操作，形成劳动力专业化，提高工作效率，促进经济区域的发展。

四是开展国际贸易，打开国际市场，为区域经济的发展提供更广阔的市场环境，让区域内的企业进入国际市场，国内国际兼顾，共同促进企业经济增长，从而加快区域经济的增长速度。因此，加快分工演化，有利于为区域经济的发展抢占先机。

劳动分工的不断细化是推动经济发展的原动力之一，劳动分工的专业化和多样化的二重性是推动区域经济发展的基本机制。专业化和多样化，有利于以劳动分工突破区域经济的现有生产水平边界，实现整个区域福利水平的提升，从而实现区域经济的发展；专业化和多样化，可以推动新兴产业的衍生，从而实现区域经济结构的转换和多样化改进，实现专业化水平的提高；专业化和多样化使区域的人力资本得到了充分的积累，并逐步衍生出人力资本与技术变革的内生性积累，从而形成推动区域经济发展的长期动力。参与分工的区域越多，分工的细化程度越高，即分工受市场范围的高度影响。开放的区域经济能够有效刺激分工的细化，而分工的细化反过来也会促进区域的市场扩张，实现经济发展。因此，分析国际贸易对经济发展的促进作用，首先要从分析国际贸易对区域分工的促进作用开始。

分工是区域经济发展的原动力，而国际贸易是促进分工的必要条件。正如马克思所说："每个人为自己劳动，而分工的产品并不是为他自己使用，所以他自然要进行交换。这不仅是为了参加总的生产能力，而且是为了把自己的产品变成自己的生活资料。"区域参与劳动分工进行生产的目的同样不是为了仅满足自身的需求,更多的是为了参与贸易来换取自己必需的生活、生产资料。而只有通过国际贸易,以自身优势产品换取更多的生活资料和生产资料,才能促进劳动分工的进一步细化。

二、国际贸易对区域经济结构的优化

国际贸易可以实现区域经济结构的优化,这主要体现在国际贸易对于区域内的资源优化配置和区域产业结构的优化升级。

在资源优化配置方面,假设区域内有两种资源即劳动力与土地,而其产品也主要有经济作物和粮食作物两种。当区域采取封闭式的发展模式时,粮食作物的需求要远大于经济作物,即区域内的生产要首先满足自身的生活需要,而在封闭的条件下,经济作物失去了交换的渠道,其需求也会受到抑制,从而资源配置集中于粮食作物。而该区域采取开放式的发展模式时,由于对外贸易的快速发展,经济作物必然受到大量区域外需求的刺激而产量大增,从而引导资源向经济作物的生产流动,形成资源配置的优化。

产业结构的优化升级也是区域经济发展的关键因素之一。而国际贸易通过出口的"拉力"与进口的"推力"可以有效地实现区域产业结构的优化升级,最终推动区域经济的发展。出口的"拉力"主要体现在产业的关联性,而进口的"推力"作用更为突出:一是通过进口,引进了区域内原来没有的产品,在形成市场需求后,会促使区域内生产相关产品的企业和行业产生;二是通过进口,为区域内原有的产业和企业带来了先进的技术和设备,在先进技术设备的武装下,区域内的产能得到了提升,产品质量提高,成本下降,行业向着规模经济的方向发展。

国际贸易对区域经济结构的优化有以下两点:

第一,有利于优化区域资源配置。每一个国家的资源分布都是不平衡的,也许这个国家拥有丰富的矿产资源,但是没有水资源;另一个国家拥有丰富的水资源,却没有矿产资源。那么这两个地区就可以进行交换了。因此,国际贸易可以优化区域的资源配置,使各地区的资源达到平衡。一个国家可以将本国富余的资源出口到其他需要的国家,然后进口本国稀缺的资源,达到均衡,促进区域经济的健康发展。

第二,有利于促进区域内的产业结构优化。主要表现在出口与进口两个方面。企业出口产品量增加,就要求增加产品生产的原料及半成品,促进原料生产行业的发展,并为人们提供更多的就业机会,促进区域经济发展。如果企业需要大量进口,就代表着区域内将出现一个新型产业和新技术,可以为区域经济的发展提供机遇。

三、国际贸易对区域经济运行机制的完善

关于制度对经济增长的促进作用,在以诺斯为代表的新制度经济学派的推动下得到证实。诺斯强调,技术的革新固然为经济增长注入了活力,但人们如果没有制度创新和制度变迁的冲动,并通过一系列包括产权制度、法律制度等在内的制度构建把技术创新的成果巩固下来,那么人类社会长期经济增长和社会发展是不可设想的。制度变迁的原因之一就是相对节约交易费用,即降低制度成本,提高制度效益。所以,制度变迁可以理解为一种收益更高的制度对另一种收益较低制度的替代过程。

产权理论、国家理论和意识形态理论构成制度变迁理论的三大基石。总之,诺斯认为,在决定一个国家经济增长和社会发展方面,制度具有决定性的作用。

正因为制度对于经济增长具有决定性的作用,因此区域在采取开放式的发展模式,利用国际贸易来推动经济增长时,必须重视制度因素对于经济发展的作用。在区域参与国际竞争和国际贸易的过程中,国际市场有其相对统一规范的各类制度,如果区域在参与国际贸易的过程中不遵守统一规范的制度体系,就无法适应国际贸易环境,也就无法在国际贸易中获得利益。尤其对于我国来说,由于长期以来实行的是以行政干预为主的市场机制,政府在经济活动中扮演着重要的主导角色,这对于我国企业适应国际贸易规则极为不利。因此,我国的经济区域想要参与国际贸易并在其中获利,就必须尽可能地调整区域内的制度与国际市场接轨,并学会利用国际市场的规则与制度维护自身的合法权益。

第一,有利于促使国家改变不科学的管理方式,形成新的管理机制。我国对于国际贸易的干预太多,设立了很多部门对国际贸易进出口商品进行检查、监管,制约了国际贸易的发展。

第二,有利于促进区域内的微观企业进行改革,形成新的经营机制。开展国际贸易就是加快市场经济的发展,市场经济可以使企业摆脱旧的计划经济的制约,让企业能够自主经营。使企业创造出适合自己的经营方式,引进先进技术,促进自身经济的发展,从而促进区域经济的发展。

四、国际贸易对区域要素积累的推动

要素积累,指区域经济发展所必需的生产要素的积累,包括资源、劳动力、资本、技术等要素的积累。对于包括我国在内的大多数发展中国家或地区这一

特定区域类型来说，或者资源丰富，或者劳动力丰富，而最为缺乏的往往是资本和技术这两大要素的积累。资本的积累是区域经济发展的决定性因素，如果一个区域采取的是封闭式的发展模式，那么其经济发展只能依靠自身内部的资本积累水平，不但资本积累的效率低下，而且严重影响经济发展速度；如果一个区域采取的是开放式的经济发展模式，则通过国际贸易可以有效地利用国内外资本，使资本积累速度大增，经济发展速度加快。国际贸易促进资本积累的方式在于：一是通过国际贸易可以有效地发挥资本的"传动带"作用，产生贸易创造型的投资，推动资本积累；二是通过国际贸易来引导居民的储蓄，即通过出口来限制区域内的消费，通过进口来增加区域内的投资，从而增加区域内的资本积累。

技术要素的积累与进步，是推动区域经济发展的主导性因素和源泉，而通过国际贸易可以有效地促进技术进步与积累。其途径主要是：首先，通过直接进口，来获取区域外的先进技术和软硬件设备，实现本区域的技术进步；其次，在出口贸易引起的市场竞争过程中，通过企业加强对新产品、新技术的研发，实现区域技术进步；最后，通过国际贸易过程中外资的引入，来间接引进区域外的新技术，实现区域的技术进步。

国际贸易对区域要素积累的推动作用如下：

第一，进行国际贸易可以引进外资，让外国企业在本区域开设公司，带动本国经济的增长，形成贸易创造型投资。经济欠发达的国家都会有很多剩余劳动力，这些国家就可以将劳动力输送到劳动力稀缺的国家，既可以减轻国内的负担，又可以促进国家经济的发展。这些国家还可以引进其他国家的产品以及先进科技，引导人们进行国内投资，促进区域经济的发展。如中国的出口贸易是位于世界前列的，因此中国所吸引的外资越来越多。毕竟一个国家的出口额就代表着这个国家经济的发展水平。外国企业在中国投资，不会担心自己投入的钱收不回来，而且不必担心自己商品的销售问题。

第二，区域经济地区进行国际贸易可以将广大居民闲置在银行的钱用来投资，创造财富。而且经济欠发达国家还可以通过国际贸易来提高自身产品的生产能力，将货币投资转化为实物投资，弥补自身经济发展的缺陷，促进区域经济又好又快地发展。

第三，开展国际贸易是提高区域技术水平的重要途径。这主要表现在以下四个方面。①通过国际贸易直接引进外国的先进技术，再进行应用，以提高本区域的科技水平。②区域地区的企业进口其他国家的产品后，可以对这个产品进行研究，然后创造出自己的产品。③区域地区的企业看到外资企业在出口贸易上赚到了巨大利润,就会刺激他们提高自身的创新能力,努力研究开发出新产品。④企业也可以通过与外资企业合作,甚至一起经营一家企业,然后学习他们的新技术,以提高自身的技术水平,促进区域经济的发展。

第三节 发挥国际贸易优势,促进我国区域经济发展

一、区域经济发展的宏观对策

(一)运用国际贸易规划产业发展方向

国际贸易对于区域内产业发展方向具有指导和规划的作用。通过国际贸易,区域内具有比较优势的产品的需求量增加、市场扩大,必须要求该产业提升产品产量,区域内的优势资源和资本就会向该产业逐步集中,从而使该产业成为区域内的龙头产业,在吸引外部投资的条件下逐步带动区域内的其他产业,形成整个区域的经济发展。

对于我国内地的各个经济区域来说,由于我国幅员辽阔,东部和西部、南部与北部等不同地区之间存在着极大的地区差异。总体来说,东、南部地区相对资本密集、劳动力密集、技术密集;而中、西、北地区则相对资源密集、劳动力廉价。因此在国际贸易过程中,各个区域通过出口贸易,逐步找准自己能够打开国际市场的比较优势产业,集中资本和资源提升优势产业的规模,实现优势产业的规模化效益,从而发挥国际贸易对产业结构的调整优化作用。

(二)运用国际贸易促进区域经济政策的完善

首先,要在国际贸易方面大胆实施"走出去"战略,将区域的经济优势主动地推向国际市场。对于我国的东部、南部沿海地区来说,劳动力密集、资本密集型的产业具有比较优势,应当大力发展服务外包、加工外包型的产业,利用比较优势占领国际市场,在国际贸易中争取主动;而对于我国的其他地区来说,劳动力相对低廉、资源优势明显,应当依托资源优势开拓国际市场,并在竞争中逐步提高资源产业的精深加工和产业链的延伸,逐步从资源开采变为资源开发。

其次,要利用国际贸易的良机,大力做强区域外贸产业。利用国际贸易对于区域产业结构调整优化以及对于特色经济产业整合促进的作用机制,大力突出优势产业的发展,并逐步发挥出投资乘数效应的作用,以优势产业带动区域

内其他产业的发展，提升区域的整体经济水平。

最后，要加强区际贸易联系，利用外贸机会与其他区域加强合作、共同发展，联手开拓国际市场，尽力把外贸市场做大，有效推动区域内市场的发展和优势产业的规模化。

（三）运用国际贸易发挥区域特色优势

针对东南沿海、西北内陆的不同特点，充分发挥区域内和周边区域共同的经济优势，打造区域的特色优势产业，并联合经济带内的其他区域形成优势经济圈，是充分发挥国际贸易优势、提升区域经济发展水平的有力措施。

对于东南沿海地区来说，利用其滨海的地理位置优势，大力发展现代物流业，将区域的优势产品迅速行销国际市场，积极地参与东盟自由贸易区的国际分工，以借力开拓国际市场，形成贸易优势；对于内陆地区，利用其资源优势，或沿边、交通中心优势，积极发展陆上物流，不但将自身的优势产业积极向外拓展，而且利用国际贸易中的经济发展传递作用，依托沿海产品优势，提升自身的经济实力。

大陆的各个经济区域，可以先模拟进入东盟自由贸易区，在熟悉 WTO 和自由贸易区规则的前提下，与东亚几个经济较发达国家的内部区域结成经济发展战略伙伴，进行自由贸易和经济交流，利用大陆地区劳动力密集、土地廉价的优势，将区域外的加工制造基地引入区域内，逐步发展成为世界级的制造中心，在大力发展物流产业的基础上，实现区域整体经济实力的提升。

（四）把握国际融资机会

根据投资乘数效应，在国际贸易中，区域优势产业随着国际市场的逐步拓展，会引入外部投资来扩大优势产业的发展，而外部投资的引入会对区域内其他产业产生积极的带动作用，促进区域内整体经济水平的提升。因此利用好国际贸易中的融资机会，大力引进外资，在优先发展特色经济的同时，对区域内的其他产业进行刺激，引导其合理吸收内外资投入，提升产业水平，是我国内陆区域寻求发展的有效途径。在引进国际融资时，本着持续发展的理念，应当注意以下问题。

一是要避免引进高污染企业。环保是当前可持续发展的基本要求，为了吸引外资而降低环保要求，甚至为短期促进经济发展而有意引入投资较大的污染密集型企业的做法是不可取的。在改革开放之初，国内的部分区域为了获得经济发展所必需的投入曾经有过类似做法，其教训至今发人深省。因此，在引入投资时，应当对相关企业进行环保评估，要求至少达到国内或区域内相关产业的环保标准。如果国内无相关标准，可参照该引入企业母国的环保标准执行。

二是要大力发展区域内的绿色环保产业和企业，要摸准当今世界可持续发展概念下的绿色经济模式，转变传统粗放式的发展模式，对资源、资本采取集约利用原则，提高投入产出效率，打造高标准的环保产品，以顺利地开拓国际市场。对于符合环保产业发展要求的企业和产品要通过各项政策措施予以支持和鼓励。而对于不符合环保要求的产业要坚决予以限制发展，并积极地促使其提高自身环保水平。

二、区域经济发展的微观对策

（一）运用国际贸易增加就业机会

国际贸易可以有效地促进劳动分工的细化，提升优势产业的规模，因此可以吸纳大量的劳动力就业，为区域提供就业机会，解决劳动力密集地区的就业问题。运用国际贸易促进就业，一方面需要内陆区域大力发展劳动密集型的低技术含量产业，为大量的适龄劳动力人口提供就业机会；另一方面则需要着力提高区域内劳动力的素质，以提升劳动力的显性输出，在利用区域内资源解决就业问题的同时，广泛开拓国际就业市场。提升劳动力素质的具体做法如下。

一是加强学校教育，提升人力资源基本素质。在学校教育阶段，应当重点加强基础教育、中等教育，以提升各层次人力资源的整体素质，进而提升整个区域内社会劳动力的整体素质；重点加强职业教育，面向区域内的优势产业及相关产业以及国外劳动力市场需求开展有针对性的职业教育，目的是使区域内的劳动力能够更快地适应就业需求，提升就业水平；在此之外，还应当针对区域内的产业发展需要，有针对性地培养经济社会发展急需的高等学历人才，以满足区域内高层次人才需求。

二是加强在职培训，提升在岗人员的整体素质。培训是相对于学校教育而言的学习过程，一般是为在岗的各类人员提供的，使其掌握新知识和新技能，以更好地适应岗位需求的素质教育课程。相对于学校教育而言，培训针对不同岗位、不同能力水平的人员进行教育，其效果与岗位需求更为贴切。经过培训之后，参训人员掌握了更高层次的知识和技能，不但能更好地从事原先的岗位工作，而且具备适应更高岗位需求的素质，其实用性是学校教育所不具备的。因此大力发展在职培训，是增强在职人员整体素质的有效方法。

三是大力提高医疗卫生水平，提升人力资源的身体素质。身体是工作的基础，没有健康的身体，不但不能适应工作的需要，也无法获得幸福的人生。因此区域要解决就业问题，就需要关注就业人群的健康状况，着力提高区域的医疗卫生水平，使区域的就业人群保持健康的体魄，更好地适应工作需要。

四是促进人力资源的合理流动。人力资源的合理流动，是国际贸易促进资源合理配置的一种反映。流动，不但使人力资源能够配置给最为需要的产业，而且能使区域的人力资源配置实现优化。同时，人力资源的合理流动，还可以使其得到各种经验的积累，具有人力资源培训的效果。

（二）打造国际型的区域资源安全体系

在开放发展的模式下，区域的各类资源得到了充分的利用，原先采取粗放型发展模式的区域也经历了破坏型的快速发展，结果在经济总量提升的同时，也遗留下大量的环境问题，特别是区域的资源安全受到了严重的威胁。在当今世界力求可持续发展的经济环境下，破坏型的经济粗放发展模式已经不足以支撑区域的快速、稳定发展，因此区域必须重视自身的资源安全，努力打造可持续的经济发展模式。

资源安全是在当今世界经济一体化模式下对区域经济发展模式提出的要求。它是指在保证区域正常发展的前提下，区域经济发展所需的自然资源能够维持稳定、持续、及时、足量、经济的供给。要实现这一目标，在开放式的发展模式下，应当做到以下几点。

首先，要充分地利用区域外资源。根据我国不同区域的发展阶段和水平，可以对紧缺的战略资源和开发成本较高的资源选择从区域外进口。通过优势资源的互换，进口本区域内开发成本较高的资源，不但有效地实现了成本降低，而且保护了本区域的资源储量，为区域资源安全奠定了基础。

其次，要促进资源优化配置、提升资源利用效率。在区域内部打造统一规范的市场体系，促进资源的合理流动，以实现资源的优化配置；通过与区域外其他地区、国外其他行业或者企业的合作，共同开发利用资源，提高资源利用效率。

最后，要大力发展优势产业，形成规模经济，不但可以使资源配置得到优化，而且可以有效提升资源利用效率，使资源投入产出比增加，并不断使优势产业的优势地位得到加强。

（三）通过国际贸易打造区域品牌

品牌是企业间差异化竞争的产物，它是企业的一种形象，能够使消费者区分不同企业之间提供的产品与服务的差异。而品牌战略就是企业将品牌作为核心竞争力，以获取差别利润与价值的企业经营战略。品牌战略是市场经济中竞争的产物，战略的本质是塑造出企业的核心专长。因此，将品牌战略引入区域经济发展领域，就是强调综合运用行政、市场手段，以优势产业为核心，打造区域经济核心竞争力的系统工程。

区域经济实施品牌战略势在必行。品牌在市场经济中代表的是企业各方面综合实力的水平，而消费者对品牌的选择体现的是顾客忠诚度的高低，越是知名品牌，消费者的忠诚度越高，其品牌的辨识性越为突出，对于区域来说同样如此。

区域打造知名品牌，体现了区域内经济综合实力的水平，反映了区域运用国际贸易渠道、发展优势产业的突出性，体现了区域的核心竞争力。品牌作为无形资产，在一定层面上反映了区域的市场竞争能力和技术水平的高低。

区域打造品牌，首先要利用国际贸易扶持优势产业和重点企业，集中优势资源和资本，突出优势产业的发展；其次要利用行政、市场等手段充分调动社会各方面的力量共同参与品牌战略；最后要培育良好的品牌战略外部环境，制定完善品牌战略的各项扶持政策，以品牌为龙头打造优势产业，培育重点企业。

参考文献

[1] 蓝天，王绍媛.国际服务贸易[M].3版.大连：东北财经大学出版社，2018.

[2] 吴承忠，玛格丽特·简·怀佐米尔斯基.国际文化管理：6[M].北京：对外经济贸易大学出版社，2018.

[3] 施玥娅.人民币国际化：理论思考及实践探索[M].北京：中国金融出版社，2018.

[4] 黄烨菁，金芳，周大鹏，等."一带一路"建设与中国开放型经济新阶段[M].上海：上海社会科学院出版社，2018.

[5] 叶初升.中国发展经济学年度发展报告（2016—2017）[M].武汉：武汉大学出版社，2018.

[6] 王日根.耕海耘波：明清官民走向海洋历程[M].厦门：厦门大学出版社，2018.

[7] 王宏新.开放发展及其政策创新理论与实证研究[M].北京：中国经济出版社，2018.

[8] 顾学明.志通天下："一带一路"大棋局[M].北京：中国商务出版社，2018.

[9] 张宗英，张华.国际贸易基础[M].北京：中国人民大学出版社，2018.

[10] 马晓燕，李月娥.国际贸易理论与实践研究[M].咸阳：西北农林科技大学出版社，2018.

[11] 贺慧芳.新时期国际贸易理论及发展研究[M].北京：地质出版社，2018.

[12] 赖红清.国际贸易实务和操作教程[M].北京：北京师范大学出版社，2018.

[13] 全毅文.国际贸易与现代物流发展[M].延吉：延边大学出版社，2018.

[14] 胡俊文.国际贸易投资与人才培养[M].北京：清华大学出版社，2018.

[15] 马学礼.东亚经济合作中的区域公共产品供给研究——以贸易投资合作为例[M].北京：人民出版社，2018.

[16] 杨春艳. 基于区域整合视角的中国与东盟国际贸易与投资研究 [M]. 北京：中国政法大学出版社，2018.

[17] 张为付. 国际经济学 [M]. 2版. 北京：高等教育出版社，2018.

[18] 张金萍. 国际经济学（修订版）[M]. 北京：科学出版社，2018.

[19] 沈玉良. 全球数字贸易规则研究 [M]. 上海：复旦大学出版社，2018.

[20] 高天明，李松，张秀华. 俄罗斯贸易政策研究 [M]. 北京：经济科学出版社，2018.

[21] 王春萌，谷人旭. 空间分工对区域经济增长的影响研究：以长三角地区为例 [M]. 北京：经济科学出版社，2018.

[22] 国务院发展研究中心课题组. 百年大变局：国际经济格局新变化 [M]. 北京：中国发展出版社，2018.

[23] 李春顶. 金融危机后中国国际贸易摩擦治理路径的有效性研究 [M]. 北京：经济管理出版社，2018.

[24] 单文华. "丝绸之路经济带"贸易投资便利化法律框架研究 [M]. 北京：法律出版社，2018.

[25]《东北亚区域经贸合作论文集》编写组. 东北亚区域经贸合作论文集 [M]. 北京：经济科学出版社，2018.

[26] 雷汉云. 中国新疆与周边区域矿产资源合作研究 [M]. 长沙：中南大学出版社，2018.

[27] 王蕊. 2018中国自由贸易区发展报告 [M]. 北京：中国商务出版社，2018.

[28] 李佐军，魏云，赵西君. 发展绿色新动能经济 [M]. 北京：社会科学文献出版社，2018.

[29] 李雪平. 西方国家的新贸易保护主义与中国的应对措施研究 [M]. 北京：人民出版社，2019.

[30] 郭同峰，邢红. 全球化时代的自由贸易和公平贸易 [M]. 北京：中国社会科学出版社，2019.

[31] 项义军，张金萍，王冰. "一带一路"国际合作升级——中俄经济合作视角 [M]. 北京：中国商务出版社，2019.

[32] 时秀梅. 国际商务管理 [M]. 北京：经济管理出版社，2019.

[33] 杨小蓉，张仁寿. 粤港澳大湾区发展研究 [M]. 广州：中山大学出版社，2019.

[34] 张杨. 金砖国家实现贸易互利共赢发展的机理及实证研究 [M]. 上海：格致出版社，2019.

[35] 毛艳华. 粤港澳合作四十年 [M]. 北京：中国社会科学出版社，2019.

[36] 刘强. "一带一路"倡议与全球能源互联（2018）[M]. 北京：社会科学文献出版社，2019.

[37] 李锋. "金砖 +"合作模式研究 [M]. 北京：中国经济出版社，2019.